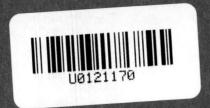

国家出版基金项目
NATIONAL PUBLICATION FOUNDATION

海上絲綢之路文獻集成

總主編　陳支平　陳春聲

歷代史籍編

2

主編　范金民

海峽出版發行集團
THE STRAITS PUBLISHING & DISTRIBUTING GROUP
福建人民出版社

本册目次

異域志二卷　〔元〕周致中撰……………………………………一
殊域周咨録二十四卷（卷一至卷六）　〔明〕嚴從簡撰……………………………三一

異域志二卷

〔元〕周致中撰

《異域志》二卷，又名《臝蟲録》，元周致中撰。致中，江陵（今屬湖北）人。曾任官知院，多次奉命出使外邦，以親身所見，又參考《山海經》、《嶺外代答》、《東林廣記》等撰成此書。所記遍及東北亞、南亞、非洲，略述扶桑、長生、緬人、木蘭皮、韃靼、黑契丹、娑羅、回鶻、東印度、爪哇、占城等二百餘國家與地區之道里、民情習俗、物産等。據中國國家圖書館藏《夷門廣牘》本影印。

異域志小序

異域志者得之雲間陳眉公惜多魯魚鄜篝燈雠政壽々殺青以為遊觀廣攬之助六合邈矣人居寰宇中以蘇氣即未至如瞿曇氏所云東勝西牛日月互

異之說稊米之於太倉也毫末之於馬體也夫豈欺我何智不出里巷而視山海之外遂為悅忽闊遼乎雖歷廣谷大川民生異俗匈奴貴漢財物至馳逐射獵鞦繒裂不可用而珠璣桂林

詭守詭失平為中國病夫使無有守四夷閉玉關無封狼居胥意則可泝九齡海之上若平城之不飭何事周知域外夢相咻說為暇日以與質之陳眉公眉公曰子有遊攬之思而又有封

疆之慮君子謂之博而忠請無以異域為玩而眷圖考圜知異域何害卒梓之

萬曆丁酉上元□□來□□山人

周履請書

異域志目錄

上卷

扶桑國　長生國
朝鮮國　日本國
僰人　緬人
木蘭史國　韃靼
黑契丹　乞黑奚國
土麻　女暮樂
阿里車盧　波利國

滅吉里國　果魯果訛
無連蒙古　吾涼愛達
結賓郎國　七番
朧木郎　大食弼琶羅國
注輦國　娑羅國
女眞　弩耳干
大野人　小野人
采牙金彪　鉄東國
烏衣國　歇祭
退波　的刺普剌國
不剌　回鶻
吐蕃　于闐國
大食勿拔國　大闍婆
東印度國　蘇都識匿國
龜兹國　馬耆國
馬耳打班　入不國
西南夷　西番
鳩尼羅國　沙弼茶國

蒲甘國　斯伽里野國
崑崙層期國　暹羅國
虎六母思　鄞羅
蘇門答剌　西洋國
烏伏部國　眞臘國
西棚國　爪哇國
道明國　近佛國
散毛　交州
大琉球國　小琉球國

占城　伯夷國
三佛馱國　可只國
馬羅國　印都丹
黑暗國　天際國即天門國
天竺國　大食無斯離國

下卷

撒母耳干　訶條國
肩路骨國　藏國
勿斯里國　南尼華羅國

乾馳國　頻遜國
白達國　吉慈尼國
阿薩部　婆弥爛國
麻離拔國　單馬令
昆吾國　三佛齊國
婆登國　佛羅安國
麻嘉國　黙伽臘國
故臨國　大食國
日蒙國　麻阿塔
方連魯蠻　訛魯
大秦國　骨利國
孝臆國　新千里國
玉瑞國　擔波國
悄國　三蠻國
奇朓國　登流眉國
阿陵國　義渠國
烏萇國　撥拔力國
波斯國　晏陀蠻國

黙伽國　胡鬼國
賓童龍國　獠
木直夷　潦查俗呼老抓
紅夷　女人國
後眼國　阿黑驕
盤瓠　狗國
敢人國　囉囉
阿丹　沙華公國
莆家龍　昏吾散僧

黑蒙國　蜒蠻
五溪蠻　生黎
熟黎　苗
洞蠻　都播國
無腹國　無膂國
穿胷國　烏孫國
丁靈國　柔利國
羽民國　小人國
聶耳國　交頸國
長臂人　懸渡國
猴孫國　婆羅遮國
繳濮國　文身國
大漢國　長人國
三首國　三身國
一臂國　一目國
長脚國　長毛國
氐人國　南羅國
赤上國　般番國

日國　白花國
浡泥國　奔沱浪國
陀盤地國　哥羅國
石撲國　溢亨國
白杷國　賀屹羅國
鄂崿國　詹波羅國
丁香國　莆黃國
羅殿國　地辣國
地域國　迷離國
三泊國　麻蘭國
火山國　師魚國
彌舍國　紅蘭國
宂裹國　蘭無里國
地生國　黑間國

異域志目錄終

異域志卷之上

元江陵處士周致中纂集
明　嘉禾梅墟周履靖
華亭眉公陳繼儒　同校
金陵荆山書林梓行

扶桑國

在日本之東南大漢國之正東無城郭民作板屋以居風俗與太古無異人無機心麋鹿與之相親人食其乳則壽罕疾得太陽所出生炁之

所薰炙故也然其東極清陽光能使萬物受其氣者草木尚榮而不悴況其人乎

長生國

其國在穿胷國之東秦人曾至其國其人長大而色黑有數百歲不死者其容若少其地有不死樹食之則壽有赤泉飲之不老蓋其國乃在天地靈氣之所鍾神明秀氣之所蔭凡草木鳥獸皆壽何況人乎

朝鮮國

古朝仙一曰高麗在東北海濱周封箕子之國以商人五千從之其醫巫卜筮百工技藝禮樂詩書皆從中國衣冠隨中國各朝制度用中國正朔王子入中國太學讀書風俗華美人性淳厚地方東西三千南北六千王居開城府倚山爲宮曰神嵩民舍多茅茨鋪陶瓦以樂浪爲東京百濟金州爲西京有郡百八十鎮三百九十洲島三十以鴨綠江爲西固東南至明州海皆絕碧至洋則黑海人謂無底谷也

日本國

在大海島中島方千里即倭國也其國乃徐福所領童男女始創之國時福所帶之人百工技藝醫巫卜筮皆全福因避秦之暴虐已有遁去不返之意遂爲國焉而中國詩書遂留於此故其人多尚作詩寫字自唐方入中國爲商始有奉胡教者王乃髡髮爲桑門穿唐僧衣其國人皆髡髮孝服則留頭

爽人

名僬僥按許氏説文曰僰字從其人在四夷爲最生居坤地頗順其性故名以人字傍名之也其國則中慶威武大理永昌等府是也今滇南者皆是焉

緬人

在大理西南行五十日程可至種類甚衆與僰人相隣其人以大被爲衣古稱窮荒之國是也因知中國之制頗效之故其風俗似囉囉其性狼悍貴勇尚戰鬭

木蘭皮國

其國乃陽盛之方生物甚旺在大食國西有巨海國之西有國不可勝數可至者惟木蘭皮耳自陁盤地國發舟正西涉海百日而至一舟容數百人中有酒食肆機杼之屬其國所産麥一粒長三寸瓜圍四五尺榴一顆重五斤桃二斤菜長三四尺穿井百丈方見泉胡羊高三四尺尾大如扇春則剖腹取膏數十斤再縫而能復活藥縫之功也華佗之術出於此

韃靼

一名匈奴一名單于一名玁狁一名突厥一名獯鬻一名契丹一名羌胡一名蒙古種類甚多其風俗以鞍馬爲家水飲草宿無城郭房屋地産羊馬駝牛專以射獵爲生無布帛衣毛革俗無鰥寡孤獨之人

包石　阿思　歪刺　巴赤吉　以上四國同

黑契丹

其國有城池房屋耕種牧養爲活出産羊馬與

韃靼不同風俗頗類家室頗富不與韃靼相往來女直金人名馬會者曾至其國

乞黑奚國

民皆野處水飲草宿射獵爲活與韃靼同與木思奚德國同

土麻

其國人烟至煩似韃靼出牟馬耕種射獵風俗與西番同

女慕樂

有城池房屋人煙至多衣毛革畜牛羊種田射獵爲活韃靼曾到

阿里車盧

其城在山林中種田牧放爲活人似韃靼與深烈大國同

波利國

多林木無城池有房屋人種田爲生曾與韃靼爲商

滅吉里國

人烟極多言語風俗皆與韃靼同其國近西戎

擺里荒國　大羅國皆與韃靼同二國種類相似皆以鞍馬射獵爲生

果魯果訛

有城池種五穀出良馬卽西胡之種比胡人有家業不水飲草宿

無連蒙古

在海島中有城池房屋其人頗富出貂鼠其國近西番

吾凉愛達

與韃靼同種又在東北上分界民皆在山林中住有野馬無牛羊打魚食馬乳過日

結賓郎國

有城池種田黃頭仙人成道處與西戎相近好神鬼事奉佛者多

七番

耕山種田出駝牛類北胡卽西番種俗謂野西番是也

隴木郎

有城一座昔日番王建都於此有百姓住坐地土廣人頗富乃西戎之國也

大食弼琶羅國

有州四座無國主唯主豪更互主事如婚嫁取有孕牛尾爲信候牛生犢時始還娶妻須要男家割陽物曰人尾來以爲聘禮女家還元割牛尾期信女家得之甚喜以鼓樂迎之地產駱駝鶴長六七尺有翼能飛食雜物或燒赤熱銅鐵

與之食生卵如椰子破之如瓮瓮有聲國人好
獵日射獸而食

注輦國

西胡南印度也自故臨易舟行而去有象六萬
背立屋載勇士以金銀爲錢國人尚氣輕生不
同釜而爨亦不共器而食

娑羅國

國人狼戾可畏男女皆佩刃而行但與人不睦
卽刺殺之奔走他所一月之内得獲則償命一

月之外出者不論若他國人至捫其婦人乳者
自喜曰你愛我若有私意卽出刃刺殺之

女眞

在鴨綠之陽長北山之下古肅慎氏之國也始
因新羅人完顏氏者奔於國遂家焉地多產金
故女眞阿古荅稱帝國號大金其國人皆以魚
鹿之皮爲衣風俗好歌舞肘膝常帶利刃晝夜
不解輕生重死好戰鬬無畏所惧者惟野人與
野人爲親者卽刺其面

弩耳干

在女眞之東北與狗國相近其地極寒雪深丈
餘衣狗皮食狗肉養狗如中國人養羊不種田
捕魚爲生其年魚多謂之好收出海青產白鹿
有一獸人莫能見常有蛻下之骨角如龍骨相
似

大野人

國有大山林男子奶長如瓠曾韃靼追趕至將
奶搭在手上奔走會人言食葉卽野人同

小野人

在女眞之北性狠戾不畏生死以殺死爲吉祥
病終爲不利父子相殺以爲常馬種類以驃高
爲號

采牙金彪

係西番木波人其國頗富有出產尚財利爲番
商者多罕入中國

鐵東國

其國人甚富出駝馬牛羊與西番相類卽西番

之種土番是也

烏衣國

在韃靼黑海之北鎮撫爬刺曾到言其人皆衣黑衣戴大黑巾拖至膝腕不令他國人見其面常帶刀行有見面者即殺死其國甚富所賣之物皆懸於市蓬之上他國人欲買者以物拴其上方可換上價少即追而殺之人稱燕子有烏衣國非也

歇祭

其國皆平地多林木有房舍人耕種爲活出良馬人黃眼黃毛髮即黃達子專務刼掠回回諸國商貨

退波

係黑和尚有城池房舍出牛馬林木甚多與西戎相隣酋長皆是刺麻主之

的刺普剌國

有城池民種田出明珠異寶番國皆往彼國買賣者多與撒毋耳干境相連

不剌

係西番出牛馬人狠惡尚戰鬭罕與諸國通

回鶻

其先本匈奴臣於突厥突厥資其財力雄北荒大業中自稱回紇子曰菩薩突厥亡惟回紇最強菩薩死其酋與諸部攻薛延陀殘之并有其地

吐蕃

吐蕃本西羌居祈支水西蕃發聲近故其子孫

曰吐蕃而姓勃窣野其俗謂強雄曰贊大夫曰普故號君長曰贊普其後有君長曰論贊曰弄贊

于闐國

在西戎釋氏之國婦人衫袴束帶與男子同死者以火化之收骨而葬也佛書云佛見厲死於地以沙葬之後因之以沙爲塚數層胡稱曰厲塔凡人死者其骨共葬一塔各依長幼而葬居喪者剪髮長四寸後佛涅槃循其故事亦以沙

爲塚其塔自此始

大食勿拔國

其國邊海天氣暖甚出乳香樹逐日用刀斫樹皮取乳每年春末有飛禽自天而降如白絲鵝肥而味佳有大魚高二丈餘長十丈餘人不敢食刳膏爲油筋可作屋桁脊骨可作門扇骨節爲舂臼又有龍涎成塊泊岸人競取爲貨賣

大闍婆

其國王孫始因雷震石裂有一人出後立爲王

其子孫尚存産青鹽綿羊鸚鵡珎珠寶貝又言其國中有飛頭者其人目無瞳子其頭能飛其俗所祠名曰虫落因號落民漢武帝時因墀國使南方有解形之民能先使頭飛南海左手飛東海右手飛西澤至暮頭還肩上兩手遇疾風飄於海水外

東印度國

人性强獷好殺伐以戰死爲吉利以善終爲不祥昔周伯陽父惡其兇殺化之見周書至周莊王九年四月八日恒星不見星隕如雨是夜釋氏生能修性宗教國人宗之稱名曰佛蓋佛者如中國稱神彼皆稱佛漢明帝時其法流入中國晋明帝時其法大行

蘇都識匿國

國名夜叉有野人窟人近窟住者五百餘家窟口作舍設關籥一年再祭人有逼窟口烟氣出先觸者死因以屍擲窟口其窟不知深淺其人皆如夜叉

龜兹國

漢武帝兵曾至其國每至元日鬭牛馬駝爲戲七日觀勝負以占一年羊馬繁息勝者則旺

馬者國

每於十月十日王出首領家首領騎王馬一日一夜處分王事十月十四日作樂至元日王及首領分爲兩朋各出一人着甲東西互擊甲人先死即止以占當年豐儉

馬耳打班

其人與回回同今兒初生未開眼者爲上進王則爲孝順

入不國

有城池種田出胡椒其地至卽熱南回回也其國頗富商賈之利

西南夷

國人椎髮跣足衣班花布披氈背刀帶弩其人勇悍死而無悔西戎皆畏之

西番

卽鬼方武丁征鬼方三年克之人曰鬼陰類曰鬼戎曰犬戎無王子管轄無城池房舍多在山林內任食人肉其國人奉佛者皆稱刺麻

鳩尼羅國

與新千里國同此乃西番出佛牙石去處其石如朽骨妖妄者做成牙樣曰佛牙以誑人布施求其財利

沙彌茶國

乃太陽西沒之地有異人名狙葛尼到此遂立文字每至晚日入聲若雷霆國王每於城上聚千人吹角鳴鑼擊鼓混雜日聲不然則人皆驚死漢有人至之

蒲甘國

其國至富自大理五千至其國自窊裏國六十程至之隔黑水淤泥河西番諸國不可通國王戴金冠金銀飾屋壁以錫爲瓦用華麗之甚

斯伽里野國

其地乃陰陽擊之方近蘆眉國山上有穴四季

出火國人扛大石千百斤納穴中須臾爆出皆碎五年一次火出其火流轉海邊復回所遇林木下燒遇石焚之如炭有神主之

崑崙層期國

其國地極熱在西南海上接海島飛則蔽日巳能食駱駝昔有人拾其翎截管可作水桶有野人身如墨深鬈髮國人布食誘捉賣與番商作奴尚貨利也

暹羅國

國在海中民多作商尚利其名姓皆以中國儒名稱呼其風俗男子皆割陰藏八寶人方以女妻之海中有一島島中之樹其花鬚一匙二筋狀如黑漆人用之飲食其油膩不能汚若欖茶則化

虎六母思

其國在西南海中回紇之國其地至熱出番布珎寶與西洋國頗同

西洋國

在西南海中地產珊瑚寶石等物所織綿布絕細瑩潔如紙其人髡首以白布纒頭以金爲錢交易國人至富

烏伏部國

其國有土神於此化土蟒以濟饑渴遂立其國又與孔雀三啄雀滄泉以愈衆疾民稍富

眞臘國

其國極熱即南回回凡嫁娶女子九歲乃會親友令僧作佛事以指頭挑破女子童體以血點於母額以爲利事嫁人夫婦和十歲即嫁人與其妻通其夫即喜國人爲盜即斬手斷足或以火印烙記黥額死罪者以木樁穿其屍

西棚國

與眞臘相隣風俗不同其國望見天有一竅極明土人稱天門

爪哇國

古闍婆國也自泉州舶一月可到天無霜雪四時之氣常燠地產胡椒蘇木無城池兵甲無倉

廩府庫每遇時節國王與其屬馳馬執鎗校武勝者受賞親朋踴躍以爲喜傷死者其妻不顧而去飲食以木葉爲盛手撮而食宴會則男女列坐咲喧盡醉凡草虫之類盡皆烹食市賈皆婦人婚娶多論財夫喪不出旬日而適人與中國爲商往來不絶

道明國

與野人同國人不着衣服見着衣者即共咲之俗無鹽鐵以竹弩射虫魚俗稱舩篙桂板者此

也

近佛國

其國人性與禽獸同在東南海上多野島蠻賊居之號麻囉奴商舶至其國群起擒之以巨竹夾而燒食人頭為食器父母一死則召親戚撾鼓共食其屍肉非人類比也

散毛

種類甚多喜戰鬭不畏死其諸洞惟散毛洞最大

交州

按地輿志曰周曰駱越秦曰西甌故曰甌越漢曰安南杜氏通典曰交趾地產金出象出香風景與兩廣頗同　國朝以為文禮之邦以元帝之二太子贅婿於陳氏以奉元祀焉

大琉球國

在建安之東去海五百里其國多山洞各部落酋長皆稱小王至生分彼此不和常入中國貢王子及陪臣皆入太學讀書

小琉球國

與大琉球國同其人麄俗少入中國風俗與僚夷相似

占城

漢置林邑郡其屬郡有賓童龍賓陀陵化州三舍城地方三千餘里南抵真臘北抵安南廣州順風八日可到國人多姓翁產名香犀象珍寶常為歲貢王子入朝中國比安南不尚文墨尚戰鬭喜師巫邪術其民有犯訟不能決者即令

過鰐潭其潭有神魚能知人善惡理虧者魚即食之

伯夷國

其國近雲南風俗與占城同人皆以墨刺其腿為號養象如中國養羊馬其地出寶石名香

三佛馱國

在西南海中有山揷環流千里名大鐵圍山人不可躋攀今古無人得到此天地設險之所也惟有一竅可入國人守之其海南皆不能入內

有良田珎寶出焉

可只國

西番出寶物處境與撒毋耳干相隣曰富貴番商不入中國

馬羅國

出異寶生頭香即西戎之國其方多產寶物人至醜惡可畏

印都丹

其人身黑色地熱無雲出佛之處其國人多孝

佛而勇悍少有慈心風上故也

黑暗國

地產犀牛與回鶻同即南海中回回也未嘗入中國其俗皆與西洋同

天際國　即天門國

西棚國望見天有一痕明亮即是其國也其國極富城池宮室皆如中國橋梁石柱皆用玉有華表二根皆瑪瑙產珍寶異香大槩天道左旋每一年一週天四極之際天光長多如骨利國日長夜短是也其國一年天旋到此天光返照一遍國人謂之天門開非也

天竺國

國泰大秦國主悉由大秦選擇地產良馬俗皆編髮垂下兩鬓以帛纏頭衫袴韃襪國內有聖水能止風濤番商人等以琉璃瓶而盛之若遇濤洒之即止與默伽國水同

大食無斯離國

出甘露秋露降暴之成糖霜食之甘美山有乳

生果子名蒲蘆可採食次年復生名麻茶澤三年再生名没石子產麥桃欄等物地窖之物數十年不壞

異域志卷之上　終

異域志卷之下

元江陵處士周致中纂集
明　嘉禾梅墟周履靖
華亭眉公陳繼儒　同校
金陵荆山書林梓行

撒母耳干

在西番回鶻之西其國極富麗城郭房屋皆與中國同其風景佳美有似江南繁富似中國商人至其國者多不思歸皆以金銀爲錢出寶石

珍玉良馬獅子

訶條國

近女眞金遼山廟有石龜如人飲食將盡向龜作禮則飲食悉具其人多尚巫談禍福

眉路骨國

其國似佛有城七重上古有黑光石砌就有番人塚三百餘所胡稱曰塔一所高八十丈安三百六十房人以毛段爲衣肉麪爲食金銀爲錢地產砂摩挲石等物

藏國

其國有城池屋舍地產大椰木有五丈圍者一曰椰國其空樹中可容二十人

勿斯里國

其國百年不一雨止有天江不知其源水極其溢則四十日浸田水退而耕二年必有一白髮人從江水出坐於石上國人拜問吉凶其人不語若笑則年豐悲則饑疫良久復入水古有徂葛尼建廟頂上有鏡如他國盜兵來者先照見

之

南尼華羅國

國人好佛敎尊牛屋壁皆塗牛糞以爲潔各家置壇以牛糞塗置花木爇香供佛路通西域常有輕來來刧閉門拒之數日絶糧而退番商到彼不得入室

乾駝國

其國乃尸毗王之倉庫之所倉爲火焚米皆焦至今尚存得一粒服之則終身無疾

頓遜國

國在海島上人將死親戚歌舞送於郭外有鳥如鵞飛來萬數家人避之其鳥食肉盡乃去即燒骨沉水謂之鳥葬梁武帝時曾入貢

白達國

國王乃弗霞麻勿之子孫諸國用兵不侵敢犯豪民多珎寶食酥酪餅肉少魚菜產金銀玻瓈等物人以雪布纏頭上即回鶻之類

吉慈尼國

盤山為城尚胡教禮拜堂百餘所出金銀金線錦富民居住七層樓閣多畜牧駝馬地極寒春夏雪不消有雪蛆可食

阿薩部

同苗凡食生皆部其肉重疊之以石壓瀝汁稅波斯拂林等國米及草子釀於肉汁之中經數日變成酒飲之可醉喜歌舞

婆弥爛國

其國有山嶢巖峻險上多猿令刑絕長大常暴田種每年有二三十萬國中起春已後屯集與與猿戰雖歲殺數萬不能盡其巢穴去金陵二萬五千五百五十里

麻離拔國

其國產異香龍涎珍珠玻璃犀角象牙珊瑚木香沒藥血蝎阿魏蘇合香沒石子等貨皆大食國至此博易官豪以金線桃花帛纏頭以金銀為錢交易常為番商

單馬令

其國有酋長無王宋慶元間進金五壜金傘上柄元求其利不至國人多富尚寶貨則利為酋豪

昆吾國

其國產寶鐵切玉如泥及火浣布其國累塹為丘象浮圖有三層屍乾居上屍濕居下以近葬為孝集大甑居中懸衣服綵幾祀之

三佛齊國

其國在南海之中自廣州發舶取正南半月可

到諸番水道之要衝以木柵爲城國人多姓蒲縛蒲浮水而官兵服藥刀箭不能傷人此覇於諸侯舊傳其國地面忽有一穴出生牛數萬人取食之後用竹木窒其穴乃絕産犀象珠璣異寶香藥之類

婆登國

其人與回鶻類在林邑之東西接迷離國南接訶陵種稻每月一熟有文字即書於貝葉死者以金鉛貫於四肢後加婆律膏及沉檀龍腦積

薪以焚之

佛羅安國

自三佛齊國風帆四晝夜可到其國亦可遵陸有地主國有飛來銅神二箇一箇六臂一箇四臂六月十五日生日如有他國人來刼掠大風驟作船不可進

麻嘉國

其國是土神麻霞勿出世處稱神爲佛廟後有神暮日夜常有光人不敢近皆合眼而走過也

默伽臘國

其國出珊瑚人用繩縛十字木以石沉水中搏船拖索而取謂鐵網取珊瑚

坡臨國

與大食相近國人黑色好事弓弩中國船往大食必自故臨易小舟而去往返二年彼多爲盜

大食國

在海西南山谷間有樹枝上生花如人首不觧語人借問惟笑而巳頻笑輙落大食諸國之總

名有國千餘其屬甚多

日蒙國

其國有房舍種田出薑人似黑蒙國結束即西戎風俗如回回

麻阿塔

其國有神名金剛民有城池種田即西胡其人多奉佛爲剌麻者多

方連魯蠻

其人語話難曉人種田出驢馬風俗與野人相

似但有家業不水飲草宿耳

訛魯

人眼深髮黃壘木植爲屋宇巢居而已西胡犬戎之裔也與野人無異有巢居穴處之風

大秦國

西番之大國也番商萃此其王號麻羅弗以布帛纏頭地產珊瑚生金花錦縵布紅瑪瑙珎珠等物富甚

骨利國

在西北瀚海之中南望回鶻出良馬乃天外地極際之所故日長而夜短日光於地下所照故也日沒後天色正黑煑羊方熟天已曙矣

孝臆國

在平州中以木爲柵周十餘里大柵五百餘所氣候常暖冬不凋落有羊馬無駝牛俗性質眞好客旅軀貌長大褰鼻黃髮綠眼赤髭披髮面如血色戰具惟稍一色宜五穀出金鐵衣麻布有妖祠三千餘所馬步甲兵一萬不尚商販自稱孝臆丈夫婦人俱佩帶每一日造食一月食之常與宿食國無河井種植待雨出而生以紫鑛泥地承雨水用之

新千里國

出石似朽骨如牙奉佛者稱爲佛牙誑人此也與鴆尼國相隣

王瑞國

其國產牛羊民種田有房舍與西番同富於西戎專行諸番爲商少入中國風俗與回回相類

擔波國

其國有城池民種田天氣常熱地無霜雪出獅子與回回無異有國君主之番商交於隣國

悄國

係西番人其狠專食五穀過活出牛羊馬與野人何異勇戰之士也少通隣國

三蠻國

其人不種田只食土死者埋之心肺肝皆不朽百年復化爲人一說與無啓國民相類與野人

偺同

奇肱國

其國西去玉門關一萬里其人一臂性至巧能作飛車乘風遠行湯王時西風久作車至豫州湯使人藏其車不以示民後十年東風大作乃令仍乘其車以還

登流眉國

真臘之屬郡椎髻纏帛蔽身每朝番五出座名曰登塲衆番皆拜罷同座交手抱兩膊爲禮

阿陵國

真臘之南有國竪木爲城造大屋重閣以椶皮葢象牙爲床椰花爲酒以手撮食有毒常人同宿即生瘡與女人交合則必死旅液着草木即枯

義渠國

在大秦之西人死則燒之薰屍烟上謂之登烟霞出犀象寶貨其人與回鶻同

烏萇國

其國民有死罪不立殺刑惟徙之空山任其飲啄事涉疑似以藥服之清濁自驗隨事輕重而决之

撥拔力國

國在西南海中與野獸同止食肉常針牛畜取血和乳生飲之身無衣惟腰下用羊皮掩之

波厮國

其人矮小極黑以金花布纏身無城郭王以虎皮蒙鞔出則乘軟兜或騎象食餅肉出異寶等

物

晏陀蠻國

其國周圍七千里人如黑漆能食生人地無鐵唯磨蚌殼爲刃其國有一聖跡用渾金作床承一死人經代不朽常有巨蛇衛護其蛇毛長二尺人不敢近有一井一年兩次水溢流入海所過沙石經浸盡成金

默伽國

古係荒郊無人烟因大食國法師蒲羅吽娶妻

在荒野生一子無水可洗浴之地下其子以足
擦地湧出一泉甚清徹此子長大名曰麻阿勿處
大井逢旱不乾泛海遇風波以此水洒之即止

胡鬼國

其人身長大無馬步走手持一長柄斧其走如
飛逐鹿如犬專以捕獵爲生兀良河韃靼因逐
鹿偶至其地爲其所執其胡鬼乃出遂殺其妻
子而出胡鬼趕至河不能渡則止

賓童龍國

占城之屬郡地主出則騎象或馬打紅繖從者
百人執盾贊唱曰亞或僕以葉盛飲食佛書言
王舍城即此地也今有目連舍基存焉

獠

在牂牁其婦人也七月生子死則竪棺埋之有
打牙者謂打牙獦獠種類最多不可以人事處
褁獦難服

木直夷

在獦獠西以鹿角爲器其死則屈而燒之埋耳

後小骨類人黑如漆小寒則掊沙自處但出其
面常入朝中國

潦查　俗呼老抓

其地產犀象金銀人性至狠下窩弓毒藥殺人
其可笑者凡水漿之物不從口入以管於鼻中
吸之大槩與象類同

紅夷

去交州不遠在其境與老抓占城皆交州唇齒
之國其人不置衣皆以布絹纏其身首類回鶻

不產鹽

女人國

其國乃純陰之地在東南海上水流數年一泛
蓮開長丈許桃核長二尺昔有舶舟飄落其國
羣女攜以歸無不死者有一智者夜盜船得去
遂傳其事女人遇南風裸形感風而生又云有
奚部小如者部抵男其國無男照井而生曾有
人獲至中國

後眼國

凡良河韃靼會見不知國在何處其衣[illegible]
人同項後有一目其性狠戾韃靼多畏之

阿黑驕

其國與野人同人烟最多盡在林木中住無羊
馬孳畜射生打魚爲活

盤瓠

帝嚳高辛氏宮中老婦耳内有聹耳掏出如繭
以瓠盛之以盤覆之有頃化爲五色之犬因名
瓠犬時有犬戎吳將軍寇邊帝曰得其頭吾以

女妻之瓠犬俄啣人頭詣闕下乃吳將軍之首
也帝不得已以女妻之瓠人負女入南山穴中
三年生六男六女其母復以狀白帝於是帝封
於長沙武陵蠻今其國人是其裔也

狗國

其國在女真之北乃陽消陰長之地得天地之
氣駁雜不純婦人與人同穿衣能人言男子狗
也不能語其音狗嗥不穿衣食生肉婦人食熟
肉邊有商人曾至其國犬過絶不令歸其妻與

筋十餘隻曰汝走數里可置一枚於地狗見必
啣歸家汝方得脱爲善狗能護愛家物之意故
也

敢人國

名烏滸國按杜氏通典其國在南海之西南安
南之北朗寧郡所管人生長子輒解而食之謂
之宜弟味甘則獻其君君賞之謂之忠凡父母
老則與隣人食之遺其骨而歸之其隣人之父
母老亦還彼食之不令自死爲葬污地食則死

後免在生之業凡娶妻美則讓其兄其人髮頭
跣足無衣以絹纏於身是其俗也

囉囉

即古爽人之國也盤瓠之種音出於鼻性狠惡
不畏死好食生髪長一尺向上以氈衫爲衣以
女人爲首長曰母總官一人納百夫爲貴其令
甚嚴刻木牌爲令

阿丹

其國與囉囉同乃西番種類盤瓠之裔也與雲

南四川之境相隣

沙華公國

卽海寇也其國在東南海中其人常出大海刼奪人賣之於闍婆國

蕭家龍

南海之東廣州發船順風一月可到國王撮髻腦後人民剃頭以椰子撻木漿爲酒其色紅白而味極佳出胡椒檀香沉香丁香白荳蔻常入貢

昏吾散僧

在山林中人種田以食與西番同乃小部落之國也但有酋長王之

黑蒙國

其國至富有城池房舍民種田天氣常熱人穿五色錦袴其人多富尚侈靡

蜒蠻

今廣取珠之蜒戶是也蜒有三一爲魚蜒善舉網垂綸二爲蠔蜒善沒海取蠔三爲木蜒善伐木取材蜒極貧皆鶉衣得物米妻子共之

五溪蠻

卽洞蠻遇父母死行皷踏歌飲宴一月盡產爲槨臨江高山鑿龕以葬三年不食鹽

生黎

在兩廣山谷中有洞蠻同科頭跣足短裙結帶頭上諸物皆揷善強弩食生肉以猴爲鮓以鼠爲煎曰蜜唧唧其性凶悍不當差使

熟黎

近城邑者頗循教化其俗與生黎同在廣西亦有州牧所屬

苗

種類最多凡草蟲皆生食凡肉作令生蛆方食娶妻荅歌相合遂爲夫婦父母老賣與人家爲奴謂死後無罪

洞蠻

有土官掌之其人皆與廣西人同食蛇鼠爲上等之饌以猴肉爲鮓其人皆能下蠱殺人

都播國

與野人同類鐵勒之别種分爲三部自相統攝結草爲廬不知耕稼多百合取以爲糧衣貂鹿皮鳥羽爲服國無刑法盜者倍徵贓

無腹國

在海東南男女皆無腹肚其説恐謬無腹安能生育

無脊國

在東海中人無肥腸食土穴居男女死即埋之

其心不朽百年化爲人録民膝不朽埋之百二十年化爲人細民肝不朽埋之八年化爲人

穿胷國

在盛海東胷有竅尊者去衣令卑者以竹木貫胷擡之俗謂防風氏之民因禹殺其君乃刺其故有是類

烏孫國

其國西有三爪蠻有頭自地生種田身生長毛出虜掠百姓昔封烏孫公主之所

丁靈國

其國在海内人從膝下生毛馬蹄善走自鞭其脚一日可行三百里

柔利國

國人類妖非人比也曲膝向前一手一足山海經云在一目國東

羽民國

在海東南岸巖間有人長頰鳥喙赤目白首身生毛羽能飛不能遠似人而卵生穴處即獸蝙

蝠之類也

小人國

山海經曰東方有小人國名曰竫長九寸海鶴遇而吞之昔商人曾至海中見之乃在海尾閭穴所也

聶耳國

其人與獸相類在無腹國東其人虎文耳長過腰手捧耳而行

交頸國

人脚脛曲而相交與鬼相類不正之氣也

長臂人

郎水中獸類同在海之東人垂手至地專食魚蝦昔有人在海中得一布衣袖各長丈餘

懸渡國

即猿屬在烏秅之西山溪不通但引繩而渡土人佃於石間壘石爲室接手而飲互相牽引與獸同

猴孫國

即抹刺剌國若有別國兵來衆猴防直有法即不敢來侵犯與獸同類

婆羅遮國

其人猴面人身男女無晝夜歌舞八月十五日行像及透索爲戲猴屬也其種類皆以狗頭皮爲帽

繳濮國

國人有尾欲坐則先穿地作穴以安其尾如或誤折其尾卒然而死在永昌郡南二千里

文身國

其國極富專用實貨物至賤行不賫糧王居飾以金玉市用珍寶交易尚財利好作商凡人皆文其身多者爲貴

大漢國

其國在大荒之中人鮮有到者無兵戈不攻戰衣毛革與文身國同而言語異即野人同

長人國

其人長三四丈昔明州二人泛海值霧昏風大不知舟所向天稍開乃在島下登岸伐薪忽見一長人其行如飛二人急走至船上其長人入海追之遂前執船舟人用弩射而退方得脱

國朝有使往遼陽因風其舟至其國其人拏其舟斬其一指大若人臂即此國也

三首國

在夏后啓北其人一身三首無衣天地間之異氣也

三身國

在鑿齒國東其人一首三身非妖而何人罕見也俗傳有之

一臂國

在西海之北其人一目一孔一手一足半體比肩猶魚鳥相合

一目國

在北海外其人一目當其面而手足皆具也

長腳國

與長臂人類本同常負長臂人入海捕魚非水族之類而何

長毛國

國在玄股之北居大海中人短小而體皆有長毛被髮無衣與猩猩之屬同婦人做王有城池種田居穴中晉永嘉四年曾獲得之莫曉其語

氐人國

在建木西其狀人面魚身有手無足胷以上似人以下似魚能人言有羣類巢居穴處爲生有酋長

南羅國

管小國五十四處多産異寶

赤土國

按唐史自交州海行三月可到

般番國

按唐史其國有二十四州與狼牙接界交州海行四十日可到

日國　白花國　浡泥國

奔沱浪國　陀盤地國　奇羅國

石樸國　溢亨國　白杷國

賀屹羅國　鄂嶗國　詹波羅國

丁香國　莆黄國　羅殿國

地竦國　地域國　迷離國

三泊國　麻蘭國　火山國

師魚國　彌舍國　紅蘭國

宍裹國　蘭無里國　地生國

黑閈國　已上三十一國其商不入中國

異域志終

殊域周咨録二十四卷（卷一至卷六）

〔明〕嚴從簡撰

《殊域周咨録》二十四卷，明嚴從簡撰。從簡字仲可，號紹峰，浙江嘉興人。嘉靖三十八年（一五五九）進士。曾任行人司行人、刑科右給事中。是書約於萬曆初撰成。以明爲中心，詳載其東、南、西、北四方海陸各國之道里、山川、民族、風俗、物産等，以供官員出使時參考。所據史料取自歷年頒發敕書、各國間往來使節之文字記載，及行人司所藏文書檔案等。卷一朝鮮，卷二至三日本，卷四琉球，卷五至六安南，卷七占城，卷八真臘、暹羅、滿剌加、爪哇、三佛齊、浡泥、瑣里、古里，卷九蘇門答剌、錫蘭、蘇禄、麻剌、忽魯謨斯、佛郎機、雲南百夷，卷十西北夷考引、吐蕃，卷十一拂菻、榜葛剌、默德那、天方國，卷十二哈密，卷十三土魯番，卷十四赤斤蒙古、安定阿端、曲先、罕東、火州，卷十五撒馬兒罕、亦力把力、于闐、哈烈，卷十六至二十二韃靼，卷二十三兀良哈，卷二十四女直。敘事詳贍，凡遇歧互處則並列相關史料，材料出處皆爲注明，極便後人研究。正文後按語及輯録之相關詩文，亦多不見載於他書者。其間有陳垣校語，或指出其史源，如卷十一《默德那》引諺「僧言佛子在西空」，云：「此諺見《菽園雜記》，《七修類稿》引之。」頗便研讀。據中國國家圖書館藏民國間新會陳氏勵耘書屋抄本影印。

卷一朝鮮

殊域周咨録一

勵耘書屋

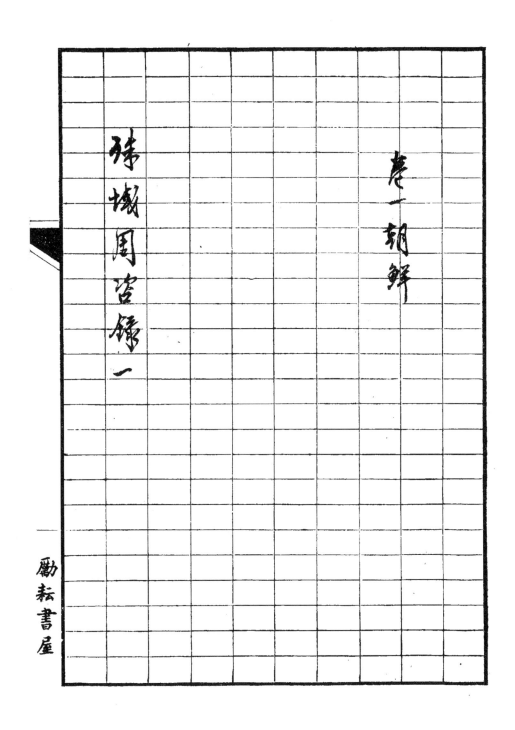

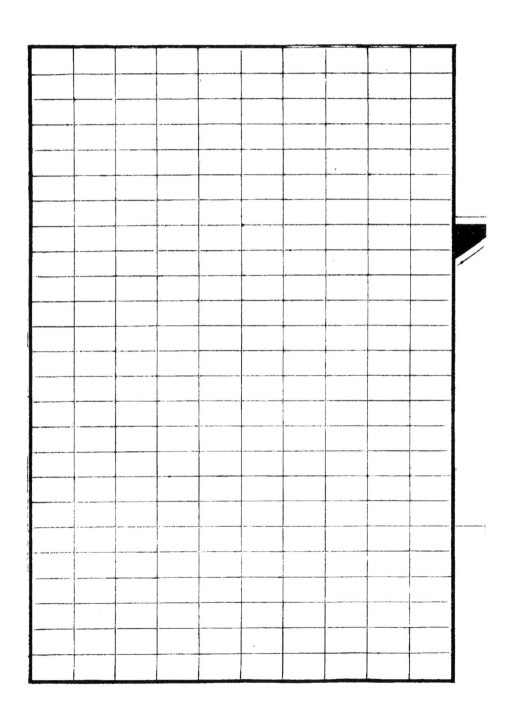

諸蕃國記序

古之善謀人國者，莫不以鑒於成憲為急務。故魏相好觀故事，蘇環多識舊章，至富弼則請選官將三朝故典分門類聚，編成一書，俾為模範，皆是意也。況於制禦夷狄，其關係治道尤大，能不遵先王之道而可無過者否矣。粵我二祖列宗，内既順治，外自威嚴，九夷八蠻梯航承德，而其所以懷柔之者，不越乎文告之脩、威攘之令而已。文告則責諸使臣，其間招徠有術，宣對異宜，剛柔變化，幾不可測，若沈秩之諭渤泥者是已。威攘則責諸帥臣，其間經畧有方，戰守異勢，情偽緩急，間不容髮，若張輔之征交趾者是已。至於鄭和以使往西洋而戮其叛王，毛伯温以師討登庸而受其欵塞，則二者又交相為用其成憲昭然皆可鑒也頃者諫議姪紹峯子携所著殊域周咨録為餽且敦乞叙言予閒中閲之乃知其行人時手輯名以周咨者因靡及之懷勤採訪之博蓋專以備使臣啣命外邦之猷而帥臣敵愾干城之策亦具焉予因論國家纖疥之恙在東南莫狡於日本在西北莫蔓於韃虜日本之通初倚使臣故自宋蘇卿爭貢之後獻琛效順金戈久偃而王直一旦蠢動海上禍延四省暴骨如莽斯時也材官之糾練芻餉之盈縮以致添將增城朝廷按祖宗靖虜之藉而參定之卒致蕩平韃虜之定惟倚帥臣故自土木遺使以來烽火多警星軺久絶而俺荅悔禍祈求通市疑信莫持郊勞難保斯時也馬價之高下犒賞之豐菲以致

列爵賜冊朝廷按祖宗封倭之典而撫制之迄今向化予以是益信文告威攘交相為用而又知南倭北虜互藏其馭者矣推之各夷何有哉顯謨遐軌繼志述事其善如此且予幸際聖明有道守在四夷謬叨冢宰之重任謀保金甌之萬全固願得言重三軍勝決千里之臣以任之且示爾典常作之師則歆于大明會典之外如魏相蘇瓌條列故章上之當宁以為百官承式之考而政務至殷故未遑耳我姪斯錄也雖於祖宗之耿光大烈未克無揔其全若于冨弼之請門類分編則豈非為天下九經中柔遠人懷諸侯之模範哉故喜其有合予旨而序之　旹

萬曆癸未三月吉旦

題詞玄弟一葉

賜進士第資德大夫正治上卿吏部尚書滇浙居士寅所嚴清撰

殊域周咨錄題詞

夫男子始生，懸桑弧蓬矢以射四方，志有事也。夷戎蠻狄，不出覆載，孰非四方之極，而為男子所有事者乎？粵自王者無外，殊疆一統，故伊尹定四夷獻令：正東越漚，剪髮文身，令以魚皮之鞞、鮫瞂利劍為獻；正南甌鄧、桂國、百濮、九菌，令以文犀、翠羽、菌鶴、短狗為獻；正西崑崙、狗國、闟耳、貫胸，令以白毛紕罽、龍角、神龜為獻；正北空同、大夏、莎車、代翟，令以白玉、良弓、騊駼、駃騠為獻。是豈聖人作疆土寶遠物哉？亦以德威所感，凡有血氣，共惟帝臣焉耳。然一來一往，禮無不答，則所以口啣天語，身駕星軺，報聘宣拓，傳綸綍之溫

3

煦布聲靈之赫濯而使中國常尊外夷永順固使者職也以比男子有事其責不更重且切耶由是則遐覽旁通以備將命於上釆風於下者自當無所不周矣明興文命誕敷賓延執玉之國梯航而至故懷來綏服賫冊金函燦絢四出而行人之轍遍荒徼矣我聖祖之敕本司有曰稽道里之遐邇識其緩急驗其辭色進退節度規矩弗移斯聖謨也夫豈為我中邦之使告戒凡以訓承冀外域者耳蓋方今天下車書混同驛路有版籍儀禮有注式皇華届止雍容委蛇導揚休命罔不承聽所謂節度規矩不肅而中者也惟彼夷酋言語不通心志叵測王人往諭恪順威旨者雖云其常而間有匪茹反覆狡猾二心或以讐羈如西域之於傳安或以利誘如高麗

之於邪順狹詐多端變生俄頃則我所以守正出奇剛不取禍柔不取辱以萬全天子之委重者其急緩辭色誠不可不慎皇祖訓勑之旨良有以哉曩予備員行人竊祿明時每懷靡及雖未嘗蒙殊域之遣而不敢忘周咨之志故獨揭壺方而著其使節所適俾將來寅寀或有捧紫誥於丹陛樹琦節於蒼溟者一展卷焉庶為辭色進退將命採風之一助也然其間勘討之畧守禦之策列聖威讓之謨諸臣經畫之論隨事具載雖以著一國之始終要亦官守所係不可缺焉何者蓋行人奉使備例其凡有九而有曰軍務者有曰整點大軍者則武事乃居其二非特司禮文之末而已況國家每有征伐必以行人為之故太祖欲征緬甸則遣李思聰其

罷兵，成祖欲討安南，則遣朱勸許其贖罪，以干戈取之而不足，以口舌代之而有餘，君子稱行人之職，與將帥相為表裏，實其然矣。豈可曰軍旅之事，君未之學，邊疆之籌，君未之任，而漫焉廢講哉。乃俻録之，而并附其詩文、道里、風俗、土產之類，非徒誇文炫武，而實服膺聖祖之訓，周爰詢度，猶恐有遺識焉耳。但是録之作，昔合為使職之〔文〕獻之外編，今因板泐重校，分為一書，名曰殊域周咨，以畀我僚之便覽云。僻居陋巷，不能廣致群籍，是以不免挂一漏萬，所賴大雅君子惠賜斧教，訂誤補缺，俾成一家之言，則就正之心固所願也。敢自是哉，敢自是〔足〕哉。

萬曆甲戌正月元日前行人司行人刑〔科〕右給事嘉禾紹峰子嚴從

簡識於後、瀟精舍

按是錄所輯、多今時事、而畧於古者何哉、蓋自漢唐以來、各夷自有成史、不必再贅、故但揭其大綱、以見立國之由可也、若我朝之撫馭各夷者、其文典藏諸秘館、世莫易窺、苟有散見於各帙者、必盡著之、以表國家章程之大、以博臣工經畧之猷、祇慎其詳焉、不詳、未論其擇焉不精也、至其中有雜說一二、亦以原非正史、聊廣見聞、如賓筵器俎之外、侑以螺頭龜腳、參錯成味、俾覽者解頤、不至端冕而聽、惟恐其臥也乎、

殊域周咨録總目

一卷

朝鮮

二卷之三卷

日本

四卷　以上皆東夷

琉球

五卷之六卷

安南

七卷

占城
八卷
真臘　暹羅　滿剌加　爪哇　三佛齊
渤泥　瑣里古里
九卷以上皆南蠻
蘇門荅剌　錫蘭　蘇祿　麻剌
忽魯謨斯　佛郎機　雲南百夷
十卷
吐蕃
十一卷

拂菻　榜葛剌　默德那　天方國
十二卷
哈密
十三卷
土魯番
十四卷
赤斤蒙古　安定阿端　曲先　罕東　火州
十五卷　以上皆西戎
撒馬兒罕　亦力把力　于闐　哈烈
十六卷之二十二卷

韃靼

二十三卷

兀良哈

二十四卷以上皆北狄

女直

殊域周咨録卷之一

皇明行人司行人刑科右給事中嘉禾嚴從簡輯

東夷

禹貢曰祗台德先東漸於海君奭曰海隅出日罔不率俾則知溟渤之區雖非正朔所加要皆文德所徠自古稱藩獻琛者已極嵎夷之外尚已肆覲隋宋如裴世清使倭奴而有儀仗郊迎之盛錢勰使高麗而却金器四千之餉矯矯二星迹震東表名揭方冊猗歟休哉仰惟大明當天窮荒極壤咸在照臨而海中諸蕃春先得於陽谷氣早回於扶桑其所被帝德光華比之他國為獨渥焉行人乘帆而至綵綸一布拜舞懽呼如太陽東升而

礫沙明霞光電閃川鳴谷響海水立而海若藏也然則使者其捧日之雲乎哉雖曰鯨波萬頃蜃氣千里時多不測所仗天子神威馮夷先驅天吳效順百靈秘怪呵護畢出又何足為皇華虞耶故採其方域正東則有若朝鮮有若日本東南則有若琉球而皆東方之夷錄分四卷以為御詔青澥者之博喻也叙東夷

朝鮮

朝鮮周封箕子於此同三恪不臣朝鮮云者以其在東取朝日鮮明之義也秦屬遼東漢初燕人衛滿據其地武帝平之置真番臨屯樂浪玄菟四郡漢末公孫度開府行牧事於遼東并有其地三傳而為魏所滅晉永嘉之亂扶餘別種酋長高璉入據其地稱高

麗王居平壤城始列化外唐征高麗拔平壤置安東都護府其國東徙距鴨綠江千餘里五代唐時王建代高氏闢地益廣并古新羅百濟而為一建都松岳以平壤為西京其後子孫遣使朝貢於宋亦常朝貢遼金歷四百餘年其主未始易姓元至元中西京内屬置東寧路總管府畫慈嶺為界入本朝太祖高皇帝洪武元年（列聖廟號俱一揭於此卷餘以年號為紀）遣符寶郎偰斯奉璽書賜高麗國王顓書曰自有宋失馭天絕其祀元非我類入主中國百有餘年天厭其昏淫亦用殞絕其命華夏擾亂十有八年當群雄初起時朕為淮右布衣暴兵忽起悮入其中見其無成憂懼弗寧荷天地眷祐授以文武東渡江左習養民之道十有四年其間西平漢主陳友諒東

縛吳王張士誠，南平閩粵，戡定八蕃，北逐胡君，肅清華夏，復我中國之舊疆。今年正月，以民推戴，即皇帝位，定有天下之號曰大明，建元洪武。惟四夷未服，故遣使報王知之。昔我中國之君與高麗壤地相接，其王或臣或賓，蓋慕中國之風，為安生靈而已。朕雖不德，不及我中國古先哲王四夷懷之，然不可不使天下周知。餘不多及。

按帝王之馭夷狄，有本有文。所謂本，明德是已；所謂文，明命是已。非明德之修，固無以感格其良心而使之慕；非明命之宣，亦何以攝服其邪心而使之畏哉？矧胡元入主中國，其時諸蕃皆以醜類相視，莫肯臣屬，積習已久。我聖祖方混一區宇，聲教猶

前一頁之補

麗王居平壤城始列化外唐征高麗拔平壤置安東都護府其國東徙距鴨綠江千餘里五代唐時王建代高氏闢地益廣并古新羅百濟而為一建都松岳以平壤為西京其後子孫遣使朝貢於宋亦常朝貢遼金歷四百餘年其主未始易姓元至元中西京内屬置東寧路總管府畫慈嶺為界入本朝太祖高皇帝洪武元年（列聖廟號俱一揭於此卷餘以年號為紀）遣符寶郎偰斯奉璽書賜高麗國君王顓書曰

有宋失聖祖方混一區宇聲教猶未覃及其可無報諭之令乎

自是招徠讓責渙汗遠馳難以盡載每國各述其首所頒詔及因事有宣者用昭皇靈漸被之實焉

二年正月國主王顓上表賀即位還使賚金印賜之并賜大統曆

仍封為高麗國王命三歲貳二歲遣使朝貢國王則世一見三年
定鄉會科試條格詔高麗安南占城等國如有行修經明之士各
就本國鄉試貢赴京師會試不拘額數選取是科高麗試貢士入試者三人惟金濤登
第授東昌府安丘縣丞尋以不通華言辭請還本國詔給道里費遣之上遣禮官徐師昊往高麗代祀
其國山川之神
學士宋濂記曰皇帝受天明命丕承正統薄海內外罔不臣妾
德流惠敷浹於神人粵洪武三年春正月二十癸巳上御奉天
殿受群臣朝乃言曰朕以菲德惟天惟祖宗是賴位於諸侯王
兆民之上郊廟祠享之禮朕不敢不恭然而名山大川能出雲
雨以澤被生民者朕於報祈亦罔或弗欽邇者高麗國奉表稱

未覃及其可無報諭之令乎自是招徠譲責渙汗遐馳難以盡載每國各述其首所頒詔及因事有宣者用昭皇靈漸被之實焉

二年正月國主王巔上表賀即位遣使賫金印賜之并賜大統曆

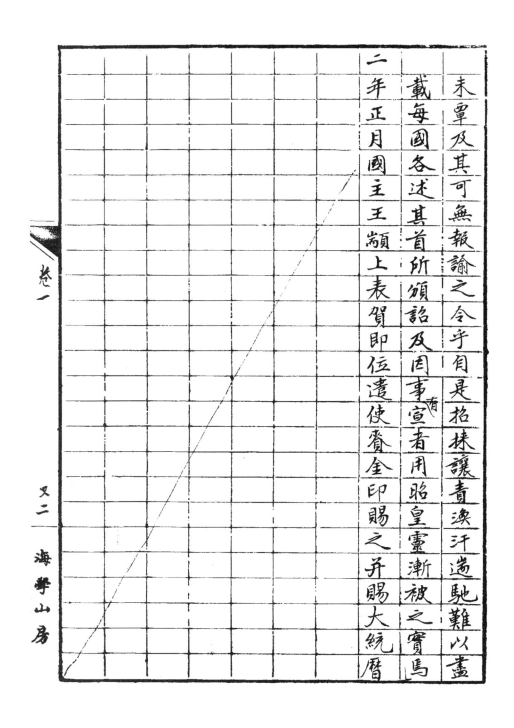

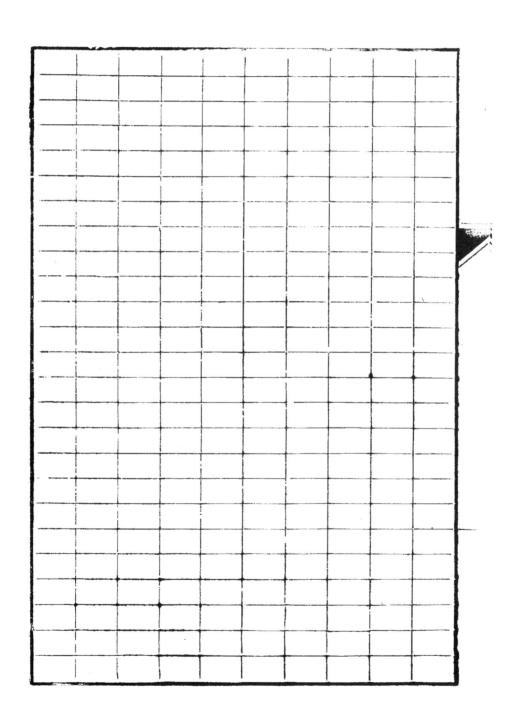

臣已封其君為王爵賜以金印而其境内山川未遑致祭非一視同仁之意儀曹其議行之於是禮部尚書臣崔亮郎中臣趙時秦員外郎臣蘭以權主事臣黄肅相與具牢醴旛幣選志慮凝一可通神明之士充使者以行有司遂以臣徐師昊名上即復命上出宿齋宮七日始御翰墨撰祝册至十日庚子昧爽右丞相信國公臣徐達率文武百司序立龍墀之左右上服通天冠絳紗袍復臨前殿默思久之方持香以授臣師昊置綵輿中道以音樂出奉天門上親迂趾送之臣師昊受命惟謹以夏五月某日甲子至其國某日甲子為壇三墠於南門外攝行祀事其國王王顓暨諸陪臣先後駿奔以竭顯相之義當祀之辰天

氣晏清海波不驚祥雲瑞日回旋上下宛若神靈來格僉以謂
天子不鄙夷遠民龍光下被人神俱忻雖鳥獸魚鱉之屬亦得
翔泳於至化之中其於慶幸古所未覩爭欲勒文於石以垂示
於無窮臣師旻聞之自古帝王以天下為一家雖海外要荒之
地視如咫尺則公羊高所謂方望之事無所不通者固其宜也
肆惟皇上撫有萬邦一遵先王成憲其有事遠徼山川如此之嚴
豈有他哉實為東南民徼福使風雨以時年穀順成物無疵癘
而已書曰至治馨香感於神明黍稷非馨明德惟馨神既歆厥明
德洞達無間昭報響答當有洋洋臨乎其上者矣臣師旻不佞請
書是以為記以昭宣上德矜念遐方之氓不棄中國者當與東

海相為無極云

五年高麗王王顓遣其禮部尚書吳李南民部尚書子溫等奉表貢馬及方物表言耽羅國恃其險遠不奉朝貢及多有蒙古人留居其國藺秀山逋逃所聚亦恐為寇患乞發兵討之上乃賜顓璽書曰朕聞近悅遠來叙罪宥愆此古昔王者之道治大國如烹小鮮乃老聃之言寬而不急斯為美矣使者至齎王表陳耽羅事宜朕甚惑焉因小隙而搆成大禍者智士君子之所慎夫耽羅居海之東密邇高麗朕即位之初遣使通爾王國未達耽羅且耽羅已屬高麗其中生殺王已專之今王以耽羅蕞爾之衆藺秀山逋逃之徒用朕詔之示以威福一呼即至剷去孽生之利移胡人於異方

恐其不可蓋人生皆樂土積有年矣元運既終耽羅雖有胡人部落已聽命於高麗又別無相誘之人何疑忌之深也若傳紙上之言或致急變深為邊民患人情無大小急則事生況衆多乎朕若效前代帝王併吞邊民務行勢術耽羅之變起於朝夕豈非因小隙而搆大禍者乎王宜熟慮之烹鮮之道審而行之不請安王之境土而耽羅亦蒙其德矣如其不然王當與文武議之遣使再来行之未晚王其察焉茲因使還賚此示

是年安置歸德侯陳理歸義侯明昇於高麗理陳友諒之子昇明玉珍之子也初元至正辛卯群盜四起友諒本沔陽漁家子嘗為縣吏不樂會蘄州羅田人徐壽輝與其黨倪文俊等以妖術聚衆作亂揭黄巾為號友諒

慨然從之壽輝攻陷黃州僭位稱帝國號天完改元治平友諒初為文俊簿書椽未幾亦領兵為元帥因隙襲殺文俊併其軍自稱平章壽輝不能制後友諒兵益强復襲壽輝殺其左右居之江州友諒自稱漢王領兵犯太平挾壽輝以行及陷太平急謀僭竊乃使人殺壽輝以采石五通廟為行殿稱帝國號漢改元大義據湖廣居上流欲與我爭衡攻江西南昌諸郡上親督舟師往援三勝之友諒怨益兵進攻上被圍於鄱陽勢困計無所出親兵指揮使韓成請以身解圍遂服上龍袍冠見對賊衆投水中賊遂退迺復整旅相敵凡大戰五晝夜將臣死者三十餘人友諒相持既久粮且盡冒死突走友諒中流矢貫睛而死其臣太尉張定邊以小舟載

友諒屍及其子理奔還武昌復立理為帝上遣其降將羅復仁諭理
使降理遂詣軍門納款乃封理為歸德侯玉珍湖廣隨州人初亦從
壽輝起兵倪文俊陷川蜀令玉珍守之既而文俊壽輝被弒玉珍
遂自據成都稱隴蜀王後亦稱帝於成都建國號曰夏改元大統玉
珍病辛子昇嗣立始十歲改元開熙母彭氏同聽政昇常遣使來
聘上登極後昇據險未下乃命湯和為征西將軍率兵討之又命
傅友德廖永忠分道進取約會師於重慶於是州縣望風歸附昇
君臣大懼其右丞相劉仁議奔成都其母彭氏勸昇早降以救民
命昇遂面縛啣璧與母彭氏及群臣奉表詣軍門降永忠解縛承
制慰撫送至京師昇朝見畢上赦其罪封歸義侯賜居第於都下

二侯居常欝欝不樂，頗出怨言，上聞之曰：此童孺輩言語小過，不足問，但恐為小人鼓惑，不能保始終，宜處之遠方，則釁隙無自生，可始終保全矣。於是從之高麗，仍賜高麗王紗羅文綺四十八疋，俾善待之。

按韓成誑友諒以全聖祖，與紀信誑楚羽以全漢高事絶相類，固見二臣之忠勇，亦或天生此兩豪傑以為保護開國之主計耳。但當時群雄惟友諒最強，我聖祖鄱湖之戰，屢危復安，搆怨至大也。迨其既亡，孰有不甘心於其嗣者，而聖祖之於陳理，方且委曲遷徙，與明昇同優容之，其寛仁大度，又超出漢高之釋季布遠矣。

時高麗猶常為竊寇十年都督僉事濮真承命往問罪被執不屈死之真鳳陽人初從舉義以忠勇被遇有功歷官都督至是往高麗為其所執高麗王愛其驍勇欲降之真厲色曰吾為天朝大臣視爾夷君不啻下風敢以此望我耶王怒欲兵之真大罵曰夷虜爾害吾吾主必滅爾國爾不知吾大丈夫有赤心肯爾屈耶即抽刀剖心示之而死王初意止欲迫脅真耳不虞也真死王大懼遣使入朝謝罪并歸真從行兵士上曰濮真當危難棄義不屈忠節可嘉追封樂浪公謚忠襄表其門曰班超群將志邁雄師時真子璵生甫數月即襁褓中封為西涼侯以報其功上遣高麗使還以勑諭之曰汝承奸臣之詐不得已而來誑我今命爾歸當以朕意

言於首禍之人曰爾殺中國無罪之使其罪深矣非爾國執政大臣來朝及歲貢如約則不免問罪之師爾之所恃者滄海不知滄海與吾共之爾如不信朕命舳艫千里精兵數十萬揚帆東指特問使者安在雖不盡滅爾豈不將因其太半爾果可輕視乎十二年高麗屬夷龍州土官鄭白等率男來歸東請內附守將潘敬葉旺以聞上勅敬旺曰奏至知高麗鄭白來降特未審將軍識其計詐否高麗僻居海隅其俗尚詐況人情莫不安土重遷豈有舍桑梓而歸異鄉者耶中國方寧正息兵養民之時爾與東夷接境慎勿妄生少隙使彼得以藉口符至之日開諭來者令還以破彼奸若吾正而彼邪果不誠則師出有名矣其來降者切不可留春秋

有云毋納逋逃不然則邊患將由此而起矣

是年國王遂復遣使周誼至遼東訃事初元主常索女子於高麗得誼女納之於宮中後為我朝中使携歸（時宮中美人有號高麗妃者疑即此女）故上慮誼挾詐勅遼東都司曰高麗數以誼來使殊有意焉卿等不可不備勅至當遣誼入京別有以處之毋使入窺中國

十五年還故元梁王把匝剌瓦爾密及威順王子伯伯等家屬居高麗之耽羅初天下一統惟雲南為故元遺孽梁王所據恃遠弗臣遣翰林待制王褘行奉政吳雲持詔往招諭之褘等宣布威德梁王君臣已有降意改館褘等厚待之會故元太子自立於沙漠遣使脫脫徵糧雲南且欲連兵以拒我脫脫覘知梁王有二心因以危言迫梁王殺我使以

国其意禕遂與吳雲俱被害上命潁川侯傅友德永昌侯藍玉西平侯沐英率師征討遂進取曲靖生擒其偽司徒平章達里麻師趨雲南梁王聞敗棄城走滇池島中先縊其妃自飲藥不死投水而死沐英入城收梁王金印并官府符信圖籍撫安其民俘其家屬送京師至是乃命與伯伯等家屬徙耽羅居焉

先是高麗遣使洪師範朝貢及還而溺於海上以高麗貢使煩數還故元樞密使延安答里諭意頗還門下贊成事姜仁裕表謝貢方物上令賀正旦使金滑及仁裕偕還賜王藥餌又諭中書省曰曩因高麗貢獻煩數遣延安答里往諭朕意今一歲迭至因罷其民涉海險遠如渠往使洪師範歸國覆溺幸有脫歸者言其故否且致疑古諸侯

事天子比年一小聘三年一大聘若九州外藩世一見而已貢物亦無過修高麗去中國稍近人知經史文物禮樂畧似中國非他邦比宜令三年一聘或比年一聘貢物產布十疋足矣丞相以其朕意諭王諸新附遠邦來朝亦明告以朕意中書同使者還咨諭之上又命延安侯唐勝宗鎮遼東勅勝宗絕高麗曰舊歲今春高麗之使水陸兩至此非臣禮暗行侮慢明彰褻瀆比夷自古侮中國搆兵禍可與絕交曩漢四伐絕滅其國族魏再伐屠其都晉再伐焚其宮室俘其男女五萬隋再伐城困將七受降而免唐四伐斬首五萬獲牛馬八萬餘契王藏等戮于市遼五代焚其宮室斬亂臣康肇拔十餘城全一伐元五伐契王竄耽羅捕殺之耽羅以故意為

元牧馬之野爾出征遼左使至送来勿令其還以絕彼奸計未幾高麗使復至勝宗察其奸奏之上諭勝宗曰高麗今春使至賄賂京官甚重内有一單云上等人若干中等人若干觀此甚無禮受賂者少有知豈不赧哉今爾知誘而能奏由豫不得獨名千古矣遼壤東界鴨綠江北鄰曠塞非多算不能守慎之勝宗左鎮威警惠懷兵民輯睦防奸禦侮邊境肅寧勝宗濠人年十八挺身来歸多著勲績封侯與世券

按四夷来王雖中國盛事然賞賜宴勞其費頗鉅且使者瀕至與華人情熟窺伺機密固當防其漸也至其開單餽賄雖在彼或可私覿以將敬然在我不可私受以啓侮我

太宗嚴示禁戒乃謹微之深意豈特為厚往薄来惜此費而已哉

上命市高麗馬萬匹韋閭入二百詔表高麗婦人郭氏為節婦初
郭氏為遼東民伯顏不花妻其夫被元將納哈出所殺郭氏居渾
灘自縊死於馬櫪又伯顏之從父高希鳳藥師奴亦死於乱希鳳
妻劉氏罵賊而死師奴妻李氏携其子文殊孤姪僧保往高麗避
難至中途度不能兩全以其子差長棄之獨携姪以行後訪得其
子復歸守夫墓又希鳳從子高塔失下丁被仇陥死其妻金氏與姑
邢氏俱自縊事聞命表其家為五節婦之門
按從一之義婦與臣同然人臣不從二姓完名無忝者鮮矣而
況一門五婦同秉堅剛不其難乎況郭又生長高麗豈知有中國
詩書禮義者耶何以能爾也毋乃天稟介石之性不閑教華焉

此缺一葉
已補

耳宜有以來宅里之旌也因念國初保寧城有韓氏女年十歲遭明氏兵亂慮為所掠乃偽為男子服混處民間既而果被虜居兵伍七年人莫知其為女子也後從明玉珎兵掠雲南還遇其叔父贖之歸成都以適尹氏同時從軍者皆驚異成都人以貞女稱之夫韓之全身軍伍與木蘭正同而李之攜姪棄子與鄧伯道何異此尤傑然可述者誰謂古今人不相及耶敢併及以著二奇焉

十六年高麗遣陪臣張伯崔涓来貢方物上以其歲貢不如約五載不庭今又非時而至悉却之命禮部咨諭其國

十八年高麗國王王顓卒謚曰恭愍無嗣權臣李仁人迎辛肫子

禑主國事昏暴自恣多殺無辜至欲興師侵犯遼東大將李成桂
以為不可乃止禑自知負罪惶懼遜位子昌國人弗順啓請恭愍
王妃安氏擇立宗親定昌院君瑤權國事瑤昏迷不法聽信讒說
離間勳舊國中臣民多被殺戮其子奭復癡騃無知荒於酒色衆
以安妃命廢瑤退居私第推門下侍郎李成桂主國事二十五年
高麗知密直司事趙胖等持其國人評議來奏戴立李成桂之意
成桂即仁人之子也世擅國政初王顓之卒或謂被李仁人所弑
辛昌主國日成桂嘗代請入朝

上不許及是瑶使子奭入朝奭歸瑶已被廢上得奏謂東夷限山隔海非中國所治且其間事有隱曲未可遽信之乃命禮部移文高麗從其自為聲教成桂於是代王氏更名旦徙居漢城遣使請改國號詔更號曰朝鮮遣儀制郎熙光宣賜之

修撰黄觀贈光詩曰東服来王荷寵褒遂宣聖澤厲儀曹九重錫予皇恩渥萬里馳驅使節勞入仰中天紅日近星環北極紫微高來迎父老應揖語風不鳴條海不濤觀建文忠臣也

旦既得國進表貢金鞭等方物納前恭愍王金印請朝鮮印及封王誥命其表有犯上字上怒下使者吏言此表鄭集所撰詔還所貢追索撰表者旦懼即以鄭集来獻上命安置雲南仍申諭遼東

都司禁邊人不許通朝鮮人往來界上亦不許商賈貿易來遠絕之　遣使送故元梁王（即把匝剌瓦爾密也）之孫愛顏帖木兒往朝鮮賜鈔五十錠為道里費且命朝鮮送至耽羅國依其親族　二十六年朝鮮陰令守邊千戶招誘女直人五百餘潛渡鴨綠江將寇邊遼東守將諜知以聞上惡其自生釁端遣勑責之勑曰李旦廢絕王氏自取其國朕以爾能靖東夷之民聽其自為聲教逾月方來謝恩何其不知尊卑之分乎朕聞金世宗時高麗進表啓函惟小石數枚及賀王稱進玉帶驗之乃石世宗由是興師破數十城此前代事之可見者也近者爾國入貢復以塗紙圜數十雜於表函中以小事大之誠果如是乎爾之所恃者以滄海之大重山之險謂

我朝之兵亦如漢唐耳漢唐之兵長於騎射短於舟楫用兵浮海或以為難朕起南服江淮之間混一六合攘除胡虜騎射舟師水陸畢集豈漢唐之比哉百戰之兵豪傑精銳四方大定無所施其勇帶甲百萬舳艫千里水繇渤澥陸道遼隙區區朝鮮不足以具朝食海何足以當之雖然際天所覆皆朕赤子明示禍福之機開爾自新之路朕亦將容爾以安夷人若重違天道則罰及爾身不可悔後又著於訓曰李仁入及子成桂自洪武六年至二十八年凡殺王氏四子姑待之

按隋煬帝以征高麗而亡國唐太宗以伐高麗而致悔凡以好大喜功不恤民命之為累耳我聖祖之於李旦忍其詐侮或擯

絶之或圽責之諄諄然以口舌代戈矛豈其力有不足哉亦慮
師旅一興肝腦塗地故也不惟示包荒之量實寓好生之仁卒
致内寧外威而朝鮮賓服迄今晏然為我四輔不可以觀聖祖
宏遠之畧也哉
旦後復遣使朝貢迺許其通旦老請以子芳遠襲爵從之成祖文
皇帝永樂元年賜芳遠金印誥命冕服九章圭玉佩玉妃珠翟七
翟冠霞帔金墜又給象牙犀角春秋會通大學衍義通鑑綱目列
女傳等書腦麝沉檀白花蛇等藥　十七年芳遠老請以子祹嗣時
國家遷都北京比南京距朝鮮為益近以後仁宗昭皇帝洪熙間
宣宗章皇帝宣德間每歲凡萬壽聖節正旦皇太子千秋節皆遣

使奉表朝賀貢方物其他慶慰謝恩等使率無常期或前者未還而後者已至雖國王不世見然事天朝最恭謹天朝亦厚禮之異于他蕃每朝廷大事必遣頒詔于其國告哀請封必遣近臣及行人弔祭冊封之例以為常及是國王芳遠卒謚恭定上遣翰林官端木孝思往祭弔并賜嗣王祹五經四書性理大全通鑑綱目

金幼孜贈孝思詩曰曾同載筆侍蓬萊文采煌煌映上台奉詔又從天上出驅車還向日邊來新亭樹色連征旆驛道梅花點酒盃好為吾皇宣德意早春先候使星回

五年祹遣使獻海青鷹使還上賜王磁器諭祹王國中多珍禽異獸然朕所欲不在此後勿獻英宗睿皇帝正統初年賜國王遠遊冠

絳紗袍、翼善冠、龍衮、玉帶、王奏乞弓材牛角，特許歲買五十枚（枝）。景
皇帝景泰間，祹卒，上遣翰林編修陳緝熙往封其子詢（珦）。
按緝熙幼時，其父鑑為熊大理竄戍遼東，以死，其母更嫁一百
戶。緝熙依壇官施道常為徙（徒），讀書刻若（苦），戊辰進士及第，除編編（修），
欲見其母，求使高麗，使還，果迎其母與父喪同歸，至于故丘。此
與宋之杜蕃認失母于深潞，得父墓于梁村者，心尤為切，非至
孝所感，何以致是哉。
其後國王朐（珦）卒，賜謚恭順，命其子弘暐襲。弘暐幼弱，其叔瑈以讓
位請。七年，詔封瑈為王。英宗睿皇帝天順初，國王與女直毛憐衛
仇殺，廷議遣使問罪。僉舉禮科給事中張寧往，詔可之，因批部擬

揮武忠與俱既行而遼東奏兩袁方搆禍乞詔寧擇進止寧曰君仁臣忠義難自便乃急趨朝鮮宣上德威示禍福諭之君臣震懾遣陪臣入謝復遣其子入學引咎解兵馬時謂寧此行不減重兵十萬橫行鴨綠也寧浙江海鹽入

按寧入朝鮮其館伴科朴元亨者亦捷才寧為百韻詩每得句朴隨手和之及至云溪流殘白春前雪柳折新黃夜半風朴閣筆曰不敢賡矣英廟復位尤所眷注嘗獨召寧論事每對廷臣稱直給事中晚年欲大用之會晏駕不果景泰天順間為諫官第一太監覃包素重寧累遣人邀與相見卒不往成化初南京給事中王徽等彈劾內閣李賢不職獲罪俱遠謫寧會六科中救

忤賢賢乃假歷練之說票旨陞寧汀州知府抵任未幾引疾致仕不復起直道不容於時不究其用士論惜之觀此則朝鮮之行雖推其才望當時亦已有遺艱放遠之意故遼守有擇進止之請也但寧本利器能自別於盤根錯節之役耳

是年諜報女直建州酋長董山潛結朝鮮謀叛朝廷命巡撫遼東都御史程信察之信令自在州知州佟成詐以他事廉其境上得朝鮮授董山為中

其字下原缺一葉　已補

揮武忠興俱既行而遼東奏兩夷方搆禍包詔寧擇進止寧曰君
仁臣忠義難自便乃急趨朝鮮宣上德威示禍福諭之君臣震慑
遣陪臣入謝復遣其憲大夫中樞密使制書還報信具奏請棄其
未發遣二急使往闇可伐其謀上復命一給事中往朝鮮一錦衣
譯者往建州國王興董山初俱不肯承出御書示之皆驚服焉謝
罪憲宗純皇成化初年朝鮮進白鵠海東青給事中韓文上疏曰
臣伏覩天順八年詔書各處今後不許貢鳥獸花木及本處一應
所產財物誠不寶異物之盛心也今朝鮮國內三貢禽鳥雖小國
效順然不應將此玩物頻數來獻其意蓋謂朝廷所尚者珍禽奇
獸故博取頻貢希求厚賞況以禽獸微物奔馳千里之遠亦勞民

動衆彼此煩擾若不卻去其貢非惟此（彼）國不知詔書之（禁止）意抑且窺見朝廷嗜慾輕採厚取久則將起侮玩殊非王者撫馭外夷之禮（體）書曰不寶遠物則遠人格伏乞聖明留意焉

按洪武間翰林應奉唐肅有應制賦海東青一絕云雪翮能追萬里風坐令狐兔草間空詞臣不敢忘規諫卻憶當時魏鄭公是日上御奉天門外西鷹房觀海東青翰林學士宋濂因諫曰禽荒古所戒上曰朕聊玩云耳不甚好也濂曰當防微杜漸上遂起夫聖祖之虛納二臣之忠讜一時盛事寔可讚述而韓公此疏又與唐宋二臣有光焉書曰罔俾阿衡專美有商其文之謂乎

四年朝廷出兵將征女直建州夷命國王李瑈來攻國王聽命遣中樞府知事康純魚有沼南哈等共率兵萬人如約抵虜巢不敢後期各奏捷受濃賞　十一年建儲命兵部主事祁順司副張廷玉往諭關人故集土兵千餘土物萬計從而貿易順乃悉屏斥惟匹騎從往既就館詔命遂謁先師孔子庙順與廷玉各賦詩以紀其事而順為之序

大學士李東陽贈順詩曰聖代山川盡海隅朝鮮東面一藩如冠裳舊八周王制文字全通漢詔書千里威儀瞻使節萬年臣妾荷宗儲茲行大抵關風化四牡歌成意有餘

祈順序曰余仕中朝聞外國之有文獻者以朝鮮為稱首其人

業儒通經尊孔聖之道匪直守箕子遺教而已茲奉天子命偕行人司副張君廷玉來使其國恩詔既宣即謁孔廟于成均之館館在國城東北隅地高爽其廟五間扁曰大成殿祀典與中華同殿後有明倫堂堂後有藏書閣諸入肄業者三百餘負笈其所習詞賦策問觀之亦中華體也宴坐明倫堂中值雨良久廷玉賦謁廟詩一絕余亦作七言二律其一則為諸生勉焉藩臣在席者凡八人咸依韻賦之目題一言序作之之意惟孔子之道徧於四方行于萬世而朝鮮能宗斯道以雄于東亦為知所重也已宋史稱其俗喜讀書庶賤之家各于衢路置局堂以相講習而國人金行成崔宰王彬相繼就學于國子監擢進士

第而歸，則詩書熏陶，已非一日。我皇明文教誕敷，東漸尤近。朝鮮人士歲覲京國，耳聞目覩，所得尤深，宜其文物典章不異中華，而遠超他邦也。今諸生學聖賢之學，尚思蘊為道德，發為功業，以求高明遠大之歸，而不安于苟且卑陋之習，斯為善學者矣。若徒屑屑于詞章末技，而弗究其本焉，則非中國所聞也。余之相勉以詩者，意蓋如此，諸生擇乎哉。

順等事畢，國王奉贈輿馬、金繒、幣仗諸物，順等悉卻之，貽王以書曰：僕不敏，辱承聖天子明命，以抵于斯，自入境迄今，餘一月矣。始也聞王之德譽而傾慕焉，中也覩王之矩範而起敬焉，終也感王之禮意而眷戀焉。王之天資英邁，學力純至，行已接人，悉有儀度，其于尊事朝廷以及行人之禮蓋無不至者至于僕所以自處則恐王未克盡知也聞之左右皆謂僕之斯行凡餽儀贐禮一一力辭于盛意似有所不愜噫君子之交際豈專在乎物哉贈行有贐王之禮也不貪為寶僕之心也主賓各盡其道而無愧焉斯足矣不恭之愆固所難避賴高明亮察之因參贊徐居正送别將還專此奉達居正有文學乃王所信任者而遣以相陪周旋月久則王所以屢斯文之意豈淺哉臨楮末罄所懷惟希珍愛王又遣參判李克墩等追送至鴨綠江餽順等貂裘一襲順等復以書辭曰奉别以來瞻戀弗置沿途蒙遣官問候疑待有加僕從而下無不霑惠茲抵鴨綠江而參判李克墩承旨柳睠已先至此所以以迎勞宴餞

有恪無懈者、皆王之盛心也、不意行間承旨、復以來命出貂裘見遺、則似乎不甚見知者、豈謂前日區區之弗受餽贐為虛僞耶、不然、何屬館之辭已畢、而千里之贈復來也、昔晏嬰一狐裘三十年、君子不以為陋、僕雖至愚、未嘗不賢哲是效、茲焉衣一敝裘猶未及三十年之久、其肯舍舊貪新以易吾心耶、況物有盡而情無窮、則所以感王之深者、又在情不在物也、用是再辭、行忙草率不宣、

王得書喜、二使廉介、為建却金亭、

祁順遊漢江記曰、朝鮮國城南十里許、有水曰漢江、源出五臺金剛二山、合流入海、其景以幽勝聞、而臨江有樓、可以登眺、故前輩自中朝至者、咸往遊焉、成化丙申春二月、余與行人司副

張廷玉奉使于斯甫竣事有以遊漢江請者諾之是月二十有六日偕館伴盧贊成思慎徐叅贊正自崇禮門出歷山蹊村逕以達江滸國王預遣都承旨柳輕副承旨任士洪設宴樓上而尹議政子雲金議政守溫任中樞元濬成中樞俔李判書承召皆在焉時宿雨新霽山川明媚天光與水色相連二難與四美兼得於是登樓縱觀舉酒相酌徐叅贊賦詩二律余即和之既而相拉登舟沿流而下居人來觀者奔走爭先而沙禽野鳥飛舞源舟煙水間亦若樂覩光華徘徊不忍去也宴設舟中烹鱗炙鹿麃暢飲無算酒酣余復作辭二章詩一律廷玉有作又和之數里至楊花渡乃各道餞餉所聚之處倉廩層出與山勢相

高、又數里、登龍頭山、山瞰水涯、視群峰特出、隔岸之人家遠近
海島之風帆出沒、畢入望中、時日追暮、而山上先已供張開筵
意不容拒、乃復酌數巡、賦詩一律而返、及抵城中、更漏（作）矣、嗟夫
朝鮮去中國數千里、非王事不得至焉、則漢江之遊、非偶然耳、
然斯遊豈特探奇覽勝、留連詩酒而已哉、江之南蓋百濟也、百
濟之東、古新羅也、而熊津都府、又唐之遺址也、訪其跡、思其時、
蓋有勝懷古者矣、余念斯遊之不可常、而恐（其或）忘也、於是手記之、
祁順北征稿序曰、詩之道大矣、古今異世、而（詩）無間也、中外異域
而詩無（别）也、蓋道之著（者）為文、文之成音者為詩、人有不同、而同此
心、（心）有不同、而同此道、道同則形之言者、無往而不同矣、苟不于

此求之而屑屑焉古今中外之較豈知言哉此余于朝鮮徐剛中之詩所以有取焉耳朝鮮以文献雄東方詩派相傳夙有攸自遠際皇明氣化丕隆聲教淪浹能言之士尤彬彬乎視昔有剛中博古通經擢巍科躋顯仕文學優贍國人咸推重之天順庚辰奉其王命入覲于朝往還幾八千里上觀乎都城之宏壯宮闕之崇麗車書文物之會同禮樂典章之明備下則覩乎山川之高深道途之脩迥民風土俗之熙皞鳥獸草木之咸若凡其接於目觸于心者悉于詩發焉長篇短章渢渢乎其美盛也淵淵乎其有本也浩浩乎其不可窮也推其所至與中國之能聲詩者殊不相遠等而上之雖古人亦豈難及哉是固所謂心

詩下系缺二行
已補

同道同而形之言者無不同也昔陳良北學于中國北方學者未能或之先是以孟氏稱為豪傑而其名至于今不泯然則剛中其東韓之豪傑歟余承天子命來朝鮮適剛中為遠迎使既又陪于館中送于鴨江之上相與凡四浹旬山川風物倡酬殆遍用是益信其能也剛中以余有斯文之雅出其北征藁請言序之余忝使職正思采東人之詠以覲所志而獻之于上則于斯集豈能忘情耶庸為序其篇端俾人知詩道之所同然抑有以見聖朝文明之化所極者遠而所感者深也剛中名居正仕其國今為議政府左參贊云

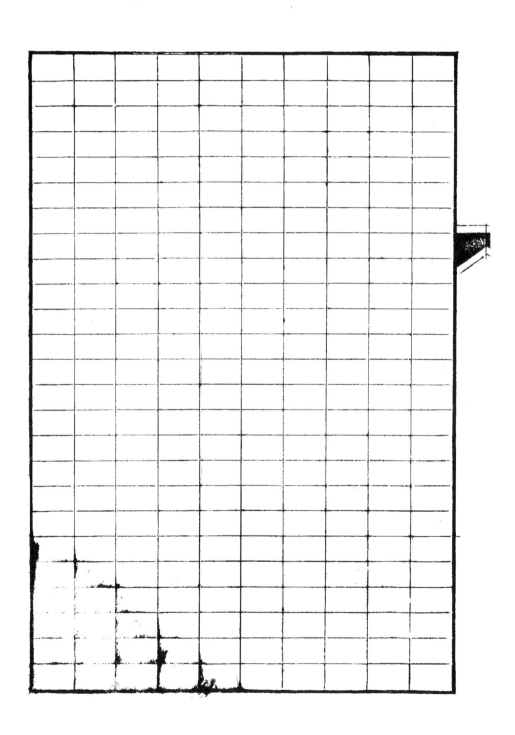

初中朝使臣彼國陪臣往來出入皆從遼東連山關一名鴉鶻關
也十六年朝鮮使臣至京者奏言每遣使來被女直建州夷人邀
劫於路改貢道自遼陽之南經趨廣寧前屯衛入山海關中官有
朝鮮人為之地者下兵部議將從之職方郎中劉大夏執不可曰
朝鮮貢道自鴉鶻關趨遼陽過廣寧又過前屯而後入山海關迂
迴三鎮戍此祖宗微意今若渡鴨綠江越遼陽經趨前屯以入關
則路太徑恐貽他日之憂遂不果從孝宗敬皇帝弘治七年朝鮮
屬夷有輸米其國而覆舟於海者夷賴得板半無死漂抵依巖都
海中地中巡海官軍舟過過過之載入浙境聞於朝命給衣糧送至遼
東示以歸路夷自陳即歸本國運米既失將不能自明罪必死詔

14

遣通事二人伴送歸國仍勅國王赦其罪毋行歛罪（罰）國王感恩聽
命武宗毅皇帝正德元年命侍讀徐穆（穆）頒詔朝鮮　年國王娶
卒諡康靖璨後不知幾傳而娶立子懽嗣位踰年而病風其世子顕先卒憸以國
遜其弟懌二年懌襲封十五年封子嗒（峼）為世子世宗肅皇帝嘉請
改元遣翰林修撰唐皋宣諭朝鮮以親入繼大統之意皋字守之歙
縣人家貧力學博洽群書下筆數千言立就而氣槩英邁自為博
士弟子當道即以公輔期之正德甲戌廷對第一及使朝鮮歸日
視行囊惟一硯报之鴨綠江中又皋未第時每夢衣麒麟袍面前列瓜
鍾一對未嘗語人試迄後其有驗中探花者曰不止此也既而報為榜眼
亦曰不止此也及臚傳果首擢有詩（詩）其故乃以夢告蓋及第後黃

此張尚有接頭請校後退來

盖金瓜送歸第者狀元者皐官侍讀尋卒而出使外國賜服一品其麟之驗如此云

楊慎送皐使朝鮮謌曰玉馬朝周封壤舊青雲一品端圖来鳳凰樓上星辰動鴨綠江邊霧兩開會千年輝簡竹皇恩萬里被蒿萊張騫漫作尋源使陸賈虛當絶國才　又前徐穟出使李東陽贈詩曰六龍飛御九重天天上文星下海壖萬物發生新雨露累朝封錫舊山川鸞書共識中華字鳳歷初開正德年詠重登高能賦手玉堂清簡侍同編

世宗肅皇帝嘉靖二年國李懌執献倭人倭首盖朝鮮居日本之西時日本西海道倭使宗設與中國叛人宋素卿至鄞爭貢作亂

逸婦宗設部義有國（淨）數（至）朝鮮者故國王得之以獻憚表曰小邦世家隆眷圉敎徵勞今照倭奴打攪上國地方肆其兇頑至殺官兵不伏天誅偷生到境臣仰伏皇威剿殺幾盡所擒中林多羅等二名合即行誅戮係罪犯上國未敢擅使討虜今將賊倭二俘首級三十三顆及長箭二枝船窓二扇差陪臣刑曹叅判成洸昌賫領并將搶四人王漾等八名管解前赴外理合具由陳奏上嘉其忠順詔寫勑褒諭賜銀一百兩錦四段紵絲十二表裏差来陪臣成洸昌及領兵官蘇洸讓李繼長鄭允謙吳堡黃琛孫仲暾各賞銀二十兩紵絲四表裏就着城（成）洸昌賫去其餘從人押解等項（項）人員著禮部查例加賞中林等二名都察院擬罪来說王漾等八名押

送回籍賊級發去寧波府地方梟令　初高麗人張欽隨伴至京淨身入內正德中為太監及上即位以有推戴之功擢為司禮監又勅加祿米三十六石廕其弟姪一人為錦衣衛世襲指揮同知至是欽奏稱臣一向公出未曾受廕且臣原係朝鮮國人並無親人只有義男李某乞將前恩頂受以圖報補上從之給事中安盤疏曰昔漢陶公主為其子求郎明帝不許而止賜以錢夫公主之與內豎孰親公主之子與內豎之奴孰貴郎官與指揮孰尊明帝不肯郎其女之子而陛下乃指揮內豎之蒼頭可乎況欽本出朝鮮今朝鮮使臣見處館驛必將語其人曰欽吾人也其奴尚衣金紫躋三品地本國之人可知矣啓外夷輕視本朝之心乞將前命停止上

卷一　廿二　海學山房

不從

初舒芬以諭林修撰謫調福建市舶司提舉夷人至者撫處得宜俱感其德舒芬以憂去朝鮮長史金天爵等送之至涯下後舒起復改除別官芬上言夷人雖不知禮義然亦易感臣前提舉市舶當其離任朝鮮諸夷墮淚相送臣願仍補前官為陛下導揚恩意招來各國以彰王者無外之仁不允其請

四年朝鮮國遣陪臣鄭允謙通事金利錫等與天方國使人偕至朝貢居會同館舊例夷使除貢物外攜有番貨欲易中國什物俱禮部主客司出給告示許令出館買賣三日提督本館主事陳邦偁查執舊規凡遇出館買賣給與本牌責差館夫伴押金利錫等不便乃告於禮部尚書席書書命寬其禁邦偁不得已將木牌更為紙牌金利錫

等與通事人員私相交通且結權臣為內主有輕藐主客司意欲自行出館貿易陳邦偁詈之曰這些砍頭狗奴爾雖上奏恩典在朝廷守法在我我難輕易縱放通事夏麟聞之遂潛傳於各夷金利錫俱忿與夏麟同我雖小邦亦無此欺心臣子又本館主事陳九川先將天方國貢玉選退頗多夷乃入朝跪奏通事胡士紳遂許訴九川侵匿貢玉邦偁刁難貨易俱詔獄後九川謫戍邦偁為民（詳具天方國傳中）十三年朝鮮國使臣蘇洗讓等呈稱竊本照本國粗識禮儀至誠事大朝廷待遇有同內服凡本國使臣到京自行出入不見防範逮至於今百有餘年敬謹彌篤別無違畧弘治十三年五月有會同館安歇女真早哈殺死一般夷人兵部奉聖旨備由

出榜曉諭朝貢夷人着令在舘不許出入并本國一體防禁後有
提督陳主事迫束愈嚴冤莫伸有貽此國循遠人慕義之望殊用
欽然所以區區陳瀆不能自默者豈是意藉買賣以圖復舊哉其
拘閑與否亦非有他腸蓋祇以一視之仁罔有內外使之觀游無
閭光瞻禮儀考質文物薰炙遷化大有開益此實敦懷柔之至德
將事大之盡誠俾我遐服永荷寵靈綿歷萬世與之匹休爾在先
本國使臣人等入貢到京常飭下人務令循度猶恐或有非違十
分畏謹即禁制之嚴比前尤甚在館防閑有似囚縶非唯有違舊
行之規恐非累朝優待之意伏乞照依舊例許自出入以示聖朝
優容之典不勝幸甚禮部尚書夏言疏曰看得朝鮮國使臣頻閙

禮儀委與他處夷使不同朝廷自來待遇以禮出入禁防具有舊例所據蘇洗讓等具呈前事相應議處其呈稱欲行觀遊無間光瞻禮儀考質文物薰炙遷化同見其仰慕上國之誠但遠人言服既殊易羅國禁亦須曲為之處合候命下每五日一次許令該國正使及書狀官人等出館於附近市衢觀遊本部仍劄付空閒通事一員陪侍出入以示禮待防衛之意其隨從人役仍行照前拘禁不許擅自出入庶幾不拂遠人之情不廢中國之法詔從之

按朝鮮使臣例于國子監等處聽令謁拜于一應貨買聽其自便所以優待者已與各夷不同後因夷人多生事端始行約束在成化六年朝鮮陪臣權城等赴京詔今後不許無故往來街

市于是通行拘禁鑽閉館門遇有公幹只許通事刻期出入
着令館夫帶管押此謹微之意今蘇洸讓之請皆我館伴教之
也是時主事張鏊前陳邦偁之事而曲意從之關防蕩矣
十五年皇子誕生是為哀沖太子命修撰龔用卿給事中吳希孟頒詔
朝鮮國王率文武百官生儒郊迎至勤政殿行開讀禮訖宴于太
平館國王執禮甚恭因言及其祖非係李仁之後會典所書弑王
氏四君之事已經累次奏准改正迄今尚未欽朝夕營心嘗忘也
用卿等曰此子孫不敢誣其祖父之心不失為孝若果非其後禮
當奏聞酒數行別去已而連日遊宴欸詞敬勞俱感天朝厚恩無
敢顛越之意多不能載其王之賢而有禮如此

龔用卿朝鮮太平館詩曰、削壁凌空玉筍夾溪頭和露草纖纖候迎鼓吹崇新典奔走村氓聳具瞻趨上日抄雲母飯盤中時有水晶塩滿囊風月助歸興却信平生也自廉、贈國王詩曰、握符久已鎮東藩忠孝承家作屏翰國度尚存周禮樂入文猶守漢衣冠中林不復歌鴻鴈在野無聞誦考盤聖主恩光元不淺、丹心常許傍長安、

贈諸問候陪臣詩曰、國相諸官遠候迎更急館伴已多情賢藩戀闕葵心切、聖主敷恩晝日傾情逝百川歸少海、望懸列宿拱前星、朝鮮秉禮由來舊、應識箕疇道教聲、

十七年仲冬朔月、恭上皇天太號於南郊、明年仲春、乃冊皇太子

卷一　廿五　海學山房

正位東宮仍命翰林院侍讀華察工科左給事中薛廷寵充正副
使頒詔下三河趋薊門遵山海放於平壤東渡江歷義開諸州以
四月十日抵漢城王乃親率邦大夫士肅誠郊迓擁詔入勤政殿
宣讀拜舞禮成而退
薛廷寵遊平壤記曰平壤本箕子故都唐以前高麗居之漢武
帝置樂浪郡唐高宗建都護府蓋皆是地勝槩古蹟視他郡獨
多余偕鴻山太史東渡江次平壤問譯者曰此有文廟箕子檀
君東明王諸祠何在盍先諸曰館之西稍北崇岡廣坡松木鬱
陰中為文廟右祠箕子左祠檀君東明爾亟謁之將至樹石文
遲弟子員序次道右衿裾俊楚乃入廟展拜登堂四顧雖廟制

弗揖要皆備物為位而不像協新制矣出生講堂學官率弟子揖見畢遂謁箕子新廟舊揭胥中朝鉅公題詠前有碑亭其國之大夫所叙復謁檀君東明時向夕矣去登練光亭亭在城上臨大同江蘇贊捐世讓金觀察麟孫治具以候張侯於城外江滸從官牧守而下整容引滿自上射之矢無虛捨且容節比於禮樂足觀德矣下城登風月樓樓回視城中四面葱秀下為池種荷畜魚時荷未花逼暮乃就郎明月濟江舟皆彩繪結茀為亭浮空乘碧指點江皋約以歸時畢之四月上旬也不逾月歸次生陽值牡丹盛開太史邀余玩久之譯者同趣往登江上浮碧樓遂馳馬去未至江餘十里夾道榆柳積翠成林溪光滸流

微見蒼茫間叱至舟已待渡拽而上望樓登馬時蘇金二君在
行吏曹成判書世胄亦以奉命祖宴至輕陰浮輿水光山色摇
晃几席周視樓臺城郭如在畫中前二水夾流草廬参差於洲
渚野蔓叢茸樹花簇刺譯者曰此為綾羅島遠望江北岸湧一
小坡廣可容席譯者曰此為酒巖有酒流出其下余詑其幻因
憶謫仙酒泉之說以為或有云又有白銀灘清流激湍輝光映
帶其後則綿綉山壯丹峰皆取其肖城東垣依壁而立障遏洪
濤實為德巖時復隔江張射引繩貫笛拾矢而上成判書以友
命先別去余輩觀射久之乙密臺在城内相傳為乙密先生遺
蹟帯及至其餘如麒麟窟挹灝樓井田遺制未到者尚多暝雨

有下原缺一葉
之補

數點下趣入城明晨即館内登快哉亭遠山長江一豁幽眺出城不數里謁箕子墓封樹而不墳石碑二尺陋甚譯者曰不敢易其故爾前一小堂為有司展祀之所群山環合林木蔽翳風颯吹衣悽然有弔古懷忠之感因為詞弔之余惟朝鮮越在海外非遣休會奉使命不得至者余茲遊豈偶哉記之他日取而視焉庶幾髣髴其景光其諸未盡以俟來者訪焉凡此詩文具見本國山川形勝故錄為後使考非徒取其華藻而已也

華察遊漢江記曰嘉靖已亥春予與都諫薛君萃軒奉使朝鮮未至聞所謂鴨綠江者已竊歎之及渡見其限隔華夷渺然巨浸義州諸山迤邐東岸以為朝鮮之勝盡在是矣譯者曰未也

行數百里有江曰大定遠帶清川近映曉星山名危亭上控嘉山有望以為朝鮮之勝盡在是矣譯者曰未也及數百里有江曰大同洪濤接天橫浸平壤樓蘸浮碧亭涵練白牡丹諸峰下瞰江滸以為朝鮮之勝盡在是矣譯者曰亦未也必也其漢江乎予曰漢江悪乎勝曰朝鮮自箕子始封凡幾易世矣舊都平壤若干年徙而之開城又若干年徙而之漢城都漢城復若干年矣迄於今未之有改也此其勝可知已予曰嘻

有是哉比至漢城四日國王遣其陪臣議政而下若干人請遊馬予與都諫君忻然遂往肩輿出西門折而南路入山谿松林石徑悠然成趣行二十里絕壁臨江其勢如削上有危樓高可百尺躡級以登恍入霄漢楣間有題曰朝鮮第一江山予謂譯者曰疇昔之言其謂是歟於是憑軒指顧盡得其所以為勝者江之流西自鴨綠東入於海環繞國中歷數千里至漢城匯為巨浸設險守國恃以為固所謂長江天塹庶幾有焉漁船賈船晝夜往來入道轉輸上供國賦莫不由之南望江岸津亭歷歷平沙遠岫極目無際寔生平一大觀也時尚午議政諸君張樂設宴以待國王復遣承旨來候起居餽酒饌於是就坐諸君更

起進酒，不覺移日。既而放舟遊所謂楊花渡者，舟狀如亭，上覆重茀(茅)，下布紋席，棟梁榱桷，丹青炳耀，四面皆敞，懸以素幕。予謂諸君曰：江東(南)畫船如屋，乃今屋作船耶。行數里，西風漸急，舟不能進。予搴帷視之，則見南山在前，北岳在後，龍山猶雲映帶左右，蠡頭諸峰起狀(伏)萬狀，宛然如畫。予曰：即此足矣，奚必楊花渡哉。乃弭楫中流，令人吹洞簫，復扣舷而歌之。時既薄暮，日輪墜紅，霞綵散綺，魚鳥浮沈，天光上下，相與縱觀，不覺神怡志曠，寵辱盡忘，澟乎若乘雲御風，不知天地之寥廓、古今之長(永)也。把酒臨風，劃然長嘯，以為岳陽洞庭殆不過(是)。乃援筆大書扁其樓曰東藩勝槩，復為詩四章以紀其勝。既而回首西望，則水雲烟樹隔絕萬里瞻戀闕庭得無有媚茲之心乎鮮朝東方非中原之地而田野治風俗和百姓安業海不揚波聖化所及無間遐邇太平之盛於斯驗之矣我聖天子得無有日中之憂乎范仲淹曰居江湖之遠則憂其君夫居江湖其憂已殷而況去中國蹈四海之外能超然乎哉乃顧謂都諫君曰樂不可極可以已矣遂舍舟從陸乘月而還既就舍館復登所謂太平樓者秉燭夜坐相與確時政定國是考四方之風議軍國之急感激切至言不殫意江山之盛（勝）盡忘之矣乃愀然拂席而起東裝待旦促駕出漢城

薛廷寵遊二山記曰渡鴨綠江而東過安城十餘里有山曰蔥

秀成化間圭峰董學士來作記興慈秀相望對峙為翠屏山舊未有名皇帝十有六年雲岡龔學士來始定今名為之記今二記並入碑刻在亭上云余偕鴻山學士至安城其日雨意不得遊慈秀比至則輕陰含晴蘇贊相世讓孔觀察瑞麟業已設幕水次余二人登亭靡碑讀記乃下就步至溪新雨初漲滾滾有聲編籬為罶畜魚其中吐沫揚鬐游泳可數山腳一巖鑄泉出馬渡以葦橋近巖覆以沙第泉流暗穿已呼酒坐仰視層崖懸壁松蘿掩映烟靄飛流恨不得一躡磴臨眺而未旋繞山油幢蔽野從士千餘人色笑相語須臾獵騎緣崖八聲撼谷放鷹走狗曳獐獻雉燒蠣深酌皆循故事為樂四望翠屏山相距數里

崒嵂雄勝，竟不能一至其下，悵然東去。未幾竣事，歸，天氣朗清，風物佳秀，治具作樂如前，而山水若增奇者。余二人步出亭後，平巒廣坡，度其地可宅，進譯者語曰：寶山、安城二館相距伊邇，盍兩廢之，館於此，收二山之勝，使繼來得常遊。遊不俟設幕停車，忽忽去也。且翠屏以不在道左，卒無至者，自龔學士始異而名之。倘館成，至者踵接矣。譯者唯唯，告贊相。云贊相俞之。余之嘗遊武夷，泛西湖，南下姑蘇，登虎丘山，望太湖，北渡楊子江，觀金焦，周遊齊、魯、燕、晉之間，所至名山勝地，無不得遊，然皆有亭臺寺觀，故得以廣覽諦探。使蔥秀、翠屏間得一館，必有緣崖布景、鑿磴梯巖、高視遠矚以盡形勝，不亦幸歟！廢興，數也；遇不遇

時也、雖山川亦然、慈秀以董重翠屏以襲顯遇矣、使此館興則二山之遇何如哉、余記之以俟且以驗山川之時數云

翼日國王燕二使於慶會樓、樓壯麗雄勝、亭臺池沼花卉奇植靡所不具、燕之日、風和景明、雍容周旋、百禮式洽、

薛廷寵燕慶會樓賦曰、皇建極大一統兮、際海邦罔不承服、嗣列聖之廣猷兮、抑神明又超獨端、惟古道兮兼作述、謂皇帝天之子兮、天攝皇義斯弗拂、爰上太號告圜丘兮[illegible]冊昭其有燭帝錫洪佑震位良兮、前星繼曜而重光、肆建儲[illegible]奠大本兮慰屬望於群方、監國撫軍揩厥常兮、臣民翕而[illegible]揚佯夏啓興周誦兮、占億萬祀有道之長、既尊天享帝兮[illegible][illegible]熙其熾昌道有

大而無外兮慶有行而必彰奎文龍檢燦炳炳兮使者分道而南將維朝鮮軌文而躋化兮恩湛濊以無疆伊余遣此休會兮羌簡命而趨蹌祇承德意徂茲東兮駪攬轡而彷徨屬春月之載陽兮原隰華而煌煌余戒青龍使先導兮飭仙子俾杭旌星軺駕而信邁兮茀長雲而遐征朝余發乎冀之野兮暮弭節乎灤之濱既涉遼以奔騖兮又逾江而問津矯萬里而翺翔兮斯至止於漢城龍旗法伏敬竢迎兮草木渥而輝榮王逡巡跪而展誦兮爰敷播於臣民爾乃普惠韶賦兮亦論德而序升萬情感悅兮曠儀告成三光效順兮天日朗清海邦丕式兮帝心載寧既饗献兮就余館之太平曰慶會有樓兮以樂嘉賓卜辰治

幕兮椒蘭欝而芬馨朱闌玳梁敞四楹兮羽觴流而絃管陳軫
紫庭之多麗兮冠佩者至二千八嵬北嶽之拱極兮包彌雲名山
而列屏銀河瀉而為沼兮洵沈璧而浮金虹為梁以環碧兮卉
木錯而搖英積雲左右以傳彩兮霞表裛而媚晴絢練恍惚百
怪潛兮勢晦明而無恒林散錦以吸翠兮禽鳥遶韻而喈鳴鮮
余紛而好覽兮遵亭榭以怡心余既畢物而暢性兮陽烏逝而
西沈何掩映横余前兮倏流電而飛星乍穿林而衝漢兮復越萃
而墜庭為烟為霧兮如雷如霆緬樂事之弗可極兮余吁抑志
而言旋周章皇惑類夢寐兮豈神遊乎九天彼乘槎不可信兮
余固莫遇乎列仙羨蓬宮瑤實歸而莫可想憶兮聊寄萬一於簡

二十三起

篇余將返命於上帝兮謂余羽化而霄騫衆詫余之詭幻兮而詎知其實然乱曰明明日月照海隅兮有赫綸音御星車兮合情廣志東人愉兮式燕以遨我心舒兮觀風聽樂余有思兮曷歸乎余躊躇兮固髣髴而疑迷余遊於蓬萊之廬兮

又廷龍紀行詩曰九連城晚聽東服鴨緑江明照使袍風日正逢春色好烟波應助勝遊豪群飛鷗鷺舟楫雨岸旌旗伐鼓鼙萬里均霑新雨露前星高炤動謳謡右鴨綠江

春風簫鼓上樓船萬里孤城落日邊丹闕龍亭迎鳳詔羽旗仙伏擁鵷聯文章箕範通中土禮樂天朝盛近年郎第從容燈燭夕不妨蹤跡更飄然次義順館

卷一　廿二　海學山房

披髮當年意獨深遜荒無奈錮驕淫道如有待傳皇極事已難
回向此心殷室三仁昭定論東方八教振遐音興亡不盡前朝
恨再拜芳祠酒一斟（謁箕子廟）
練光亭下大同江落日江頭放釣艭翠嶺倒流還疊疊黃鸎隔
岸自雙雙光揺河漢來浮動波隱魚龍欲動窓林館樓臺多氣
色天涯猶見此名邦（登練光亭）
乘槎應到武陵來幾樹桃花向此開便作長安遊上苑更疑王
母下瑤臺露凝殘滴流朱粉日照晴光映絳腮對景且憑詩句
賞莫教空恨染青苔（生陽館見桃花用韻）
獨上高樓倚晚闌前山踈雨颭輕寒波光淡蕩薰天入樹色滃

濛帶霧看、幾處亭臺須品勝，群公暇日稱鳴鸞，歸時趂得晴明候、便擬凌空一振翰　齊安館晚登廣遠樓微雨次雲岡韻

學士當年氣作河，流通異域亦東坡，巍巍華揭懸山館，烱烱精靈照太阿、菰米漂雲饒惠飯，臨津鼓楫稱湖歌，從前跨鶴真未此多少詩章爍綺羅、　東坡館次龍津省長韻

涼幕高筵聚廣臺，晴空萬里絶氛埃，江風不動雲初卷，岸磧繞沉潮正來、烟景恍疑天上坐，野帆恰似畫中開，殊方勝會真難料、潦倒須傾一百杯、　遊漢江次雲岡韻

華察廷寵復命後，其國王緝所遺詩文為皇華集，刊成遣使謝恩攜贈二使、

皇華集序曰洪惟天朝掃除腥羶再造區宇列聖相繼治化洋溢今皇帝至德應天丕承大寶一視同仁罔間內外仁恩汪穢文運泰亨於是乃命鴻儒碩士崇論雅議講求千古之墜典持舉一代之盛禮躬詣圜丘拜上皇天上帝泰號躬詣大廟崇薦皇祖皇考聖號遂渙發綸音大誥天下又因群情預定國本播論萬方嗚呼盛哉至此而敬天尊祖報答生成情文備至蔑以加矣惟我弊邦密邇東漸之化至誠事大侯度罔佚朝廷之待我亦無異內服凡有吉慶詔誥之使必擇文章道義有重望者遣之今者帝命翰林院侍讀華公察工科左給事中薛公廷寵賫擎二詔來布德意東人仰之如景星儀鳳深感朝廷寵綏之

惠二公受命不遑寧處每懷靡及自帝京至於下國三千有餘
里而甫浹三旬竣事旋車不曾有遲留淹滯之色我殿下祇承
二詔競惶感戴推思境內宥罪錫爵設科取士無非所以重朝
廷之慶而欽使華之至意也二公既去而惜不可留思慕備至
而不可忘也則乃命臣曰今我皇明天覆地載兼容並包懷生
之類無不浸潤至澤我東實偏寵私天語丁寧錫賚駢蕃二公
之來誠意惇厚禮儀雍容道途吟咏珠璣溢目區區小邦無以
仰荅鴻造之萬一欲編二公咳唾之餘刊印垂後俾吾東人得
觀皇朝風雅之盛而有所矜式於無窮也爾其序之臣竊惟詩
之道尚矣夫詩者發於性情陶於氣化氣化隆則從而隆餒則

從而餒紉餘雄渾平淡典雅者治世之音也刻峭輕浮華蕩靡麗者衰世之音也能得其性情之正而發為雅頌之音者三百篇是已二公當氣化之盛稟山嶽之英得學問博雅之美發而為詩頃刻數千言而無不典雅自中規矱可以笙鏞乎治道可以黼黻乎皇猷可以列於皇朝制作之盛而周家之風雅不獨專美於往古也臣以不材濫蒙恩命奔走迎送獻酬於樽俎之間者至於三四耳其語音目其容儀溫潤純粹揖讓周旋無不中禮信乎樂只君子邦家之光而皇朝文物之盛人材之衆從可知也何幸身親見之嘉靖十八年己亥夏六月下澣資憲大夫吏曹判書兼知春秋館同知書筵成均館事弘文館提學世

子左賓客五衛都督府都總管臣成世昌謹序

二十五年、朝鮮恭僖王卒、世子襲封、亦卒、使來告哀、恭僖王即名懌者、世子即峼也、上遣行人王鶴往諭祭、是為榮靖王、鶴所經歷輒為詩章、世子命陪臣鄭士龍以下悉和之、亦編成皇華集梓行於國、明年謝恩使至、并以其集遺謝鶴、馬國王峘嗣、峼之子也、三十六年封子顥清為世子、

王鶴湖陰草堂序曰、天子二十五年、予以行人奉使朝鮮、湖陰鄭大夫士龍以嗣王命迎於江上、其返也、復竟遠送使以行、次平壤、共濟大同江、覽山河之美、余為嘵賞者久之、湖陰假譯者進曰、大人其有意於山川乎、山川固士龍願也、龍世家宜寧、頗

卷一　卌五　海學山房

饒山水有山名九龍螺峙左右下俯大江名曰昆津凝注碧玉澄徹可鑑異樹奇花游魚啼鳥無間於四時固東南勝地也龍嘗築屋其中貯古圖書琴書以為休棲之所廼緣國恩甚厚思所以致身者未能固未果於退也余聞而嘉之曰君子哉湖陰大夫乎不溺情於廊廟而江湖其心不先其身而急於國家此古賢者立身行道之大節大夫能之是可以愧獨善而無義徇人而不知恥者也閤大夫為宰相矣秉國鈞而總百官矣況其國有新君正更化以善治時也大夫勉之其以至誠格君心以協恭率同寅以靖共勵庶僚以彙征拔士類以淳龐敦風俗以精明起治功從容談笑以成光明之業然後以爵祿歸國家以

匡濟付後人始休其自於九龍鼎津之間怡吾神入吾廬展吾書而讀之曰吾庶幾不愧於聖賢之道乎上不負其君下不負其民乎鼓吾琴曰庶幾樂虞舜之道乎解民之慍而不愧於南風乎登吾山覽群峰之環峙曰吾庶幾重厚不遷而無愧於仁乎臨吾江鑑吾水曰吾庶幾周流不滯而無愆於智乎觀四時草木鳥獸麟介之自得曰吾庶幾樂大和之元氣而萬物各得其所如此乎是向之所以急於國家者盡臣道而今之所以優游者順天和也昔人有言先天下之憂而憂後天下之樂而樂大夫勉之譯者得予命以告湖陰既致謝且請名其齋余曰其湖陰草堂乎軒冕之士可以壯麗名山林隱遁之士草堂其

宜也余家關中有屋終南山麓嘗自扁曰薇田草堂蓋種薇以
自給之意也自切天子恩未能圖報萬一不敢有閒暇之念而
豈亦能忘情於終南也哉大夫之志與予同其以是名之何如譯
者再復湖陰敬再謝遂大書其扁以歸
皇華集詩曰漢江萬里壯東藩放舸中流鼓角喧四座冠裳來
國士一時笑語出方言清樽引浪浮春蟻長笛吹風嘯暮猿況
是陽河和行海外蒼茫烟樹滿郊園遊漢江右鶴詩
文星昨夜照東藩楚許真遊避俗喧滕閣鶩霞堪入詠輞川山
水謾傳言江空正好撐浮鷁風急還愁聽嘯猿喜共仙舟拚一
醉驚看旌節賁丘園陪臣崔寅和

解纜臨浮渡抔盤坐小舟青山明野樹碧水泛沙鷗掉向中流

鼓帆當泊岸收今朝風日好不減漢江遊　右泛臨津江鶴詩

臨津何必問駐節是仙舟烟帶沙邊樹風迴水面鷗笑談情不

淺詩酒興難收絶域萍蓬會無忘此日遊　陪臣李深和

畫閣開華燕雕簷列絳紗金尊春駐緑璨燭夜生花滄海升新

月明河散晚霞詩成還縱酒吟眺北辰斜　右燕廣遠樓鶴詩

能賦諸公後篇章盡護紗賞音來有數綴景筆生花高會更華

燭嚴程趂爛霞接裀慚不分深嚼斗横斜　陪臣鄭士龍和

帆動拂晴霞樓船蕩兩涯試看江裏棹疑是海邊槎水鮮魚吹

浪風和鶴聚沙春思同遊水何處是京華　右泛大同江鶴詩

天晴散綺霞烟水杳津涯野日風雕節江風送晚槎清尊饒興

緒高眺豁雲沙留得邦人語仙標見使華 陪臣鄭士龍和

亭勢興雲平烟光接漢城明霞忩遠眺好鳥弄新晴江靜饒鱼

唱山空響欲声斯遊足笑傲寧復嘆浮萍 登練光亭 右鶴詩

江波際野平虛纜跨層城仙侶來掎賞天宮故餉晴日分簾額

影風迎棹謳声共酌仍薰德何如食楚萍 陪臣鄭士龍和

危樓登遠客形勝俯郊坰縹緲雲中樹微茫沙上亭江光吞碧

落山勢跨滄溟水國天涯遠星槎憶渭涇 登浮碧樓 右鶴詩

移尊終罷亭騁目遠窮坰不謂交歡地番成送客亭頹光堪継

烱鈌月未升溟雅興通遐賤無勞計渭涇 陪臣鄭士龍和

旭日明朱檻登臨見物華嵐光雙島嶼烟火萬人家江柳倶含
翠山桃盡吐花浮雲生遠岫還似鳳樓霞 登快哉亭 右鶴詩
撥忙登快閣無處不春華形勝開重塹歌鐘助故家樓明適海
日寒峭落江花安得淹仙馭芳尊醉九霞 陪臣鄭士龍和
商運式微日先生隱忍時當年須有見後世豈能知教澤東人
祖書疇周武師瞻依終萬古駐馬薦清卮 謁箕子墓 右鶴詩
堂封當道左使節駐移時授聖書猶在佯狂意孰知三仁雖異
迹萬古尚同師黄卷曾相對爭如一奠卮 陪臣鄭士龍和
尊俎勞元輔關河憶遠程逶迤山不盡蕩漾水還平四海斯文
契百年吾道情忍今江上別帳望一帆輕 別鄭士龍 右鶴詩

按祁順奉使歸獻使東稿弘治初學士董越奉使歸作朝鮮賦自餘使者國初至今無慮數十人著述繁多然考瓊臺集有送儒臣使朝鮮安南二詩其結句皆云好為聖朝全大體篇章珍重莫輕傳丘公之意是或一道亦不可不知也

皇華集後序曰惟東方不弔於天今皇帝二十三年我恭僖王奄棄臣民越明年縈請王受誥命嗣位在疚成疾又繼逝帝為震悼廼命別選廷臣賜祭若賻諡行人司行人王公鶴寔膺是命其入我國道途往來之間戀闕思親即景寫事動其所思璣琲瑟瑟散落東土及其竣事而還我殿下欽天子之寵而無以荅受詔使之賢而不可留則廼命臣鄭士龍曰爾既陪侍王

公且得酬和於下風爾撰次其詩若文俾入於梓又命臣申光漢序其卷首此不但使東人有所矜式將以流傳中國盛行於天下而臣不佞且非文材安能稱道雅詩以副聖旨哉臣竊惟詩之教大矣孟子曰王者之迹熄而詩亡詩亡然後春秋作所謂詩亡者非詩之亡也詩之教亡也夫詩者根於人之性情而發之於言者無不下性情不正則思從而邪其言烏得而正哉古昔盛時聖人在上以身為教直溫寬栗操得其中然後天下之言無不發於正而詩者又言之精華也可以永其声可以諧八音可以和神人於是乎聖王之能事畢矣自周衰而未斯教亡矣故吾夫子刪定三百篇善惡俱記非但欲止懲創善惡而

已有王者作將以見天下政教之得失民心之邪正而其施為変移之難易必於是而得之詩教之有關於世道乃如是夫欽惟皇明濟區宇於純熙之日續道統於沉涸之餘積德累仁教道大振内贊典謨外敷文命代有其人而我東土素秉禮義変而至道常先於萬國使節相望無非大雅之君子其文光華彩前後相映為皇華集者凡一十有二篇間以我東人酬和之什寔如周雅之後商魯二頌載焉無非發於性情之正而舉皆知道者之所為也由是言之皇明文教之覃遠雖周亦有所不及矣第恨東人無祿連遭國憂徒以紇紇戀戀之懷發之於疾棘之日曷足以賛大雅之製作然觀民風者若并以採録則亦可

以下底二格

以見皇明達詩教於天下嗚呼盛哉朝鮮國陪臣申光漢撰
四十三年朝鮮貢使至國王上疏言本國世係已非李仁人後乞
請改正以洗祖宗篡奪之恥上從之詔禮部將續修大明會典改
紀其國統賜之隆慶改元上命給事中魏時亮行人許天琦頒詔
其國國王遣陪臣丁應斗朝賀應斗將囬患病上命禮部遣醫眕
治免其謝辭大率朝鮮附近中土聲名文物日寖有斐不類於夷
國家復加優禮錫賚瀕渥他蕃不敢望焉故安南嘗請如朝鮮例
給袞冕而英宗不允則其被聖明之隆遇為四鄰之仰慕可知已
故在國初或懷反側今乃恪守厥服蓋亦感恩無替耳
按别誌曾魯傳載洪武初魯為禮部主事常忠武王薨高麗來

祭魯閲其文外襲以金龍黃帕内不書國號魯責曰龍帕疑汝誤用若納貢稱藩不奉正朔何名君臣使者伏謝觀此則當時大臣有故朝鮮亦至同恤今則無是禮矣蓋初猶臣服不常其來也惟任本國之意今奉藩無貳其來也一遵天朝之制如周家内服群辟會同不敢後期云

其國置八道分統府州郡縣有開城漢城定遠諸府有黃州靈州鐵州翔州龍州殷州宣州延州郭州洪州全州廣州清州博州諸州有嘉山土山諸郡有安岳三和龍岡咸從江西諸縣有王城國城平壤城其設官銜名義與職合近年官制可見者曰議政府領議政事左議政即中國之宰相也曰六曹判書參判即中國之尚

書侍郎也曰承政院都承旨即中國之都御史也曰成均館大司成奉常院僉正即中國之祭酒太常卿也其餘各道觀察使府留守即中國之按察使知府也士尚声律三歳一試有進士諸科亦同中國其俗自箕子施八條之約乃邑無淫盗柔謹成風

按別誌載洪武中高麗來朝賜宴樂作使者以國喪辭翰林編修趙壎曰小國之喪不廢大國之禮上乃不許辭夫壎之議固得天朝居尊之大體而使者之辭亦不失人臣在疚之正法朝鮮素秉禮教有箕子謨範之遺化於此可見矣（壎新喻人）

國人戴折風巾服大袖衫形如弁士加插二羽貴者紫羅為之服婦人裙襦加襈公會衣服皆錦繡金銀為飾常服皆苧麻俗多遊

女夜則男女聚群為戲相悅即昏無財聘禮（漢書北史高句麗傳）死者三年
而葬父母夫服喪三年兄弟三年既葬以死者服玩車馬至墓側
會葬者爭取之病不服藥好祀鬼神惡殺崇釋以十月祭天多山
少田國無私產計口受業無秫以抗為酒貿易用米布器用銅
形貌潔淨知文字喜讀書飲食用俎豆宦吏閑威儀兵器踈闒強
弩大刀刑無慘酷之科惟元惡及罵父母者斬餘皆杖助肋死罪貸
流諸島累赦視重輕原之其山曰神嵩（閒城）其川曰海（國東西南皆濱海東清澹）
（下視十丈）曰鴨綠江（國城西北自鞨靺長白山南入海天塹）其勝諸島嶼苫（小於嶼而有草木）嶕
（如苫嶼而其質純石）其產金銀鐵石燈盞（紅白二色）水晶塩紬苧布（黑白二色）白硾紙
狼尾筆滿花席（草性柔折屈不損）摺扇（編竹為骨以名為員）黃漆（樹似棕六月取汁漆物如金）果

下馬（高三尺，下可乘）、果、長尾雞（尾長三尺）、蜂蜜、貂、豽、獐、鹿皮、海豹皮、八蛸魚、蠣、房、龜脚、竹、哈、海藻、昆布、秔（可為酒）、黍、麻、麥、松（二種，唯五葉者結子）、人參、茯苓、硫黃、白附子、榛子、棃、栗、核桃、橘、梅、竹、茶、牡丹。其貢金銀器、血、各色苧布、細花席、人參、豹皮、黃尾筆、白綿紙、種馬（每三年五十疋）。其里東西南瀕海，北隣女直，西北至鴨緑江，東西二千，南北四千，至京師三千五百里，南京四千里。

按：天子有道，守在四夷，則諸藩雖地有遠近、情有順逆、正朔有及不及，而凡我行人轍跡曾至者，皆因事脩書，以昭國家之一統之盛。其間有他官奉使，固為一時之選，而亦多原任行人者，無乃以其咨諏有素，可不辱命歟？亦並列之，庶我儕後日有不

測之遺其典故可考也至各國沿革聘答之外使職所資者大

畧有三曰道里曰風俗曰物產昔劉敞使契丹虜人自古北口

回曲千餘里至柳河敞問曰松亭路直而近不數日可至中京

何不道彼蓋虜故以險遠誇使者且謂莫習其山川不虞敞之

問也相與驚顧羞媿其道里之當稽有如此者西域尚佛事僧

我朝因封番僧為王俾詔諭其衆無不率從又國初時高麗未

服聖祖遣一諜瞯其王之冠制而為之以給諸內侍今太監官帽是也

因指謂其使曰汝王之貴僅與此曹同耳觀其冠可知也今此

曹日供朕使令而汝王猶崛強抗朕何邪使者歸言之遂舉國

降是皆因俗善導之畧其風俗之當考有如此者又聞先朝有

使海外者、其國宴饗之際、以朱盤進炙魚甚巨、人面魚身、置諸席上、使者舉筯徑取雙目啗之、即令撤去、蓋此名人面魚、其味在目、其毒在身、於是國王再拜、稱其贍博、其物產之當識、有如此者、故皆附綴事後、以見一國之顛末云、

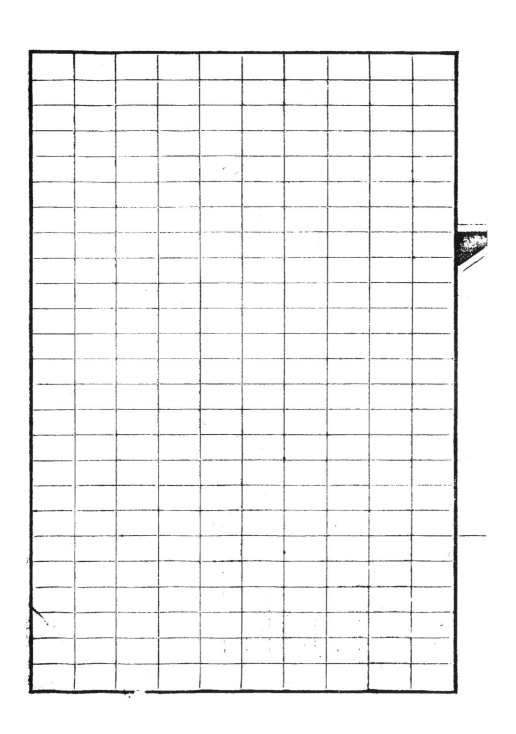

卷二日本一
卷三日本二

殊域周咨録二

勵耘書屋

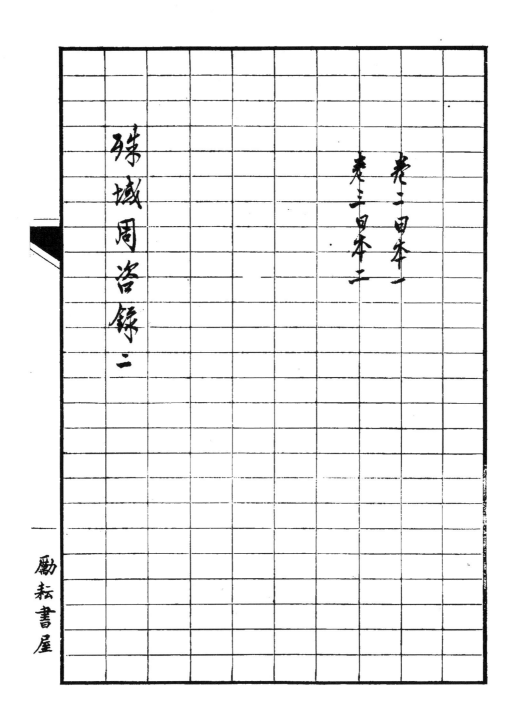

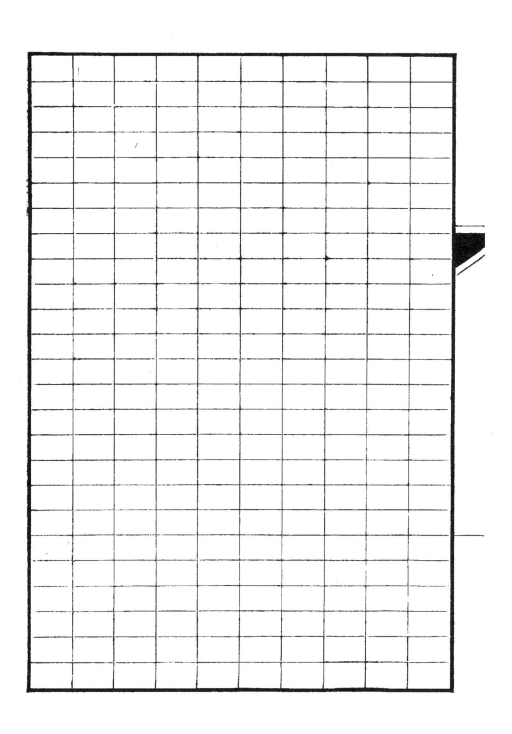

殊域周咨録卷之二

皇明行人司行人刑科右給事中嘉禾嚴從簡輯

東夷

日本國

日本國其地在海中三面環水惟東北隅隔大山山外皆島夷不通中國者名毛人文身等國前代號倭奴國其酋世世以王為姓秦時遣方士徐福將童男女千人入海求蓬萊仙不得懼誅止夷澶二州號秦王國屬倭奴故中國總呼之曰徐倭云非日本姓號也漢武帝滅朝鮮使驛通於漢者三十許國皆稱王其大倭王居邪馬臺亦謂之耶摩維光武中元二年始來貢獻至桓靈時國亂無主有

一女子名卑彌呼者年長不嫁人以妖術惑衆共立之為主法甚嚴峻在位數年死其宗男嗣國人不服更相誅殺復立卑彌呼宗女壹與國遂定時稱女王國後復立男王並受中國爵命歷魏晋宋齊梁陳皆来貢無犯邊之事隋大業初遣使入貢致國書曰日出處天子致書日沒處天子無恙煬帝覽之不悦後其國稍習夏音唐咸亨初悪倭名自以其國近日所出更號日本或云日本乃別一小國為倭所併故冒其號貞元中其使有願留中國受經肄業者久之附新羅使者入貢後新羅路梗始由海道至明州宋雍熙後累朝皆至熙寧以後至者皆僧也元世祖遣使招諭之不至命范文虎率兵十萬往擊之至五龍山忽暴風破[illegible]舟敗績終元

世不復至本朝初連寇山東濵海州郡洪武二年遣行人楊載賚
璽書往報即位書曰上帝好生惡不仁者向者我中國自趙宋失
馭北夷得據之播故俗以腥羶中土華風不競凡百有心孰不興
憤自辛卯以来中原擾擾彼倭来寇山東不過乘胡元之衰耳朕
本中國之舊家恥前王之辱興師振旅掃蕩胡番宵衣旰食垂二
十年自去歲以来殄絶北夷以主中國惟四夷未報間者山東来
奏倭兵數寇海邊生離人妻女子損害物命故修書特報正統之
事兼諭倭兵越海之由詔書到日如臣則奉表来庭不臣則脩兵
自固永安境土以應天休如必為寇賊朕當命舟師揚帆諸島捕
絶其徒直抵其國縛其王豈不代天伐不仁者哉惟王圖之其國

猶未嚮化通好

是年倭寇復出没海島中數侵掠蘇州崇明殺傷居民劫奪貨財沿海皆受其患太倉衛守禦指揮僉事翁德帥官軍出海捕之遇於海門之上幫及其未陣麾衆衝擊之所殺不可勝計生獲數百人得其兵器海舟奏至詔以德有功陞本衛指揮副使其官校賞綺帛白金有差戰溺死者加賜錢布米仍命德往捕未盡倭寇遣使祭東海神曰予受命上穹為中國主惟圖乂民罔敢怠荒蠢彼倭夷屢肆劫寇濱海州郡寔被其殃命將統率舟師揚帆海島乘機征剿以靖邊民特備牲醴用告神知德被命復往捕之倭寇皆畏懼不復出沿海遂寧

四年上以日本未廷乃遣趙秩宣諭秩泛海至折本崖入其境關者拒弗納秩以書達

其王源良懷王乃延秩入秩諭以中國威德而詔旨有責讓其不臣中國語王曰吾國雖僻在扶桑未嘗不慕中國之化惟蒙古以戎狄涖華夏而以小國視我我先王曰我夷彼亦夷乃欲臣妾我耶且其使趙姓者訹我以好語初不知其覘國也既而所領水犀數十艘已環列海崖賴天地之靈一時風雷漂覆幾盡自是不與通者數十年今天使亦姓趙豈昔蒙古使者之雲仍乎亦將訹我以好語而襲我也命左右將刃之秩不為動徐曰今聖天子神聖文武明蜀八表生於華夏而帝華夏非蒙古比我為使者非蒙古使者後爾若悖逆不吾信即先殺我則爾之禍亦不旋踵矣我朝之兵天兵也無不一當百我朝之戰艦雖蒙古戈船百不當其一

况天命所在人孰能違況我朝以禮懷爾豈與蒙古之襲爾國者比耶於是其王氣沮下堂延秩禮遇有加遣其臣僧祖來隨秩來朝進表箋貢馬及方物　五年倭復寇邊海上不寧上謂劉基曰東夷固非北胡心腹之患猶蚊虻警寤自覺不寧議其俗尚禪教宜選高僧說其歸順遂命明州天寧寺僧祖闡南京瓦罐僧無逸往諭將行天界住持四明宗泐賦詩餞別持獻於朝瓦罐寺名上覽俯賜和之

泐詩曰帝德廣如天聖化無遠邇重驛海外國貢獻日貲委維

彼日本王獨遣沙門至寶刀與名馬用致臣服意天子鑒其衷

復命重乃事由彼尚佛乘亦以僧為使仲猷名闡知心宗無逸寫

經義二師當此任才力有餘地朝辭闕闈門夕宿蛟川涘鉅艦
揚獨帆長風天萬里鯢鯨不敢驕馮夷效驅使滄茫熊野山一
髮青雲際王臣聞招徠郊迎大欣喜時則揚帝命次乃談佛理
中國師法尊遠人所崇禮祝慈將命行孰有重於此海天渺無
涯相念情何已去去善自持頤言慎終始
御和詩曰嘗聞古帝王同仁無遐邇蠻貊盡來賓我今使臣委
仲猷通洪玄倭夷當往至諭善化玉人不負西來意通僧使遠
方毋得多生事入為佛子（弟）出為我朝使琛重浦泉經勿失君臣
義此行飛瀚海一去萬里地既辭釋迦門白日宿海濱（涘）艨艟掛
飛帆天風駕萬里平心勿憂驚自然天之使休問海茫茫直是

尋根際諸彼佛放光倭民大欣喜行止必端方毋失經之理入
國有齋時齋畢還施禮是法皆平等語言休彼此盡善正頑心
了畢絶方已歸來為拂塵見終又見始
闡等自溫州啓棹五日至其國境又踰月入王都館於洛陽西山
精舍一遵聖訓敷演正教聽者聳愕以為中華禪伯亟白於王請
主天龍禪寺（乃夢窓國師道場名剎也）闡等以無上命辭之為宣國家威德罔
間內外且申所以來使之意王悅具表遣使隨闡等入貢

按宗泐台州人博通古今凡經書過目輒成誦善為詞章任持
京師天界寺
上一日幸寺見其動止異常命蓄髮授官固辭上不欲奪其志從

之賜宗泐免官說嘗奉詔註心經金剛楞伽三經有全室集行世時又有僧來復字見心豫章人通儒術工詩文一時名士皆與之友與泐齋名上聞召見之嘗承賜御食謝詩云淇園花雨曉吹香手援袈裟近御床闕下彩雲生雉尾座中紅拂動龍光金盤蘇合來殊域玉盌醍醐出上方稠疊濫承天上賜自慚無德頌陶唐上見詩大怒曰汝詩用殊字是謂我歹朱耶又言無德頌陶唐是謂朕無德不若陶唐也何物奸僧敢大膽如此遂誅之所著有蒲菴集夫宗泐詩呈而蒙和來復詩呈而受戮是是固有命存焉而祖聞無逸宣化海外能格戎心又可見畧瑞之中亦有乘槎應星之彥論者謂國初高僧泐復為首予則爲謂

閩逸秉節懷遠不辱君命勝於元朝水犀十萬多矣戒行私（弘）勲
又當出沕復之上也
德慶侯廖永忠上言曰臣竊觀倭夷鼠伏海島因風之便以肆侵
掠其來如奔狼其去若鷙鳥來或

以下等係一葉之中要，與下文不符，錯簡，已補

賜宗泐免官説嘗奉詔註心經莫知去不易捕臣請令廣洋江陰橫海水軍四衛添造多櫓快船命將領之無事則緣海巡徼以備不虞有事則大船薄之快船逐之彼欲為寇豈可得乎（今之八艘船乃因其製為之者）上從其計

七年倭人復寇邊命靖海侯吳禎往捕遇賊琉球大洋悉俘其衆以歸是歲後貢無表文其臣號征夷將軍者亦私貢馬及茶布刀扇等物且奉書丞相詞悖上怒却其貢安置所遣沙門於川陝僧寺

八年日本又遣僧如瑶入貢陳情飾非上待之如前命禮部移文責其君臣既又遣使臣歸廷用入貢有表文詔宴賚之遣還是時丞相胡惟庸謀不軌欲召倭人為已用而無由乘此機白於上調金吾衛指揮林賢於明州備倭陰遣

宣使陳得中諭賢送歸廷用出境謬指其貢舡為寇聞於中書私其貨物與賞賜賢聽其計惟庸佯奏賢失遠人心謫居倭國既而復請宥賢復職上皆從之惟庸以盧州人李旺充宣使召賢且以密書奉倭王借精銳百餘人為用王許之賢還王遣僧如瑶率倭兵四百餘人助惟庸詐稱入貢獻巨燭暗置火藥兵器於燭內包藏禍心比至惟庸已敗上猶未悉賢通於惟庸僅發倭人雲南守禦

按史載聖祖嘗與劉基論宰相曰胡惟庸何如基曰此小犢將僨轅而破犁矣聖祖不以然恨惟庸恨基用藥毒基死而後果擅政橫行不惟顚指在廷諸臣且計結遠夷助逆醴泉之覲使

非雲奇挺身告變，聖祖亦幾墮其術中矣。嗚呼危哉！惟庸謀逆，詛言所居井湧醴泉，邀上往觀。惟庸居第近西華門，內史雲奇知其謀，乘輿將西出，奇走衝蹕，適勒馬銜，言狀氣方勃，舌駃不能達意。上怒其不敬，左右撾捶亂下，奇垂斃，右臂將折，猶尚指惟庸第，弗為痛縮。上方晤，登城眺察，則見滿第內裹甲伏屏帷間數匝。上亟反，遣兵圍其第，誅之。石雲奇死矣，深悼之，追封右少監，賜之塋鍾山。基初封誠意伯，爵止終身，至是始思其先見，詔世襲焉。林賢後在洪武二十年事覺，論謀反，為從滅其族。夫倭奴自來匪茹，難化而易叛，故聖祖晚年絕其朝貢，亦有懲於惟庸之事耳。前車不遠，其尚鑒於茲哉！予謂聖祖之英明遠能照臨四夷，而近不能檢制一相；青田之玄筭大能賛決萬軍，而小不能保全一身。語曰寸有所長，尺有所短，詎不信夫！

卷二　六　海學山房

上常惡倭國狡頑遣將責其不恭示以欲征之意倭王上表吝出
不遜語表曰臣聞王王立極五帝禪宗惟中華而有主豈夷狄而
無君乾坤浩蕩非一主之獨權宇宙寬洪作諸邦以分守蓋天下
者乃天下之天下非一人之天下也臣居遠弱之倭偏小之國城
池不滿六十封疆不足三千尚存知足之心故知足者當常足也今
陛下作中華之主為萬乘之君城池數千餘座封疆百萬餘里猶
有不足之心常起滅絕之意天發殺機移星換宿地發殺機龍蛇
起陸人發利機天地反覆堯舜有德四海來賓湯武施仁八方奉
貢臣聞陛下有興戰之策小邦有禦敵之圖論文有孔孟道德之
文章論武有孫吳韜略之兵法又聞陛下選股肱之將起竭力之

兵来侵臣境水澤之地山海之洲是以水来土掩將至兵迎豈肯跪塗而奉之乎順之来必其生逆之来必其死相逢於賀蘭山前聊以博戲有何懼哉倘若君勝臣輸且滿上國之意設若臣勝君輸反作小邦之恥自古講和為上罷戰為强免生靈之塗炭救黎庶之艱辛年年進奉於上國歲歲稱臣為弱倭今遣使臣答黑麻敬詣丹墀臣誠惶誠惚稽首頓首謹具表以聞

按別史載上嘗問倭使嗜哩嘛哈其國風俗何如答以詩曰國比中原國人同上國人衣冠唐制度禮樂漢君臣銀甕篘新酒金刀膾錦鱗年年二三月桃李一般春上初欲罪其謾徐賞之觀此詩及前表則倭奴恃其險遠不可以朝鮮各藩禮待之明

矣又奚必須許其適貢以啓窺伺之端哉

日本復建歲寇浙東西邊上欲討之懲元軍覆溺之患乃包容不較始絶其貢著於祖訓

二十八年命信國公湯和緣海相地築城備倭和嘗以年高思歸故鄉從容乞骸骨上喜之賜鈔五萬俾造第鳳陽因謂和曰日本小蠻屢擾東海卿雖老强為朕行視要地築城增戍以固守備和行海上自山東登萊至廣東雷廉築數十城民三丁抽一屯戍備之尤嚴下海通蕃之禁

按和初為滁陽王部曲上之始起兵也和率先推戴德聽命惟謹上深愛之屢立戰功封信國公恩禮特異至是鳳陽新第成和率妻子謝降勑褒嘉賜黃金三百兩白銀一千兩文綺四十

端夫人胡氏亦賜黄金三百兩白銀一千兩彩段三十端預為瑩塋之背後卒親為文以祭追封東甌王謚襄武塑像功臣廟復配享太廟焉然當時沿海經畧之宜自和一出規制頗密使守之弗失自可摧倭奴之入也惜承平日久法度廢弛嘉靖癸丑蜃氛扇熾肇於兩浙蔓於各省和之孫有名克寬者衆謂其祖有功海防特調用之尋能樹立擢陞叅將而求其實效有愧前烈多矣噫安得起和於九京而與之籌倭備哉

永樂二年對馬臺岐諸島夷刼掠邊境上命行人潘賜捧勅往諭國王源道義捕之國王畢辭納欵謝約束不謹出兵殲其衆獻馘渠魁二十人於闕下賜回進歸化書及永樂大典頌上覽之稱善命

入史館陞禮部郎中命倭使攜取獻俘還海濱治以其國之法倭使乃於鄞縣蕭皋硤築灶以甑加其上俾一人入甑內一人執爨盡烝而死倭使歸勅獎國王甚隆給以勘合百道定約十年一貢人止二百船止二艘毋得夾帶刀鎗如違例越貢並以寇論仍命僉都御史俞士吉賚白金綵幣并海舟二賜之又封其國之主山為壽安鎮國之山勒碑其上上親製文曰朕惟麗天而長久者日月之光華麗地而長久者山川之流峙麗於兩間而求久者賢人君子之令名也朕皇考太祖聖神文武欽明啓運俊德成助功統天大孝高皇帝知圜八極而納天地於範圍道貫百王而亘古今之統紀恩施一視而溥民物之享嘉日月星辰無逆其行江河山岳

無易其位賢人善俗萬國同風表表茲世固千萬年之嘉會也朕承鴻業享有福慶極所覆載咸造在廷周爰咨詢深用嘉嘆適者對馬壹岐暨諸小島有盜潛伏時出寇掠爾源道義能服朕命咸殄滅之屹為保障誓心朝廷海東之國未有賢於日本者也朕嘗稽古唐虞之世五長迪功渠搜即敘咸周之隆髳微盧濮率遏亂畧光華簡冊傳誦至今以爾道義方之是大有光於前哲者日本王之有源道義又自古以來未之有也朕惟繼唐虞之治舉封山之典特命日本之鎮山號壽安鎮國之山錫以銘詩勒之貞石榮示於千萬世是時禮遇彼倭者如此終莫肯革心 明年平江伯陳瑄督領海運值倭寇於沙島追至朝鮮島盡焚其舟斬獲無筭

按陳建謂國初海運之行不獨便於漕綱实令將士習於海道以防倭寇自會通河成而海運廢近日倭寇縱横海兵脆怯莫之敢攖亦以運道不習之故耳此則言海運之當復者也然給事中錢薇着論唐宋無海運故倭奴之脩貢故也勤元為海運倭奴劫掠運舟故其為寇也繁我洪武北伐亦為海運以濟永樂中海運凡十三舉行給遼東等處惟我運於海故彼寇於海宣德以來倭患遂少蓋運從内河而寇無所利故耳此不足見罷海運之功哉二說各有所見故並存之

八年國王源道義死命大監雷春鴻臚少卿潘賜往行弔祭禮即前行人後又寇廣東廉州府破其城殺教授王翰　九年上遣中官王

進等往日本收買物貨倭人謀阻進不使歸進覺之潛登舶從他路而返　十年國王具方物謝吊祭恩　十九年犯遼東馬雄島總兵劉江殲其衆於海望窩初江至遼東巡視諸邊相地形勢得金州衛金線島西北望海窩者其地極高可望諸島為濱海咽喉之地築城堡立煙墩以便瞭望既完一日瞭者言東南夜舉火有光江度倭寇將至急調馬步官軍赴窩上小堡俻之命都指揮徐剛伏兵山下百戶姜隆率帥壯士潛燒賊船截其歸路與之約曰旗舉伏起炮鳴奮擊不用命者軍法從事翼日倭寇二千餘乘海艘直趨窩下登岸一賊貌甚醜惡揮刃率衆而前江帷犒師秣馬畧不為意既而賊至江被髮舉旗鳴砲伏起賊衆大敗死者橫仆草

莽餘寇奔櫻桃園空堡內將士皆奮勇請入勦殺不許特開西門以縱之出仍命師分兩翼夾擊之生擒數百人斬首千餘間有潛脫入艘者悉為隆等所縛無一人得脫凱還將士請曰明公見寇意思安閑臨陳作真武被髮狀追賊入堡不殺而縱之出何也江曰寇始遠來必饑且勞我以逸待勞以飽待饑困窮敵之道也賊始魚貫而來作長蛇陣我故為真武形以厭伏之雖愚士人之耳目亦可以壯兵氣賊入堡若急攻之必死戰我故縱其生路此圍師必闕之意也兵法皆有之顧諸君未察耳自國初禦倭數十年來無如此役之大捷江以功封為廣寧伯食祿二千石子孫世襲將士有功者賞賚有差倭又嘗寇金山衛登岸指揮同知侯端與

主師分兵出戰主師出南門軍覆端以孤軍馳東門衆不能继與賊巷戰數十合身被箭如蝟轉戰益奮賊驚曰好將軍也乃以所掠染家布横於街欲生致之端以一劍挑布一劍截而斷之賊仆地而笑端由是得出東門次於楊家橋鳴鼓招散卒得百人適潮退舟膠下令人持草一束與砲俱進至海灘焚賊船十餘艘賊不得歸遂大敗之

端有膂力府治前石狻猊高四五尺端以一手挽之行十餘步策馬過坊門交手攀楣以足挾其馬而懸之騎射刺槊皆過人故能立功端巷戰時一劍忽墜地所乘馬口嗛以授端其異如此江敵士明紀律有恩信所向無敵凡諸夷欽塞者綏輯倫至後卒人咸思之謚忠武

卷二　十一　海學山房

宣德元年又入貢踰制朝廷申增格例人毋過三百船毋過三艘時有言浙江海鹽縣地臨海岸每有倭寇窺伺軍衛陸置烟墩水備戰船瞭望遊巡總保無虞永樂七年盡拘軍船赴沈家門立水砦以守撤去烟墩倭寇乘虛連年縱掠水砦相去海鹽千里不能救援民甚苦之請如洪武舊制事下兵部移文巡撫大理卿胡槩與三司計其可否處行得復舊

正統四年五月倭船四十餘艘夜入大嵩港襲破千户所城轉破昌國衛城大殺掠而去備倭官以失機被刑者大小三十六人惟爵谿所官兵擒獲一賊首名畢善慶誅之浙江僉事陶成之功也

七年倭船九艘使千餘入貢朝廷責其越禁姑容之迷失二倭使

另行

普福於樂清縣沙嵩藤嶺獲解

普福被獲嘆懷詩

日來遊上國看中原細嚼青松咽冷泉慈母在堂年八十孤兒為客路三千心依北闕浮雲外身在西山返照邊處處朱門花柳巷不知何日是歸年

景泰六年倭寇徒跳官軍守備不得入　天順二年復遣使貢

成化二年偽稱入貢寇大嵩諸處官兵因潮落夜圍其舟寇設詐以燈懸於篙尾卓之沙上官兵望見以為檣燈達曙不移比曉舟已乘潮遁去臺閫大臣俱坐失機獲罪　十一年復遣使周瑞入貢勅諭倭王宜守宣德中事例倫倭閫帥欲報前恥乃於送倭使出境之時金鼓聲中隨以砲銃倭船被擊沉於海自是畧知畏憚

十三年日本復遣使入貢庶吉士鄞人楊守陳貽書主客郎中欲請絶之書曰倭奴僻在海島其俗狙詐而狼貪自唐以至近代嘗為中國疥癬矣國初洪武間來貢不恪朝廷既正其罪後絶不與通著之為訓至永樂初始復來貢往来數數知我中國虛实山川險易因肆奸謀時挈舟載其方物戎器出没海道以窺伺我~~得~~得間則張其戎器而肆侵暴不得間則陳其方物而稱朝貢侵暴則擄民財朝貢則需國賜間有得不得而利無不得其計之狡如是也宣德中來不得間乃復稱貢朝廷不知其狡詐其至京宴賞豐渥稠載而歸則已墮其計矣正統中來而得間乃入桃渚犯我大嵩刼倉庾燔室廬賊殺蒸庶積骸流血如陵谷縛嬰兒於柱沃之沸湯

視其啼號以為笑樂捕得孕婦則計其孕之男女剔視以賭酒荒淫穢惡殆有不可言者吾民之少壯與其粟帛席捲而歸巢穴城野蕭條過者隕涕於是朝廷下備倭之詔命重師守要地增城堡謹斥堠修戰艦合浙東諸衛官軍分番防備而兵威振於海表肆七八年間邊氓安堵而倭奴潛伏罔敢喘焉茲者天牖其衷復來窺伺而我兵懷夙昔之憤幸其自來送死皆瞑目礪刃欲食其肉而寢處其皮彼不得間乃復稱貢而我帥遂從其請以達於朝是將墮其計矣今朝廷未納其貢而吾鄞先罹其擾芟民稼穡為之舍館竭民脂膏為之飯食勞民筋力為之役使防禦晝號而夕呼十徵而九斂雖雞犬不得寧焉而彼且縱肆無道强市物貨善詿

婦女貂璫不之制藩憲不之問郡縣莫敢誰何民既譁然不寧矣若復詔至京師則所過之處其有不譁然復如吾鄞者乎且其所貢刀扇之屬非時所急價不滿千而所為糜國用斃民生以過厚之者一則欲得其向化之心一則欲弭其侵邊之患也今其狡計如愚前所陳則非向化者矣受其貢亦侵無可疑者矣昔西旅貢獒召公猶致戒於君越裳獻白雉周公猶避讓不敢受漢通康居罽賓隋通高昌伊吾皆不免乎君子之議況今倭奴最我讐敵而於搆釁之餘復敢懷其狙詐狼貪之心施其奸計以困我其罪不勝誅矣復可與之通乎然彼以貢獻為名既入我境而遂誅之則類於殺降不武不義若從而納其所貢則中其奸計益掐其玩侮

又不可謂智取一而損十得虛而費實又不可謂計褻所恃以待無用俾其不兵甲而騷不水旱而窘又不可謂仁有一於斯皆非王者之道也竊以為宜降明詔數其不恭之罪示以不殺之仁歸其貢獻而驅之出境申命海道帥臣益嚴

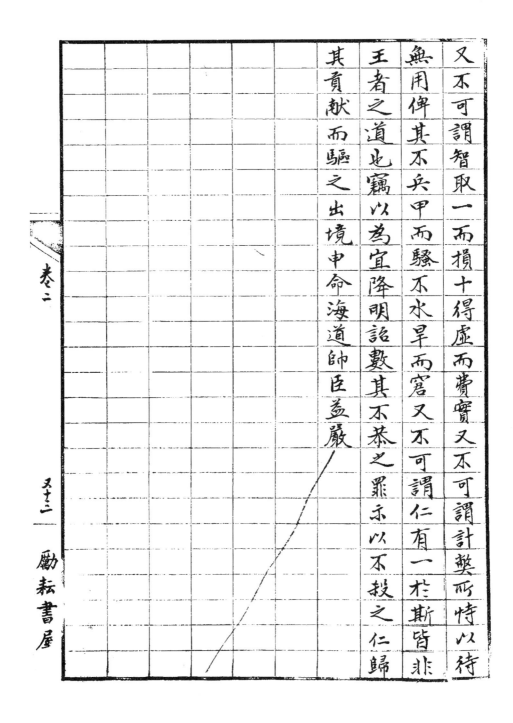

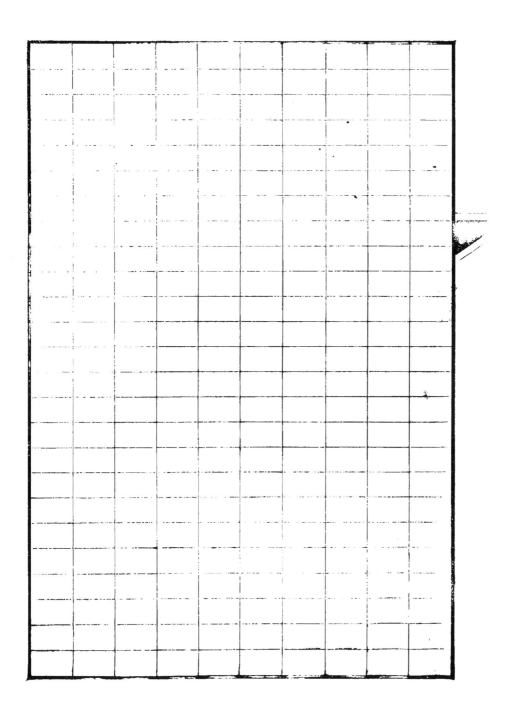

下缺兩頁、已補

視其啼號以為笑樂捕得孕婦則計其孕之男女剮視以賭酒荒淫穢惡殆有不可言者吾民之少壯與其粟帛席捲而歸巢穴城野蕭條過者隕涕於是朝廷下備倭之詔命重師守要地增城堡謹斥堠修戰艦合浙東諸衛官軍分番防備而兵威振於海表肆七八年間邊氓安堵而倭奴潛伏罔敢喘焉茲者天牖其衷復來窺伺而我兵懷夙昔之憤幸其自來送死皆瞋目礪刃欲食其肉而寢處其皮彼不得閒乃復稱貢而我帥遂從其請以達於朝是將復墮其計矣今朝廷未納其貢而吾鄞先罹其擾芟民稼穡為之舍館浚民脂膏為之飲食勞民筋力為之役使防禦晝號而夕之罪示以不殺之仁歸其貢獻而驅之出境申命海道帥臣益嚴

守備俟其復來則草薙而禽獮之俾無噍類若是則奸謀狡計破沮不行若日之所照月之所臨物莫能遁故天下咸知朝廷之明貢獻不納貨賄之貪雖有遠方珍怪之物無所用之故天下咸知朝廷之廣自江浙以達京畿數千里之民舉不識輸運之勞不知徵歛之苦父哺其子夫煦其妻而優游以衣食故天下咸知朝廷之仁畜虜知吾國有禮義而不敢侮奸宄知吾國有謀猷而不敢發桴鼓不鳴金革不試故天下咸知朝廷之威舉一事而衆善備焉斯與勞民費國而幸蠻夷之服者萬不侔矣守陳不忍民之罹殃而慮國之納侮故敢布之下執事冀採擇以聞禮部不果從

按守陳後至吏部右侍郎卒謚文懿性恬淡官五品十有六年

泊然自處未嘗求進權幸有重其賢欲援之者使所親喻意守陳謝却之私謂其人曰吾猶釐婦也守節三十年今老矣豈白首而改節耶嘗被命教内竪教成多去為近侍與守陳同事者率因之取寵貴而守陳獨無所資籍士論多之今觀此書鑒鑒正誼洞燭倭情使當時肯奏行之豈有今日擾亂之禍哉噫

大率其國奉使得利往往各道爭先受遣正德四年南海道刺吏右京兆大夫細川高國強請勘合遣宋素卿源永春入貢素卿鄞人朱縞也宋守似朱卿縞之義素先因父喪無依倚遊蕩學歌唱弘治九年間倭使湯四五郎以貢至鄞見縞秀慧善歌相與情密其叔朱澄又為牙人與縞各市湯四五郎刀扇負其價值弘治十年延將縞填還湯四

五郎之連携歸倭國詐稱天朝宗室國王以女納縞為婿官拜綱司至是偽充正使來澄識之不敢見隨至蘇州閶門混作伴送人役至縞船上相認後事發應論投夷重典時內臣劉瑾專橫迺厚賂之瑾謂澄已自首縞係夷使請原其罪從之縞貢畢乞賜祀孔子儀註廷議不許

六年西海道刺史左京兆大夫大內藝興復請勘合遣省佐入貢

嘉靖二年各道爭貢國至源義梔植嗣位幼冲勢不能制太大內藝興遣使宗設謙道細川高國遣瑞佐宋素卿交貢舟泊寧波港互相詆毀素卿里賄監市舶中官賴恩宴坐宗設之上其貢船後至賴恩復先與檢發宗設等積忿遂為亂欲殺素卿追抵詔紹興城下官兵備禦不得逞還寧波執指揮袁進越關

追去倫倭都指揮劉錦追至海上戰歿巡按御史歐珠奏稱五月
初一日有先到夷人擁入收藏方物東庫搶出盔甲刀鎗各行披
執自靈橋門外循城奔至和義門將後到夷人宋素卿人船燒燬
及殺在岸夷人一十二名素卿等以該府衛遣避地名青田湖出
城約十有餘里宗設等趕至紹興城下口稱還我宋素卿次日將
宋素卿等移入府城會審擬各稱西海路多羅氏義興者原係日
本國所轄向無進貢我等朝獻必由西海經過被將正德年間勘
合奪去今本國只得將弘治年間勘合由南海路起呈至寧波因
我說出怪恨被殺會同鎮守太監梁瑶議得遠夷入貢禮應柔待
今宗設等因怪素卿計其詐偽遂行讐殺若終待以常禮許其入

貢不加譴責不以威示則犬羊腥膻愈肆縱橫終無悔禍之期除再加撫處及撥官軍防禦外乞勅該部會官詳議

按太監賴恩受素卿賂浙參政邵錫副使許完都指揮江洪俱懼失事之咎多匿其實故疏詞多左右素卿耳

後得旨宗設免究素卿無別情罪責令回國宣布天朝威德令國王嚴束夷酋畏天保國并查頒降勘合是否宗設奪去今次朝貢果差何人務見真偽待後該貢年分具本回奏以憑議處河南道御史熊蘭疏曰訪得宋素卿原本華人叛入夷狄先年差來進貢已經敗露時則逆瑾當權陰納黃金之賄遂逃赤族之誅國法未行人心未厭今乃違例入貢大起釁端跡其罪惡雖死猶不足以

容之也叅照海道副使張芹市泊太監賴恩與同府衛掌印巡海等官禁令不申守備不設既不能善處以息其爭又不能預謀以防其變分守叅政朱鳴陽分巡副使許完各有地方之責俱懷觀望之私以致蠻夷公行劫殺把關管海指揮千百戶等官任夷人出入往來未有能攔截防禦者指揮袁璡承委自陷其身推官高遷越墻以避其鋒凡其侵掠之地若履無人之境按法原情通合查究除備倭同知劉錦被殺外乞各正典刑一以為蠻夷猾夏者之戒一以為備禦不嚴者之懲然臣等竊有議焉夫倭奴僻居東海其俗狙詐其性狠貪自唐以至近代已嘗為中國患國初洪武年間許其來貢後因交通奸臣胡惟庸我太祖既正其罪絕不與

通復載於訓着為令典今皇上踐祚之初復有入貢之請跡若涉於忠誠心实懷夫欺詐故朝廷未受其貢而浙民先罹其殃乞特降明詔數其不恭之罪示以薄伐之威絶其朝貢之請申命海道帥臣益嚴備禦俟其復來則草薙而禽獮之保國裕民之方居中制外之道無有過於此者矣禮科都給事中張翀䟽曰恭照副使張芹市泊太監賴恩叅政朱鳴陽都指揮張浩等均承倭委任便樂因循議處未定而令素卿之盤船慢藏啓窺瞰之奸逆狀已形而听宗設之謝罪當面耳愚弄之術避地觀望恣賊縱横策未展於一等禍幾延於兩浙合應挽法查究創艾後来及照日本國蕞爾海夷利觀中夏先年使者肆為不道荷我明天子仁聖曲賜優容

茲以讐殺殘我內地謂宜撤諸夷之甲興問罪之師但釁起使人
國王無罪且其國與朝鮮琉球諸夷俱係不征之列伏望倫行淮
浙閩廣鎮巡等官凡沿海要害去處如遇前項夷船到彼就便督
發官軍併力截殺仍行浙江鎮巡等官將見獲夷黨并宋素卿譯
審明白取問罪犯緣宋素卿係先年潛通外夷人數重賂逆瑾脫
綱生還宗設人衆俱係從逆賊徒罪在不赦通合置之典刑以昭
天朝之法以嚴夷夏之防昔漢之英君謂辟或棄珠崖或謝西陲
況倭奴詭譎情態具有明驗若更許其通貢是利彼尺寸之微損
我丘山之重其於皇祖垂訓之意不無背馳尤望絕約閉關未斷
其朝貢之途毋後弊所恃以事無用其一應誤事人員并死事地

方作急備查奏請大昭賞罰以示懲勸毋得通同隱蔽又訪得寧波紹興等處有一種無賴潛從外夷引誘作奸如宋素卿者實繁有徒合行出給榜文張掛曉諭遇有前項無賴蹤跡可疑許鄰里首告官府不時覺察即使擒拏家屬從重究治庶幾中國之勢常尊外夷之侮少禦初宗設追宋素卿不及還把總指揮欲率兵追擊謀於新建伯王守仁守仁曰歸師莫追當縱其出而拒其入把截要害使來無所獲退無所資疲卧舟中於是取之兵不血刃矣既而倭果疲卧為暴風漂入朝鮮境被朝鮮斬首三十生擒中林望古多羅二人朝鮮國王李懌表獻於朝上命浙江鎮巡官將素卿事從實研審回奏後復勅差給事中一員前去訪察查勘其事

兵科右給事中夏言疏曰宗設謙道所領倭夷不滿百十餘人而寧紹兩郡軍民何啻百萬今乃任被兇殘肆意攻掠蹂躪城郭破壞閭閻殺死都司方面質虜指揮貽國大恥事出非常再照宋素卿本朝叛賊儌成宗設之變故聞宗設倭船先到而盤貨在後素卿倭船後到而盤貨獲先宗設内已不平及市舶太監置酒命坐又以宗設席次抑置賊首若不明正典刑梟示海濱則將來射利效尤之徒習為謀叛望將朝鮮國執獻賊倭中林望古多羅二名押發浙江解赴欽差官處令與宋素卿對鞫前項構釁緣由及伊國差遣先後并勘合真偽來歷處治又倭夷入貢往往為邊方州郡之害我聖祖灼見其情故痛絶之於山東淮浙閩廣沿海去處

多設衛所以為備禦後復委都指揮一員統其屬衛摘撥官軍以備倭為名操習戰船時出海道嚴加隄備近年又增設海道兵備副使一員專督可謂防範周且密矣是以數十年來彼知我有備不復犯邊柰何邇來事久而弊法玩而弛前項備倭衙門官員徒擁虛名畧無實效寧波係倭夷常年入貢之路法制尚存猶且敗事其諸沿海去處因襲日久廢弛尤甚合無選差官員領勅前去由山東循淮陽歷浙達閩以極於廣會同巡撫官員按部備倭衙門親歷海道地方查點原設官軍閱視舊額墩堡盤驗見在兵器官軍缺乏者即與撥補墩堡圮壞者即與修築兵器朽鈍者即與換給官員之不才者即與易置法制之未備者即與區畫庶使海

防嚴謹中土奠安嘗觀本朝禮部侍郎楊守陳家藏文集亦常惓惓以倭夷變詐兇虐不當與之通好乞勅下勳戚文武大臣詳如會議再照宗設犯華之罪不可使之竟脫天誅乞通勅沿海各處備倭衙門整搠官兵修理戰船習占風候時出海洋瞭捕務俾罪人斯得國威以伸兵部尚書金獻民議謂備倭衙門地方久處承平武備盡已廢弛相應依擬差官閱視但恐前項地方廣濶遶迴萬里一人顧理不周本部欲便移咨都察院揀選歷練老成御史二員各請勅一道分定地方一員自山東直抵淮揚蘇松一員自福建直抵廣東各沿海地方其浙江就令差去給事中勅內該載整理各分投親詣沿海一帶閱視上命各官失事等情着差去給

事中上緊前去會同清軍御史用心訪察查勘明白分別等第并究各夷致亂根因進貢真偽沿海一帶邊備不必差官只着各該撫按督併海道備倭并守巡等官嚴加隄備閱視整頓不許怠玩

刑科給事中張達疏稱浙江寧紹台温杭嘉六府地濱瀕海境接倭夷寔東西之巨屏北都之外帑也是以國家建設衛所特置都指揮以總揖之封墩戰艦軍器靡不周備蓋恐外寇時窺中區為梗耳臣見去年倭夷入貢恣睢仇虐横屠生靈戕及都司吾中國大被虜劉拱手莫救实由武備廢残素有蔑視之意將來之患恐未可量因不可不預為之處也伏望皇上查照巡視舊例添設諳悉事故加意民隱都御史一員請勅督理將前項封墩戰艦軍器

之數一一增修令不失舊然後奏聞成績除議功賞以較其任庶中國尊安而小醜絶窺覦之心矣時戶科給事中劉穆承命訪察倭夷事情至是上不允遂請勅令劉穆仍往浙江沿海地方整理武備等事後素卿械至杭州有司勘以謀叛下海罪繫浙江按察司獄及二倭賊自朝鮮至并繫之論鞫獄成久而不行誅決先後盡瘦死於獄倭奴自此懼罪不敢款闗者餘十年　四年浙江市舶太監賴恩奏請頒換勅諭與臣管市舶司事兼提督海道遇有夷賊動調官軍勦捕以固地方便益上命照成化年間例換勅與他兵部尚書李越疏曰政每患於紛更法當務於謹始此地內官緣為提督市舶司而設比與邊方腹裏鎮守守備內臣專為地方

者不同即令沿海督兵禦寇自有海道副使與備倭都指揮使分理於下又有鎮守太監與巡按御史提調於上事體相因已久沿海有警俱可責成若復又令市舶太監提督誠恐政出多門號令不一必掣肘誤事又況動調官軍係朝廷威柄遇有緊急必須奏請定奪賴恩小臣豈宜得輙擅自專推原其心不過欲假借綸音以招權罔利也乞將原降成命收回仍戒諭賴恩令其謹守舊規安靜行事給事中鄭自璧亦疏曰賴恩肆意攬權恣情黷貨信鄭澤之姦計則延偽使為上賓受素卿之金銀則致宗設之大變三司兼欲受轄兵權輙冀專擅心每上人動將壞法內臣中之奉職無狀者也乞將取回別用另選老成安靜內臣代其任事為（惟）復痛

加功責姑今撊省前愆用圖後贖其勅書仍照舊止管夷人進貢并抽分貨物衛所官軍不得干預勿得輕信撥置紛擾事端上詔前已有旨倶不從賴恩又疏曰竊審日本國有武臣三人一曰大内一曰細川一曰畠山是皆權臣猶魯之三家彼國政柄不在國王而在權臣進貢之事彼強則彼專此強則此擅國王則卒亦莫革近况素卿數去弊愈深矣合無將素卿從重處治同來夷伴或流遠方或遣歸國另別差官賫勅往諭國王今後來貢益謹効順親具表文面用國璽毋容詐偽貢船毋過三隻使人毋過五百毋得仍致大内細川等弄權私貢以乖國體浙江備倭等官除將臣庸材乞賜罷回閑住別差賢能一員嚴加提督整理邊務葺城池

修戰船整軍器慎烽瞭練兵卒先之於昌國石浦大嵩象山穿山舟山定海觀海等蝦舌緊要之處次之於松海金盤海寧等衛可緩之方巡海兵備等官務選年力少壯熟諳武畧勅專督理不拘三年五年就任加職庶免更換致曠重務不許久坐省城時須遍歷操練事干急重乞許便宜仍勅福建等處鎮巡備倭等官嚴禁漳州賊船不許縱放出海眩惑地方各衛官軍月粮務着有司及時徵給不許缺乏疲斃官軍日後倭夷入貢照舊瞭報審實合執堅申利器防守譯審是的方許護送入港茍有賊船臨邊務使多帶兵粮剿殺如有畏怯即以軍法重治永為遵守庶幾內則官軍不致虛費廩餼外則足制邊境不致島夷侵漁矣上乃詔沿海武

備着鎮巡等官嚴督舉行巡海備倭官員有久不出巡坐視民患的聽各該巡按參究戶科給事中劉穆疏曰節該欽奉勅浙江沿海地方武備久廢爾仍會同巡按督併海道備倭并守巡等官親詣各處查勘原設墩堡兵器戰船及官員軍士一一修復振作從宜區畫務俾武事修舉堪以保障事完回京復命臣會同巡按浙江御史潘倣親請寧紹台溫沿海地方一應武備逐一修舉從宜區畫事完另行造冊奏繳外聞有事關重大猶議興革雖未盡合機宜聊以補塞罅漏謹用條陳一添設巡視重臣東南諸夷惟倭黠猾比北虜尤為難制我太祖遣信國公湯和親詣沿海經畧數年是以兵威大振逸醜竄伏今醜衆窺伺邊境危疑雖嘗嚴督海

道官員整飭修舉但壞之於百年之餘而欲復之於一旦之驟雖才智拾倍過人者恐不能立致成效也況南北延袤千有餘里中間衛所堡寨錢谷甲兵不減陝西三邊之一獨責成海道一人威權既不加重施為且不自專添設都御史巡視地方督理戎務假以便宜之權寬以歲月之久位望之重既足以清肅頹頑委任之專又足以振刷積習何武事之不舉而邊患之足慮哉一召募補伍軍士臣巡歷沿海衛所查點額設軍士逃故者既已過半老弱者又多不堪几遇出海守哨未免足此缺彼武備之費未有甚於此者也議將各衛所縣軍民舍餘人等願充軍役者量行召募在官填補逃亡正軍以差撥出海此固權宜區畫之道亦急迫不得

已之舉也一選調才能武職臣請將在京在外各衛指揮等官查選才識優長性氣剛果武藝閑熟之人量加調遣分布沿海邊衛每處二三員或令把總守禦或令掌印管操加之以鼓舞振作扶植誘掖氣習剛勁既足以振起頹風騎射精熟又可以教習士衆新舊無牽制之人挾詐有指摘之迹庶幾體統一正號令一新積習可祛兵威聿振矣亦不果行

按觀張遼劉穆之疏則後日添設巡撫其機已兆矣又豈待楊九澤之奏哉但浙中既有賴恩為市舶而請改勅書兼管兵務又有鄧文為鎮守而請換勅書如成化舊規行事俱得俞允及查成化勅書除相同外仍有兼管銀場并官員貪贓壞法者四

品以上具奏區處四品以下即拏究治軍民詞訟亦聽准理蓋先時張慶有翊護前星之功憲廟知其忠而柄之以任若是文之請蓋為含糊之詞冒攬權之實給事中鄭自璧請取回鄧文選老成代任不從夫以一省之地置二竪之橫殆亦中國內倭也其視巡撫之設何如哉而今論者乃獨歸咎於九澤謂其議建巡撫以啓倭患謬矣且如銀場舊時許開未聞大憝今銀場封閉而礦冦嘯聚如四十六年之大刦非有總制三省之命其禍恐未息也因時制宜不可拘泥如此云

十七年倭使石鼎周良来貢禮部奏請申十年一貢之例命繳還正德以前勘合更給新者

二十三年復至無表文以非期弗納

連下頁

二十六年又至仍以非期使停泊於海山嶼候明年期至而入

先是王直者徽州歙縣人少落魄有任俠氣及壯

多智畧善施與故人樂與之遊一時無輙若葉宗滿徐惟學即徐碧溪謝和方廷助等咸宗之為間相與謀曰中國法度森嚴吾輩動觸禁網孰與至海外逍遥哉直因問其母王媪曰生兒時有異兆否王媪曰生汝之夕夢大星入懷旁有峨冠者詫曰此弧矢星也已而大雪草木皆氷直獨心喜曰天星入懷非凡胎草木兵氷者兵象也天將命我以武興乎於是遂起邪謀嘉靖庚子年直與葉宗滿等造海舶置硝黃絲綿等違禁貨物抵日本暹羅西洋諸國往來貿易五六年致富不貲夷人大信服之稱為五峰船主招集亡命勾引蕃倭結巢於寧波霩衢之雙嶼出沒剽掠海道騷動是年巡按御史楊九澤請設提督以彈壓之乃命都御史朱紈巡撫兩浙

開軍門於杭，紈乃調福建都指揮盧鏜統率舟師擣其巢穴，俘斬溺死者數百，直等皆走逸，餘黨遁入福建海中浯嶼，復命鏜勦平之。紈仍躬督指揮李興發木石以塞雙嶼港，使賊舟不得復入。時海禁久弛，緣海所在悉皆通番，細奸則為之牙行，勢豪則為之窩主，皆知其利而不顧其害也。紈嚴申禁令，有犯必戮，不少假貸。然其間亦有一二被刑者未及詳審，或有過誤，杭人口語藉藉，罪及建議主議群公。紈又以督府新開，綱紀務在振肅，由是官吏亦稱不便，而失利之徒怨謗蜂起。明年，朝廷更議廢置，乃改巡撫為巡視。未幾，紈復解官去，而東南自此多事矣。

按嘉靖八年兵科都給事中夏言歷查浙江巡按王化有磐石

衛縛官之奏張問行有蒲圻所殺官之奏歐珠有寧波殺方面官之奏故建言請設浙江巡視大臣已得旨勅部中推選才望謀勇大臣二三員來看而輔臣張孚敬申議不可中止不設至是憲臣楊九澤乃復奏而夏言為首相適協其前既行復寢之議遂得旨設巡撫大臣來浙而朱紈首膺其任故今之議倭患者多追咎於楊以為不宜創建大僚以生事端又歸咎於朱以為法綱太密使奸無所容遂致群逞殊不知是時王直之輩如蜮含沙勢必射人如蠱藏氛勢必迷空況又有福建繫因李七許二等百餘人逸獄歸直而為虎翼蹈欲自已此輩將何適哉防海之官不過列位正佐耳素倚通番貿易者為生計此與奸

豪互富無以異雖有海道兵憲臨之於上然不操生殺之柄則號令之而不畏不寄便宜之權則調發之而不應安能潛消此蠢動之兇卯也卽況因循積習之後動有牽制此督府之建所以不容已者鼂錯論漢諸王曰削亦反不削亦反愚於建督府亦云且不建則叛逆而禍大建之則可以備叛而弭禍何也觀紈在浙之日號令嚴明賞罰必信規模法制卓有條緒是以沿嶼之勤雙嶼之塞確然着緒（績）使紈久任以責其成則慴（懾）服之威防禦之策合必井井而下海者絕跡矣由是貿易不通夷人且將之用而況王直輩其有不窘困受縛者乎吾見其或無今日荼毒之慘勞費之若也今乃撤機穽以縱虎自貽禍患可勝嘆

哉（朱紈蘇州人清介之士歸家後朝廷有詔械繫別省舊巡撫朱其者訛傳建紈紈伏毒死）

五島倭人為亂王直有憾於倭欲報之及欲以威懾諸蕃請於防海將官勦之畧盡遂聲言宣力朝廷以要重賞且乞通互市將官弗許但餽米百石直以為薄大詬投之海中從此怨朝廷頻入侵盜事聞廷議復建臺閩於杭命僉都御史王忬巡視海道督兵仍置二參將（湯克寬　俞大猷）分守境內

三十年王直令倭夷突入定海關移泊金塘之烈港自以巨舟泊列表參將俞大猷率舟師數千圍之直以火箭突圍去怨朝廷益深且恥官軍易與也乃更造巨艦聯舫方一百二十步容二千人柑木為城為樓櫓四門其上可馳馬往來據古薩摩洲之松浦津僭號曰京自稱曰徽王部署官屬

咸有名號控制要害而三十六島之夷皆聽其指使每欲侵盜即遣倭兵　三十一年直遣倭兵寇溫州尋破台州黃巖縣復寇海鹽長驅至嘉興城外官兵禦賊戰於孟家堰死者三十餘人指揮李元律千戶薛綱等俱戰死別冦犯海寧僧兵與戰敗績皆死於赭山下是時官吏多不知兵惟松陽知縣羅拱辰（廣西人）閒於武藝調守浙東西諸處挾悍勇家丁數十人自衛所在皆有功得陞按察僉事駐浙西殺賊副使陳應魁整餙兵備借其家兵半為已用由是軍遂弱不能抗賊調至松陽等邑土兵皆不習水戰每退縮奔還投河溺死者無筭各處所募北地遊僧（所號僧兵是也）雖健勇而寡謀倭人狡猾多防每為其掩襲而敗官軍技窮已而賊襲破乍浦

城由是澉浦金山松江上海嘉定青村南滙太倉崑山崇明諸處及蘇州府治皆僅保孤城城外悉遭焚刧賊無[或]衆或散往來靡定如入無人之境遍於川陸凡無[吳]越所經村落市井昔稱人物阜繁積聚殷富者半為丘墟暴骨如莽而柘林八團等處陳東建屋為巢據之持久不動餘半歲朝廷命南京戶部尚書張經總督軍務別置浙江巡撫命李天寵為之協謀勦救經乃檄調川湖兩廣山東河南諸處兵未集而陳東拔巢四出剽掠滿載長驅至嘉善縣市會福建義天長賴某被徵自汀州先至勇敢前向大破賊鋒賊已遁走賴兵因失傳餐廼為退食被賊復轉掩殺遂為所乘多死焉賴兵每以大兵旗為陣門賊有衝先者則揮旗一捲必能夾之

過陣斬其首賊遂潰故能常取勝至是與賊戰勝後時有二偏將亦在嘉善使作虛聲策應賴兵賊必不敢來襲乃退縮不顧賴兵勢孤而敗遠近痛惜之經與天寵時駐節嘉興比田州土官婦瓦氏統狼兵至士民踴躍望其救賊而瓦氏亦願出戰立功復其孫祖職請於經不許竊復攻北門燔廬舍掠子女橫殺無算河水為赤狼兵以未得經令不敢動

按瓦氏者田州土知府岑猛之媳也猛自乃祖陰謀奪嫡枉殺忠良頭目呂召傳至其父岑溥恣惡興兵結怨鄰壤猛承其官又偏聽頭目黃驥私攙土地結好思恩府土知府岑濬濬作亂襲破田州逐猛放兵劫掠兩廣都御史潘蕃總兵韋經討濬誅

之遂奏濬已顯戮猛自陷府治難托專城要將二府改為流官猛改降同知尚書王時中馬文升等議從其請且將濬家小解二千里外安置猛降為世襲正千户押赴福建沿海衛分帶俸庶禍源可絶孝宗從之押猛送平海衛猛中途逃回後調南丹拒不赴任正德二年猛托祖母奏以侍養為名又令田州夷民奏乞容留本處附近衛所聽調殺賊四年猛納金刀器於劉瑾改授本府同知後調征柳州得陞指揮調征饒州姚源洞江西都御史陳金乃奏指揮知府品級相同復猛知府仍於知府上論賞瑾為之地武宗准於指揮上陞一級嘉靖初猛得志復作亂殺官奪印其子岑邦彥縱兵殺掠世宗乃命都御史姚鏌征

之猛被獲劉屍梟示邦彥走死齊村其遺下頭目盧蘇王受攜衆扇亂攻陷思恩鎮復征之久弗克為巡按石金所論鎮罷去改命新建伯王守仁總督兩廣軍務隨宜勦撫守仁至下令招降盧蘇等議立其子邦相為田州知州世宗詔邦相准興做田州署州事吏目仍聽流官知府控制後有勤勞依擬陞擢今瓦氏蓋邦相妻也相死子復繼亡瓦氏以太君權州事年在五十以下馭衆剛明人畏憚之張經兩廣總制之時常調其州兵殺賊有功魯蒙奏賞故遠來報效冀立殊勳以復同知之職興其孫也初至甚有紀律軍士斂戢不敢肆威奮迅破倭而經竟不遣之出戰優遊於嘉興諸處頗有河上翱翔之意軍士咸生怨

悔之心經去後又隨閩帥往來年餘竟無成功而還於是所至
騷擾鷄犬不寧聞瓦氏兵至在在閉門逃出殆與倭寇之過無
無異焉又按經之在嘉興諸路兵集各有殺賊之志而經再不
發一令者何哉蓋其初制兩廣苗賊不時出刼賊巢不遠一掠
即歸歸後方命兵尾其後取所擄遺老弱即以報功未嘗交戰
狃為長策今經亦欲待倭奴殺掠飽還廼出師如兩廣故事而
不虞倭奴自海登陸焚舟持久殘破日深遂疑畢門通賊流言
四播朝命趙文華至浙名雖祭海實偵經也經始不自保矣
上以賊未平勅工部侍郎趙文華致祭海神尋有察視之命倭衆
四千攻圍金山城久據乍浦尋擁至平望王江涇諸處巡按御史

胡宗憲督參將盧鏜總兵俞大猷所統部卒及狼苗等兵大戰於百步橋悉擒斬之築京觀

嘉靖初平望鎮殊勝寺有一道人來遊題其壁曰我自蓬萊路鶴歸山僧不遇意徘徊時人莫解菩提寺三十年餘化作灰題畢而去後倭夷至鎮寺悉被燬題詩之日凡三十一年矣

文華還朝遂劾經玩寇殃民按兵不戰械繫入都下擢宗憲代經然賊愈猖獗一支數千自柘林走海寧直抵杭州北關外屯聚刼掠巡撫李天寵命燒近城湖上僧寺閉門歛兵而已一支有賊九九十三人自錢塘渡浙至奉化復轉而還渡曹娥江御史錢鯨便道還慈谿適值賊遇害已而入富陽過嚴州徽州到南京城下京

營把總朱襄、蔣陞被殺，城門晝閉，賊鼓行東掠蘇州，寇常熟知縣王鈇與致仕叅政錢泮俱為所殺，已復攻圍江陰，知縣錢錞死之。言官劾天寵懦怯縱賊，奪其職，尋亦被逮，與張經並下吏，以軍法論死。

三十三年七月，倭夷寇廣東潮州。先是都御史談愷，閩兩浙直隸諸郡倭寇猖獗，恐其延及惠潮也，遂移檄巡視海道議戰守事宜，以靖海防。時廣東巡視海道副使汪柏議將防守潮州柘林、長沙等處海澳兵船併為柘林一哨，顧募東莞烏艚二十隻，潮州白艚船十隻，共撥兵一千二百名，委指揮黑孟陽為中軍統領，指揮李爵、李鑑，千戶王詔、虞欽、尚昂、戴應先等部領往來巡哨，議上督府，愷允之。既而守備玄鍾澳指揮同知侯熙亦請禁接濟倭夷遂以其議行巡視海道轉行備倭守備及沿海府縣衛所掌印巡捕等官嚴督各哨官兵如遇倭船乘風泊岸星火飛報各處官司督兵協力追捕適被備倭千戶于瑛報有賊首徐碧溪洪老等撑駕大夾板彎尾船從福建海洋乘風突來深澳湊合賊首林寄老等督撫令于瑛加謹防捕及督指揮黑孟陽等部領兵船協同各該哨備倭官兵相機設法擒捕至七月初二日果有賊船三隻哨馬船五隻從福建汀州外洋泊潮州柘林時我兵既以預先警備賊至不敢近岸黑孟陽等即統各哨兵船兼程前進初三日至柘林初四日官兵奮勇與戰對敵兵威大振攻賊敗船三隻賊首徐碧溪等被傷賊衆落水淹死者不計其數浪湧不能取功生擒

番海賊寇方四溪等共一百八十名皆係近時攻陷浙江等台温及蘇松諸郡縣巨寇今又湊合暹羅東洋諸國番徒經年在海劫掠流毒滋甚幸而籌策先定防守唯嚴數千遁寇一旦剿除各省宿寃一麾可雪矣朝廷屢憂東南加胡宗憲兵部侍郎總督浙直福建軍務八省錢粮官吏聽其調用以提學副使阮鶚爲巡撫三十五年海賊徐海（號明山和尚即徐碧溪姓、亦與王直相黨機者、）陳東興倭酋辛五郎等復擁衆寇松江嘉興諸郡聲言欲取金陵達都乃由峽石趨皂林出烏鎮以北新巡撫阮鶚自嘉興還杭州適與之遇急走輕舸入保桐鄉城參將宗禮與禪將霍貫道皆河北驍帥厚集其陣合擊殺數十人會日暮賊引去時賊氣雖窘而二將亦絶響道不得擇善地休止孤壘無援賊復縱兵出戰二將俱陷殁賊乘勝圍桐鄉宗憲檄諸路兵進援逡巡惶怖不敢近城中奪氣陳東又伐大木盛為撞杵以攻城城幾壞一男子獻計為巨索懸於城候撞杵至即牽之曳以升不得撞又募冶工爇鐵為汁灌城下賊賊不敢逼久之賊解圍去阮鶚得出還杭州鎮徐海等擁至平湖據沈家庄為巢劫攻相鄉時海先撤圍陳東意海私受軍門重賄頗不平至是海又與麾下葉麻爭一女子有隙海及遣人至軍門納降且以計縛葉麻陳東送至為信軍門許之時文華陞尚書奉命督察軍務重蒞嘉興乃與宗憲暨當事諸公詣平湖受其降海率死士三四百人環甲露刃突進城中納款稱罪遂厚犒之而出尋將歸

尚書一頁錯
訂左冊末

大洋適所謂求保峒兵至奮擊敗賊海死乱兵中辛五郎被獲與葉麻等因至京師獻俘告廟伏誅時浙西諸郡唯嘉興去海七十里而近賊登岸甚便最為要衝先是海寧衛庫中兵器夜則自鳴錚錚有聲識者以為兵兆郡城地方李上生瓜長寸許剖之其中惟水誌云李樹生黃瓜百里無人家後果首被賊禍村里斷烟云禪將領僧兵官也

錢薇血淚歌曰四月五日海作妖青天霹靂山走潮千艘壓賊狐狹虎萬屯鐵騎鼠見猫金緋大將膏鋒鏑糜爛細民嫁烏鵰端陽五日與六日四郊煙焰連雲高紅巾填塞奏溪野勁鏃毒矢殺氣豪此時哭聲動天地橫山積血成波濤少婦污蟣觸白刃嬰兒中塑娘同刃豈無脫奔保首領官單扨奪無路逃夜來

仰看旄頭星烱烱未滅心忉忉誰為入秦明光宮流離乞撫血淚號

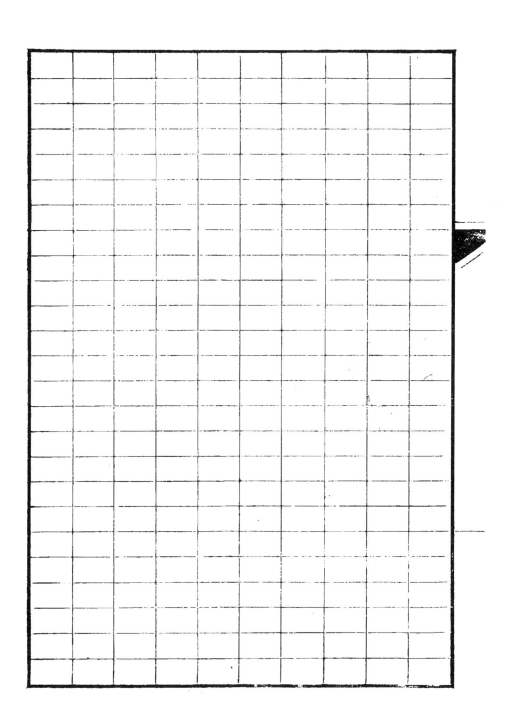

殊域周咨録卷之三

皇明行人司行人刑科右給事中嘉禾嚴從簡輯

東夷

日本國

是年嘉靖三十五年徐海雖鷙而王直在島稱雄如故遣倭酋紛擾浙東濱海郡邑破臨山衛等城禍如浙西復冦通州海門突流楊州直之母妻并子俱在浙省心切念之欲致其歸乃請講和尋率將領淩波海執無印表文詐稱豊洲王入貢来泊岑港遣人通好索家屬要開市軍門胡宗憲許之且賂以厚賄説其来降直遷延者久之直既離木巢自失負嵎之勢而受賄繁渥諸島亦各生疑貳直恃

其強謂中國決不敢害己或可儌倖如意傑然請欵塞詔誅之梟
直于市餘黨潰去
別誌曰奸民王直倡亂于海倭酉部落數萬皆受直節制流劫
兩浙諸郡邑三四年間吏民死鋒鏑塡溝壑者亦且數十萬官
軍莫敢攖其鋒督閫胡宗憲懲張經之獲罪不知所措乃欲議
和以紓目前之急奏乞遣使移諭日本國王禁戢屬夷上從之
先是宗憲檄徽州府收直母妻及子繫金華府獄至是出是令
有司豐衣食潔第宅以奉而遣生員蔣洲陳可願借市舶提舉
職名充正副使往日本且命二人持重賄見王直說令滅賊保
親屬取官爵以覘其意二使至五島見直養子王滶道以諭倭

事激曰往見日本國王無益也此間有徽王島夷所宗令渠傳諭足矣明日直出見二使推髻左衽旌旗服色擬王者左右簇擁二使心動坐論鄉曲直設酒食情款方洽二使曰軍門遣僕等敬勞足下風波無恙直避席曰直海界逋臣軍門不曳尺纆牽而鞠之而遠煩詗使何也二使曰軍門以足下稱雄溟渤諸番畏服偉哉丈夫也風波隔限不能親犒敢命僕等以黃白絲綿若干為壽直忻然納二使曰軍門推心置腹援足下令妻壽母而出之獄館穀甚厚者蓋以足下材畧超世未能奮跡龍池故遂涉身鯨波亦不得已焉耳非足下本心也且足下曩歲曾扣關獻捷人孰不知其功今日能乘機改節滅賊自効則爵賞

必隆悠久富貴非但保全妻孥而已直默然乃挾二使登舟巡數小島誇示富强而還初直聞母妻為戮心甚怨欲犯金華及見二使始知家音心竊喜乃集所親信者計之謝和等曰今日之舉未可冒昧突往也當遣我至親為彼所素信者先往效力以示欲降待彼不疑然後全師繼進始可逞耳直笑曰妙筭也遂遣王滶等來投誠効力宜言王直歸順成功之後他無所望惟願進貢通市而已宗憲為直上疏于朝許之時直雖僞約歸順而徐海陳東葉麻等已擁薩摩洲倭王之弟過洋入寇矣時適舟山有零寇數百宗憲遣葉宗滿等助官軍往勦盡殄焉疏其功次犒賞三酋王滶笑曰此何足賞若吾父來當取金印如

斗大耳既而徐海陳東冦松江嘉興勢大猖獗宗憲召王激等謀之以觀其意激等初欲小試慇懃甘心助滅舟山零冦至於徐海等正其所倚以圖大事者且利直速來共遊濟乃辭曰是非吾所能須吾父來乃可耳遂留夏正童華邵岳輔王海賢在軍門自以招直捕賊為名與葉宗滿開洋去徐海陳東由峽石石抵烏鎮圍桐鄉城巡撫阮鶚在城中孤危甚急時王直又遣養子曰毛海峰者欵定海關以謝過謂海不知通好之故乃爾入冦間奉直命諭徐海徐海未允宗憲疾走人賂毛毛又遣人詣海宗憲復令諜者賫銀數萬兩賂海而說之曰足下所求不過欲多得利耳與其鏖戰而取刼掠之財孰若安閒而享所自致之貨且直與

足下囯昏蠢也直己遣子入欵朝廷赦其罪將官之矣足下不
於此時解甲歸順他日使直獨保富貴孤立將安所為也海然
具計於是遣所親入謝約罷圍去因索賂遣他倭酋宗憲許之
以銀牌綺幣厚賜來者來者德之以報海明日復遣他使來謝
宗憲厚待如初凡數復海始喜慰而陳東以海私受重賄不與
之均鞅鞅不樂是夕海果潛移巢去道崇德而西東聞海去勢
孤亦引去圍始解徐海乃屯於海鹽平湖交界曠野之處將造
舟為歸島計日遣人與宗憲索餽宗憲悉如其意與之凡銀兩
絲綿錦段與夫酒米鹽醯裁縫醫師巨細取給傳送之所餽動
以萬計舟相接於道雖佯應月餘未嘗鈌乏徐海既感宗憲待

之誠、且謂其不足憚、遂以故所戴飛魚冠及堅軍名劔來酬献、間遣其弟洪入質、於是彼此無忌、諜報宗憲、徐海麾下獨書記葉麻為長、黠而悍、進與海爭一女子、不相能、非用間急縛之則阻海歸心、且將為後患、於是遣諜賂海、說令縛麻以擅功、潛并賂麻、使不疑也、海從之、與麻共宴宗憲之使、半酣、海謂麻曰、予輩既與軍門通好、便為一家、今使者歸、予輩當釋兵遠送、以示欵洽、麻然之、命各部下俱不必從、海遂與麻同舟、復舉酒大飲、送使者至十里外、伏發執麻、葉麻出而故隸葉麻部曲皆怨、且懼矣、宗憲恐生他釁、時時遣諜持簪珥璣翠金飾遺徐海兩妓女不絕、一名翠翹、一名綠珠、侍海專寵、今兩侍女日夜說海、并縛陳東、東乃薩摩王弟帳下書記海猶豫未決宗憲出葉麻因中令其詐為書於東乞兵賊殺海其書故不以遺東陰泄之於海海得書謂東等叛已遂詐請東於薩摩王弟代署書記既得即縛之以獻葉麻與陳東相繼縛而海麾下洶洶益疑且怨矣初葉陳二部下賊雖有憾海之意而俱沾軍門之賄遂皆隱忍海恐此輩終為己患乃遣人與宗憲定計先遣己部下數十人指軍門求寶賞皆受銀牌花幣享宴而歸次遣葉陳二部下之雄者各數十人皆欣喜爭往一路酒饌猷沃之抵嘉興通事者語賊云前日來者皆去兵器空手入城以便簪花執盞爾等亦當如前賊從之官軍伏於甕城一將官先閉內城門坐城樓上令賊分四門而

入賊既入甕城而外城門隨閉通事者語賊當拜城樓上將官受賞賊下拜伏出海二人執賊一人截其拇指而囚之於是徐海自度縱歸故島必為番落之所殺附之心益固請與部下入款宗憲許之諜往定期海先期一日率倭眾數百人冑而陣平湖城外又自擁百餘人冑而入平湖城中庭謁軍門稽首稱罪宗憲與當事諸公厚犒之竟傲然出是日城中人無不魂戰色變當事諸公忿其彊皆議誅海以杜後患宗憲欲縱海生還迫於眾議不得已而從之然海眾尚千餘人屯近獨山猛鷙難即破於是令海自擇便地居之海擇沈家庄即戲與居且饋遺海如曩時既而永保峒兵俱應徵集宗憲又令陳東詐為書夜遺

兵黨言海已約官兵夾勦汝輩矣陳東黨果大驚即勒兵篡兩妓女過海所罵曰我死若俱死耳遂相猜而鬪海中猜衆大亂明日官兵四面合墻立而進風烈縱火焚之海窘甚沉河死餘酋魁斬殆盡永保兵俘兩妓女以歸二妓溺死于河於是辛五郎率餘黨遁至海島官軍邀擊獲之與葉麻等囚送都下宗憲以下各進官有差然而王直猶負固自若遣賊寇浙東諸郡流及通州楊州宗憲欲以弭誘直出巢於是委心留用直前所遣來王汝賢數人撫摩若親子及葉宗滿兄弟前同宗滿來者盡加禮遇時時對將吏言曰直非反賊顧崛強不一見我耳見我鄉曲故當有處也直聞之謂軍門誠朴可欺欲乘機見之而還得完聚親屬且

自度縱不如平日所料亦不至為失水大魚遂決策渡海首遣蔣洲次遣王激業宗滿等率驍卒千餘人且以豐洲王入貢為名先泊岑港據形勢分布要害訖直乃與謝和等慷慨登舟令衆曰俞大猷吾嘗破之列表泊岸特須謹備之軍門當直未至時已度其前有隙豫調俞大猷於金山而以總兵盧鏜代之盧鏜者舊與王激等同事舟山撫循倭夷備至直坦然不疑惟曰聚群倭礪兵刃伐木為開市計且索母妻子弟求官封宗憲列狀以聞上詔相機擒勦宗憲秘不宣夜馳至寧波城密調參將戚繼光張四維等督諸健將埋伏數匝乃以夏正等為死間諭直曰汝欲保全家屬開市求官以不降而得之乎帶甲陳兵而

稱降。又詎信汝？汝有大兵於此，即往見軍門，敢留汝耶？況死生有命，苟命當死，戰亦死，降亦死，等死耳。死戰不若死降，降且萬一有生焉。直猶持疑，宗憲則使將洲往為質，曰：「如負約，則洲命懸爾手，敢爾欺乎？」直信之。凡直意所欲，軍門輙餽遺之不吝，巨萬一如餉徐海時。直頗心喜。又其所親信王滶、葉宗滿遣來見者，軍門必降禮厚賄，笑語飲食，連床共臥，歡契無間，皆為說諭。往來相通者五旬，久益情洽。風聞諸夷謂直已歸國，無復主之之心，而叛貫素依直為淵藪者，且各散去。直計回島之難立，而納欵則猶可徼倖保全親屬，且莫敢柰我何也，乃挺身詣軍門降。宗憲委曲諭之曰：「汝既來歸，我當表奏，爵汝崇秩，但事達朝廷上意不測汝當以罪人君子獄庶九重知汝負罪引慝之誠我之為汝請者可知意而得脫者有他變汝之堅甲利兵固在我敢負汝哉乃命一指揮伴入杭州按察司獄直遂俛首受命獄中供帳備具自是日有宴夜有官伴宿雖在狴犴無縲絏之拘有費應之資直乃安之以俟恩旨其黨之在舟者亦賜遺不乏如常杭城日夜戒嚴如虎在圈王滶輩捿遲日久各無鬬志蔣洲以計先脫歸宗憲乃遣將出師抵岑港要賊黨去路繼有別島賊來援官軍奮擊敗之斬獲甚衆餘竄歸大洋有詔誅直梟其首妻子給功臣之家為奴直衆既破惟毛海峰等擁衆栖雄然勢孤無援時寇海瀆亦不甚張皇矣後毛海峰率倭夷侵

擒舟山官軍四面圍之絕其水草賊困乏官軍夾擊賊死殆盡毛海峰亦死于乱兵中自是浙中稍得寧帖云

浙東備倭議曰昔我祖宗之制防邊戍海樹設周詳郡縣之間建立衛所定海衛內轄四所外轄後所霩衢大嵩中中中左所旗軍一萬有奇歲給官軍糧餉十萬餘石此皆舊額今軍缺粮減存者止十三又置巡檢司九曰螺峰曰岑江曰岱山曰寶陀四司環置舟山俱隸寧波府曰長山曰穿山曰霞嶼曰太平曰管界俱隸定海縣莫不因山塹谷崇其垣墉陳列兵士以衛非常復於津陸要衝置為關隘曰定海關在南薰門外最為衝要舊制額設指揮一員旗軍五十名盤詰舟航以防奸細官哨戰船停泊於此今增協守民兵一十名福蒼兵船亦停泊此曰舟山關舊制額設官軍盤詰防守今撥福蒼兵船防守曰小泱港隘曰青嶼隘

月字六起

曰碶頭隘，曰錢家隘，曰梅山隘，曰慈嶼隘，曰横山隘，曰螺頭隘，曰碇齒隘，曰小沙隘，曰沈家門水寨，曰路口嶺隘，曰岱山隘，曰大展隘，凡一十有六，皆屯兵置艦以為防守具。中若定海關、舟山關、沈家門水寨、小浹港隘最為要害，自昔至今尤致嚴焉。定海烽堠一十三，後所烽堠十，霩衢烽堠六，舟山烽堠二十五，咸設旗軍以瞭望聲息，晝煙夜火，互相接應。若霩衢之三塔山、舟山之朱家尖，矗峙最高，所望獨遠，故設總臺，多撥旗軍戒嚴。尤至設總督備倭，以公侯伯領之，巡視海道，以侍郎都御史領之。洪武三十年以後總督領于都指揮，海道領于憲臬。海上諸山分為三界：横牛山在慈谿縣北大海中，與海盐縣海洋為界、馬墓、長塗、金塘、冊子、大榭、蘭秀、釵、岱山、雙嶼、塘、六横等山為上界，又灘滸山、三姑霍山、徐公、黄澤、大小衢等山為中界，花腦、求芝、絡華、彈凡、東庫、陳錢壁下等山為下界，率皆潮汐所通，倭夷貢寇必由之道也。前哲謂防陸莫先於防海，緣邊衛所置造戰船，以定、臨、觀三衛九屬所計之，五百料上定海港一隻，四百料、二百料、尖快等船一百四十有二，量船大小，分給兵杖火器，調撥旗軍駕使，而首領以指揮千百户。每值風迅，把總統領戰船分哨於沈家門，初哨以三月三日，二哨以四月中旬，三哨以五月五日，申由東南而哨，歷分水礁、石牛港、崎頭洋、孝順洋、島沙門、横山洋、雙塘、六横、雙嶼、青龍洋、乱礁洋，抵錢倉而止。海哨抵錢倉所取到單并各處海物為證。凡韭山、積固、大佛頭、花腦等處，為賊舟之所經行者可一望而盡由西北而哨歷長白馬墓龜鱉洋小春洋兩頭洞東西霍抵陽山而止哨至亦取海物為證凡大小衢灘滸山丁興馬跡東庫陳錢壁下等處為賊舟之所經行者可一望而盡由此而南通於甌越北涉於江淮皆以南北兩洋為要會而南北之哨則以舟山為根抵六月哨畢臨觀戰船則泊於岑港定海戰船則泊於黄崎港海中以六月十二日為彭祖忌颶風大作舟必預期收港避之仍用小船巡邏防守備至密也今日倭奴更不可以春汛期自三月至五月為汛期六七八月風潮險惡舟不可行九十月小陽汛期賊舟復可渡海亦有停泊海島[illegible]間而至者故令四時皆宜防海也而備禦宜益密矣皇上軫念元元震耀神武命將興師誅討不庭一舉祖宗之舊章而振飭恢弘之設總督直隸閩浙軍務大臣及巡

撫都御史以藩臬分任兵備調發橫江烏尾船二百餘艘今皆廢壞改造福請清船四百餘隻停造五百料等戰船取四民六料銀增價改造軍蒼沙民船復數百隻武官造或僱稅召募福建兩廣邳徐松潘保靖永順桑直麻遼鎮溪大庚及蒼處等兵不下十萬今川廣諸溪洞土兵悉皆免調勅鎮守總兵駐劄臨山令改劄定海劄協守副總兵駐劄金山令改劄吳松劄參將分守各府一參將并各府四參將把總統轄衛所舊制臨定觀一把總今定海專設一把總并各衛共六把總俱題請欽依復有游擊游兵之職以統水陸之兵俱奏欽依請一時任事之臣非不殫謀畫務底安壤而射虎未消烽烟未靖者蓋以城戍不足而告急者多則疲於奔命庚癸不實而資用者乏則窘於設防粮餉不時而凍餒者衆則怯於應敵土著不練而徵召

者至則艱於行法此皆用兵之大患也且倭奴入寇自彼黑水大洋舟行一二日抵天堂山復一二日渡官綠水抵陳錢壁下漸濁水海水來去三四百里溷泥而黃濁色過此水漸深而清且滷為官綠色千里之外海極深藍滷視之黝黑色海道經所載及人所見皆然因潮乘風寇無定跡甌閩渤海南北可從即其南涉韭山北由馬跡舟山則四面可登緣海則隨處可犯游兵把總等官督領兵船自春歷夏及小陽汛期於南北海洋窮搜遠探遇有賊舟即為堵截馳報內境俾為預防復於沈家門列兵船一隻以一指揮領之馬墓港列兵船一枝以一指揮領之把總駐劄舟山兼轄水陸總參標下各選練精兵三千以聽征勦近年議將總參標下陸兵更屬海道兵備訓練仍各選親兵一千隨征定海則宅聚重兵屹為巨

鎮賊或流突中界則沈家門馬墓兵船迤北截過長塗霍山洋
三姑與浙西兵船為掎角迤南截過補陀桃花青龍洋青門關
與昌國石浦兵船為掎角賊或流突上界則總兵官自烈港督
發舟師北截於七里嶼觀海叅將自臨山海洋督兵船為應援
南截於金塘大猫洋而石浦梅山港兵船為應援以故今日之
海防會哨分哨于外海者為第一重出沈家門馬墓之師為第
二重總兵督發兵船為第三重巨艦雲屯倭夷之舟航弗預也
火器颷發倭夷之短兵弗預也以我之衆制彼之寡以我之長
技攻彼所不足折蛇豕之勢而免內地震驚之虞斯策之上者
也萬一踈虞而賊得登陸由拙泥烏山鳴鶴場古窑松浦兵家

洋官莊諸路可犯慈谿與定海之西北境以達于郡城則向頭觀海龍山管界之備不可以不嚴而丘洋金嶼慈谿新城石牆之築寨所以扼其衝由小浹港穿山崑亭康頭尖嵜諸路可犯鄞界與定海之東南境以達於郡城則小浹口置列兵船海道兵憲譚綸總兵盧鏜建議於港口置鉄發貢重五千斤者一座調發兵船防守定海添設民八槳船一十隻汛期則巡邏哨探汛畢則容其樵採近境與後所霩衢大嵩甬東太平諸處之備不可以不嚴而慈嶴蛤嶼石墻之築寨所以扼其衝由大浹口直走郡城則西渡東津桃花梅墟之備不可以不嚴而關口水陸之兵與招寶山威遠城之築寨所以扼其衝蓋我尺寸之地皆係金湯得人而守則其險在我防或少懈則反以資敵若舟山故定海治

也四面環海其中為里者四為嶼者八十三五轂之饒魚塩之利可以食數萬之衆不待取給於外初以承平無事止設二所守之軍卒止二千有奇而歲久逃亡且大半矣重以城垣低薄不足為固萬一夷且生心據以為穴則險阻在彼非有勁兵良將卒未易以驅除而彼方挾其利便四出攻剽則濱海郡縣容得安枕而卧乎此今日之所當首以為憂蓋不止如雙嶼烈港之為賊窟而已也夫海防莫急於舟師今計定臨觀昌各港官民船可二百艘仍增造福蒼沙船五十隻復有八槳漁網等船舊例官船料價六分則徵於里甲四分則扣於軍儲以充造作三年則輕修六年則重修九年則折造其價仍扣於月粮變賣

於釘板而給公帑以佐之今之造舟給直又數倍於昔矣昔之出海旗軍食粮八斗（内将三斗安家五年隨行）今之給餉水兵者又數倍於昔矣公私安得不困哉且昔日之水軍固皆尺籍之編伍未始徵兵於外也與其募閩人以充水兵孰若首召募而兼用土著使久而習其揚帆捩舵之法戰攻衝擊之技宜無不便況吾緣海之民流亡内地投充水兵以百千計歸而用之又奚不可哉然滄溟萬里茫蕩無涯潮汐風勢之逆順帆檣人力之遲速把截港汊要害之處曠闊亦不下數十百里非若潼關劍閣可一夫扼險而守者寇已登突而為之備計亦晚矣即今定海衛所軍兵之外復有總兵標下之兵以戰以守足備緩急若霸衢大嵩穿

山龍山營界形勢單薄兵力寡鮮宜各增置陸兵勢相掎角而於鎮兵所屯相機調遣巡司鄉團俾聯絡策應若每山則水陸缺防抑不容緩矣海道兵憲劉應箕採兵六百戍守霩衢蓋為是也議者曰國初緣海之兵自足以周備禦之周而而乃謂不足何也蓋衛所之軍兵正存空籍竄漏裁革者過半倉庾之儲蓄止存空額那移逋負者不貲而復以羨餘歸計部此皆非訏謨之善者也（延年衛所軍兵隻身資婿義子悉皆革罷止准見在事伍者派撥糧餉皆指為羨餘解輸戶部以充別用故軍日耗而糧日寡）今欲圖安攘久遠之策無他舉祖宗之成憲而行之爾奏復原額錢糧盡充養兵募兵之費不得復以那減充羨餘盡（禁）止逋負之奸（奸）不得以國賦潤豪猾如又不足不得已而加

賦於民當不至如今日之甚矣仍嚴行清勾之法移查原籍有無丁壯可補者補之如原籍亡絕即於衛所簡其見在壯丁補足行伍贅壻義子年力強壯俱准收充不必執空籍以糜歲月（今巡撫趙炳然奉准舉行補足全伍官軍）其犯罪充軍者嚴為解發使明隸尺籍遵照近年本兵題准事例不得有所脫漏又不足則召募土著之人膂力精強者程能試補仍復其身而給之食立以程限壯年為兵力衰而罷不苦之以終身不陷之以永久則人皆鼓舞樂於為兵軍無缺額粮不虛縻必無不任戰之民死於無罪者矣議者曰主兵不足則客兵不得不用夫環海之變故無常東南之財賦者有限以有限之財賦募無已之客兵以防無常之變

故此豈異於割股以啗犬豕者也況其貪殘之性不減於倭奴使久居内地閑熟道路習知土風必有不戰自焚之禍昔元末苗帥楊完之流毒於嘉禾邇歲閩廣之兵屢叛而從寇並可鑒矣此言補足行伍兼用土著可以省召募客兵議者又曰山海有自然之利捐之民而田可甦故屯大樹之田可以固穿山之守而耕牧金塘足裨内地之粮餉然其地極廣袤物產無窮賊屢過而不問者以其中未有可欲也既田之則有可欲也矣能保其不擾乎苟無重兵以守是委以與敵也而可為之乎此言大樹金塘斷不可田議者又曰今之水戰止能邀擊去賊而已未能過來者之鋒夫來賊銳而去賊惰擊惰易而攻銳難人情所皆知也然擊來賊者譬之撲火於

方燃之始大滅則棟宇可以無虞擊去賊者譬之收燎於既燼之後此其利害則有間矣自海上下師擊來賊者僅一二見戊午叅將張四維擒朱家尖寇總兵盧鏜殲三誅之寇已而邀去賊者亦不過文其縱賊不追之罪耳今若以擊來賊之賞而優於追去賊之賞以縱來賊之誅而嚴於縱去賊之誅更得當事者同心僇力急如救焚則邊鄙又何不寧耶此言水戰以來賊為奇功擊議者又曰我兵陸戰每退怯而鮮成功夫倭奴常敗於水而得志於陸者非其勇怯有殊也交兵海上吾特以戰艦之高大帆檣之便利與火器之多取勝耳總兵俞大猷嘗議賊或製舟與吾巨舟等則未易取勝故防海尤急于防陸總兵盧鏜攻破雙嶼得蕃寇鳥觜銃與藥方其傳遂廣彼登陸即沈船破釜所以一其志也環龜自守者專其力

也顧能用兵飽以饑我逸以勞我伏以伺我佯北以誘我狡猾深入之窮寇與吾柔脆之兵相角逐勝負之數可坐而策也誠能察彼己之情即以具勝我者而勝彼握符馭衆者復以威克厥愛行之寧不足以殄滅兇頑耶此言陸戰當以謀勇兼全取勝議者又曰定海緣邊舊通番船宜准閩廣事例開市抽稅則邊儲可足而外患可弭殊不知彼狡者倭非南海諸蕃惜身重命保貨之可比防嚴禁密猶懼不測而況可啓之乎況其挾貲求利者非脯肝飲血之徒捐性命犯鋒鏑者必其素無賴籍者也豈以我之市不市為彼之寇不寇哉殷鑒不遠往事足徵當商船未至而絕之為易貿易既通一或不得其所復將窮兇以逞此時何以禦

之耶況彼之冦還者動以千萬計果能一一而與之市乎內地之商聞風膽落果能驅之而使與之為市乎既以市招之而不與市則將何詞以罷遣之耶市以百至兵以千備市以千至兵以萬備猶恐不足以折其奸謀令我財力果足以辦此乎且市非計日限月之可期也彼之求市無已則我之備禦亦無已果能已兵而不散乎此皆利害之較然者也乃謂可以足邊儲而弭外患不已大繆耶（此言不可通）番舶議者又曰倭奴悔禍或揚帆稱貢而至又將何以處之昔楊文懿公守陳嘗着郤（却）貢之說謂其受貢亦侵不受貢亦侵今倭奴已為讐敵乃於構隙之餘復敢懷其狙詐狼貪之心而欲售其譎計（其）罪不勝誅矣況可與之通

乎且前此入寇之少以通番下海勾引嚮道者少也今茲入寇之多以通番下海勾引嚮道者多也不嚴禁姦之令而欲開非時入貢之門是止沸而益之薪也況倭王微弱號令已不行於國中即使通貢果能禁諸島之寇掠乎且當年貢使止數百計而往歲寇邊之賊動以千萬計豈寇邊之賊皆欲貢而不得貢者乎謂宜頒降詔旨申命海道帥臣益嚴守備貢則卻而驅之出境寇則草薙而禽獮之則彼姦謀狡畫破沮不行矣如其引愆伏罪重譯效款必欲率賓同於諸蕃以自納於覆載之中則必質其信使堅其誓約諭令禁戢各島不復犯邊期以數年為斷若果能恭命不渝而後如先朝舊例復許之貢此則義之所

以為盡仁之所以為至也是故明徵定保君子監成憲而行之修治垣隍慎同封守一策也編立保甲内寓卒伍一策也譏察非常嚴禁闌出一策也綏拊瘡痍固我根本一策也此皆所以治内也修復墩堡嚴明烽堠一策也繕治器械精理戰船一策也出哨會哨悉遵舊規一策也據險守要聯絡響應一策也此皆所以治外也至於練主兵而免調募之擾足財用而資軍興之需聚芻糧而給餉以時嚴賞罰而功罪不掩設畫樹防出奇應變為吾之不可勝以待敵之可勝則在中外任事之臣加之意而已然昔人有云其備不在邊境而在朝廷故曰無怠無荒四夷來王又曰惟德動天無遠弗屆今明主方隆唐虞之德崇

于羽之舞又何必規規責効于甲兵之末乎
直既就戮海賊徐惟學等據島分衆往來于福建省界蜂屯豨逐
連破縣城　三十八年二月倭奴寇犯饒平流入漳州等處督閫范
欽遣都指揮孫敖會兩廣兵進剿親率狼兵及千戶張春等二次
斬級七十七顆生擒九名奪回被虜官民人口一百八十餘名牛
馬二百二十餘頭四陸續官兵又獲直倭賊一名林居鳳奸細余
超張大陳元受接賊犯人楊二及賊馬吳綵紬絹等件百戶趙孟
李鎮撫楊德於石牌地方斬獲倭賊首級十顆曲史萬邦邑奪回
被虜一人畜衣一件　四十二年復破興化府城都御史譚綸與
參將戚繼光率師救援賊走敗之續遁入廣東界

野記曰嵗癸亥倭賊圍興化城相持數月殺掠無筭賊偵近郊塚墓為鄉宦冨室者則發其棺舁至城下而俾之贖否則屠屍而焚焉城中米價倍湧無所得至於薪水俱竭軍民疲困殆極矣叅將劉顯駐兵江口應援不敢進兵備副使翁時器新至任適鄉宦陳應時建策謂城上刀斗喧噪賊視為常今令夜不舉號鳴柝息燈靜坐至三更四門各擧銃飛擊賊巢若欲往劫之者使其自相鬬殺我軍繼之可以取勝時器從之適顯使健卒八人間道以公文會時器其服俱以天兵二字為號倭賊得而殺之乃相與定謀選黠賊八人各服其服時公文叩城城中遂挽而上或有言健卒不類須察而防之時器不聽諸賊因得遍觀

街巷出入樓櫓登降之處時器下令守城者入夜輒靜譁則有罰時衆久患憊是夕相與寐熟舉城寂然賊探至城下試呼官軍無一應者乃罵曰城中人豈俱死耶八點賊乃放火舉號賊皆掩至長梯蟻附而上亂殺守卒開城門擁入縱焚廬舍而時器猶未之知也衆亂時器從東門引下逃脫賊分守城門吏民無得出者時賊半為漳州土人凡有名士大夫及巨室悉素知之拘繫一大寺中命以金帛贖身各限以數不如數者腰斬鋸解之蒲多縉紳有四五世科第相承者古今典籍比屋連巷至是俱罹鋒燹為斯文之烈禍賊搜掠編户靡有孑遺屯城月餘粮食盡蹙城外亦蕭然無可剽掠者賊不能住又慮援兵將集去

化平海衛為巢都憲譚綸與叅將戚繼光兵四千聲言三萬俱義烏人素練習知兵法而繼光又善鼓舞俱敢向前死戰者繼先初至惟言我兵遠來困疲須養月餘乃可用也因出稾資命造紙甲既完猶言未可用賊探知之守稍懈一夕夜半忽傳令造飯畢自率兵居中俞大猷為左劉顯為右啣枚疾走天明遍賊巢賊不意猝至皆棄巢走官軍掩殺呼聲動地斬賊數千餘逃奔至廣東界初有庠生張某者十年前夜夢一鐵甲人告之云我是天兵放火殺人歷午未至酉辛滅皇紀破土城牛女之分號令分明重熙會見太平醒而記其半至夜復夢如前乃記全文常與衆語不知此為何兆至是八賊果以天兵服色倡難

進城以午未日出城以辛酉日譚號二華戚名繼光並合重熙之義二公紀律嚴整士各用命又俱江西人分野屬牛女於前夢語無不驗者則生靈禍福冥冥定數信不可逃者也自是閣中恃譚戚為長城而賊迄今蔓延抄掠各邑未獲安堵繼先父某亦為總兵先在山東魯橋與賣卜者鍾八交好甚密鍾授繼先父以兵書且教其用法相別去繼先父有事至京旅次一日鍾復來訪時繼先母方妊父年三十一未有子因問妻就館所得是男是女鍾曰女也若欲男須戊子年九月朔亥時生乃汝子耳可名之曰鍾祥壽他日以勳名昌汝家也繼先父笑而頷之是後鍾每至不由户入從空而下去則復從空而上倏然不

見繼光父知非人盡誠祈叩之鍾乃吐實謂我狐仙也自此不
復再見繼光父抵家果產女復母復妊至戊子年閏九月父意
其言默禱俟驗迨朔日亥分忽見鍾閃入卧内舉子即繼光也
小字鍾祥壽既長父授以兵法頴悟若素習負膽氣饒智畧有
古良將之風御卒雖嚴恩養備至井若與共結其死心教以戰
法賊敗不許取首級惟以鏖戰為功臨敵却顧者始犯則截其
耳再犯則梟首偏裨以下不少貸所獲賊輜重俱將士分毫無
所私故戰無不勝者心法紀畧兵間鑿鑿皆可行云
四
四十三年三月倭賊由潮之烏石流突減水都神山溝地方約
三
三千餘人都閫范欽會同兩廣軍門吳桂芳恭順侯吳繼爵督兵

進剿三月二十六日總兵俞大猷移營五鼓發兵以福兵并王詔門崇父二叅將下兵分三大枝而進午時逼賊寨賊率精鋭出寨擺定分兵來衝福兵首與相持半項未决俞大猷督後急遣人斬哨長首級二顆徧行宣示於福兵福兵奮勇先登王門二叅將狼兵繼之吶喊直奔賊中大戰良久一鼓破之或奔入寨或奔入山各兵分投追賊殺殺六百有奇恐寨中埋伏用火箭銃炮四圍焚燒死一千餘人是役倭賊大率死於鋒鏑灰燼將及二千奪出被虜者逾數百人已而敗衄遁走搶船出海忽風雷大作俱溺無免者

廣東海倭論曰海寇有三路設巡海備倭官軍以守之春末夏初風迅之時督發兵船出海防禦中路至東莞縣南頭城出佛

十四起

壹門十字門冷水角諸海澳東路惠潮一帶自柘林澳出海則東至倭奴國故尤為瀕海要害西路高雷廉海面惟廉州境接近安南為重地焉夫倭當朝鮮之下流山巒巉屼而環以大海又地東南之仁氣至此而盡性譎且兇狙詐狼貪風土使之然也歷齊魯東淮浙泉漳而後至於潮雙桅出沒東洋如履平地久矣其為海壖患也弘治以前無通蕃者故亦無海寇之擾正德初始漸有之宋素卿宗設之犯鄞圍城劫庫放火殺人非無人而至前也吾廣玩愒防備失策漳舶過糶而巡哨私通是以蝗蝻逞威肆其暴竊一聞風鶴懼喙霄奔豈非浙閩剥床災近者耶然波濤洶湧千里吞吐而我之步騎弗與木筏輕舠浮沉

噫

聚散出設若鬼而我之巨艑弗與彼若焚舟登陸拚死而鬬又有交通接濟為之助焉浙究其在閩潮矣是故杜寇之來莫若嚴於自治禁豪勢交通之私斷小民接濟之路沿海居民互相保伍昭王度示國信俾其革心感我綏來計之上也師有潛伏謀在察微勢有窒礙謀在攻堅以不可勝而待勝計之中也若夫立鈎距作沈命草薙而禽獮之計之下也噫用其上寇亦民矣用其中寇自寇矣用其下則民亦寇矣司海道者請三思之

方倭之寇浙趙文華以工部尚書賜玉帶出督察胡宗憲後亦論功加兵部尚書有玉帶之賜既文華還朝得罪罷職時寇既平朝議宗憲文華及巡撫阮鶚費用不節軍餉多弊上命給事中羅嘉

賓御史龐尚鵬同往查軍門及督察用過各省錢粮數目文華冐破十五二萬阮鶚六萬宗憲亦不下十萬疏論其侵盗時宗憲猶在浙曲為彌縫上疏辨明鶚去官文華已故皆坐贓追併後南科給事中陸鳳儀疏劾宗憲不法事上詔逮至京尋原具罷免歸皆輔臣嚴嵩之力也遂以都御史趙炳然代宗憲除總督福直御上巡撫兩浙兼理軍務炳然舊為浙巡按見宗憲靡濫之弊務崇安養民得息肩矣然浙之嘉湖與直之江南諸郡固澤國也縣多無城府雖有城而弛斥不堪禦寇況承平日久驟加倭警非惟鄉民奔竄不自保凡城中居民亦無固志於是各處縣邑俱創新城而府城之圮壞者皆議增高培厚嘉興為浙西直南倭寇必經之地尤

為要害知府侯東萊請於當道重修其城屹然為東南巨鎮焉

行人嚴從簡東南巨鎮賦序曰維昔南仲城彼朔方玁狁於襄詩人賦之而周宣中興之美南仲良翰之績炯炯若在當時而親覩其盛也嘉興為浙大郡予之故里擾於倭夷民遭荼毒視玁狁蓋有加焉而城守之議累歲弗定偷豫目前不為遠慮能免層積之虞也幾矣維時監司郡守卻顧而起規畫既定百堵具興丙月迄事不失尋丈可以制治保邦使海醜望而畏聞而遁如玁狁不再肆於朔方也予奉使江藩便道歸省適觀厥成嘉其保障之有藉而民風可採以上獻也敢繹詩人之緒比辭摛藻以紀一時咨諏之所得云豈敢自謂登高能賦也歟哉賦

曰奥惟名郡瑞産嘉禾治分七邑道達四塗星麗斗女之纏險
環海若之都虎右踞而望越龍在盤而控吳塞以秦山枕以太
湖雄一方之形勝冠兩浙之輿圖民生其間兮既庶而康百年
化洽兮守法而臧士詩書兮農稻粮外弦誦兮内組裳怯於見
長吏兮重於去故鄉非有推埋睚眦之豪兮亦無探丸鳴桴之
強習太平之嬉遊兮曾不識夫金鎗雖外户之不閉兮誰念及
夫城隍頹垣兮斷塹破櫓兮圯梁荆棘兮叢生鼪鼯兮嘷藏合
上下兮恬熙忘儆戒兮苞桑夫何昊穹降割歲癸不仁妖蜃棹
尾以生狼狂鯢鼓鬣以揚氛驀倭奴之市艦泊武原之海濱曾
無幾人而登岸可以一計而成擒豈柰我軍之烏合輕嘗彼賊

之狼腥始轉戰於鹽縣既敗北於竹林嗣是恐知無備大集四
侵或由姑蘇或由柘村或由沙川或由石墩指郡地以為囊橐
遂直擣以薄孤城烽焰攸起玉石俱焚烏驚星散鬼哭天昏此
在郊野之慘毒熟與城居之酸辛驅孱弱以荷戈分堡堞以守
援流矢進插於內舍飛丸直貫於周壘荒垣可以立碎眉壁可
以潛禦遑遑晝夜額額如年時有訛言之卒發恒致潰竄之莫
前遊魚於釜笠獸於柵或掩泣以待戮或乘隙以出遷蓋危於
幾先而猶賊免於摧殘
壘卵者凡僥倖於一擲非可恃於天不好殺賊飽而還乃僥倖
於一擲非可恃於万全時則元戎懲其禍御史恤其危諸司讀
其猷士民條其規咸謂諸郡之要害獨惜慈城之敝頹宜素宜

補宜擴宜培雖衆議之僉同惟當事之睽違靳小費而昧弘謩計目前而忽遠程譬諸富人巨室門扃木碰未免犬味夜起主人不寧矧溟濤之巨測能安枕以無驚事如有待以迄於今既天時民志之協吉正一勞求逸之當興迺請迺任迺相迺視迺咨迺諏迺營締圭測既定大功斯起不聞徵召工雲集矣不聞採鑿石山礨矣不聞斬木楨森列矣不聞破壞土層乇矣不聞戒儲餉日盈矣不聞會飲費時給矣不聞督責畚插騰矣不聞令委官司效矣不聞致期雉堞整矣詔爾勿亟衆子來矣倏爾亟月事告竣矣畀者是崇傾者完矣狹者是闢薄者厚矣豈神輸而鬼運寳經畫之中理不勞民而傷財竟大工之畢舉由是

國有維翰民有攸護奸可防潦可杜戰可勝守可固聿制治於未乱信折衝於樽俎建一方之巨鎮樹東南之強輔噫嘻人知新城之為美邑若舊業之安堵則所以感時追盛而扶植其基本者尤宜先務也故觀於其市則百工居肆行旅出途商賈輻輳弦管謳歌作息不禁襦袴且多昔之恬利斯城者今果不耗其資乎觀於其士則從容庠序帝典王謨濟濟鶬鶬樸棫菁莪桃李蓁植於公門奎璧聯耀於黌盧昔之黼黻斯城者今果不畏具美乎觀其屬邑則鹽膏展武澤潤當湖魏塘仁洽崇桐義摩嘉秀風淳無事鞭蒲昔之拱翼斯城者今果不至於離析乎觀於田野則三農奮力百穀盈阿穰穰千倉稅無負逋雞豚糗

酹喜饜妻拏昔之充溢斯城者今果不至於曆之乎觀於武備則犀草七屬膠兮兮五和危樓巨櫓長矛短戈壺檯鏦鏦清角烏烏肆皇靈之昭赫將妖沴之潛磨昔之壯固斯城者今果不至弛乍乎何以使人民之咸賴何以使德政之弘敷何以復承平之善治何以起康衢之謠歌蓋既不忽乎地利自當究意於人和吾時登城之南堡兮俯鴛湖之在袖為檇李之巨浸兮迺鍾靈而毓秀菱蒲魚鱉之繁殖植兮叔米船艫之雜驟忽薰風之可迎兮信慍解而財阜且危亭之當面兮煙雨霏霏以交溜思撫景以布憲兮保治安之長久吾時登城之西譙兮眄雄藩於武林龍飛鳳舞之為勝兮錢碑宋殿之何尋三秩桂子兮十里

荷芬君臣宴逸兮社稷兮崩嗟往事之可鑒兮柰奢麗之猶存茲風土之相接兮矧習俗之移人矯枉歸正兮戒彼荒淫思明德弘勳之努力兮嬈吳山越嶺以嶙峋吾時登城之東堞兮望溟渤之洋洋彼旭日之飛升兮噓下土以太陽瞰金烏之門鑠兮消氛祲之毫芒鯨鯢遠遁兮魑魅潛藏海宇澄清兮戎隸來王思內順以外威兮是用惕夫蠻方吾時登城之先北樓兮瞻縹緲之五雲唯仁聖之端居兮司黜幽而陟明矧醜倭之跳梁兮每廑慮以焦神睠賢能之輸垣兮奏治最於彤廷什南顧之殷憂兮當殊擢以示旌思實大以聲宏兮膺天龍之惟殷環顧重城之四表願言駿惠之旁流匪直茲郡之受福亦卜鳳曆之

筆悠耶綴翰以紀盛侯彤管以羅搜比纖綂之于襄庶南仲之作求乱曰惟城之高于層霄兮皇猷軒朗亦竣極兮惟城之厚盤下土兮聖化汪濊亦何垠兮鬼神呵護禁不祥兮海不揚波刀斗靜兮群黎百姓寧幹止兮騑騑四牡觀厥成兮採採民風獻儆戒兮佐天子於有道俾四夷以為守兮按别書載杭州指揮陳善道舉武進士多謀畧癸丑四月流倭百餘犯赭山赭乃杭海關隘也善道率民兵三百徒走七十里遇賊手射殺六人梟首一級賊大驚進迫之民兵皆烏合之衆一時瓦解善道獨戰于淳鹵中鞾滑蹶仆遂被洞脇而絕壯士潘賓王賁赴鬭俱死奏聞勅建祠祭如典祠在杭西湖之上又歐陽深南安人以

大學生例授衛指揮倭犯泉州逼城而陣深督藥弩手射郄之復逼同安城深率弩兵破賊追出掌溪而還壬戌中丞遊震得檄授兵深會賊發塚質贖且及深先塋深緝知賊可夜劫潛師冒雨破賊于洋頭山賊復屯八尺嶺謀絕郡城餉道深率師擒斬其酋連拔七砦餉道以通兵威大振招降數萬人復執江一峯李五觀等戮之於市奏績上嘉其功欽授都指揮僉事專職泉漳地方永春賊酋呂尚等皆窘乞降是年冬倭奴陷興化郡城時倭新至銳甚遊中丞檄深進兵復城乃進屯瀨溪時兵僅千餘人耳與賊對壘賊數夜劫以營堅輒不利而去由是不得南下無何棄城遁保崎頭堡深入城視府庫撫餘民越日移劄東胥

逼賊巢十五里賊日以數十騎挑戰深堅壁以伺其便月餘援
且至賊聞悉衆來攻乃身率親兵迎戰數合勝之至晚賊四合
來攻我兵寡疲深以死自誓身被二鎗猶手刃二賊力戰不支
遂被殺裨將薛天申周岳鎮及麾下數人同赴敵死之深死不
旬日援兵至遂滅賊中丞以聞賜立祠祭給棺殮贈蔭子孫世
襲指揮僉事又王德字汝脩温州人少英異有大志舉丁酉鄉
試戊戌進士庚子授東昌推官嘗署高塘民病汲開北門便之
鑿土得石石文有曰北門開王德來人以為神後葉廣東兵備
僉事東歸丙辰倭擾入温官府熟視不知計德主族議練鄉兵
待之倭度南溪入蒲洲殲之於上金斬首十有六擒十四人拔

其脇膚虜八十人還之鄉明年復殲于梅頭斬七首自是倭畏袁永嘉塲不敢犯永嘉塲王子之所居也戊午四月倭蒐酋數千方圍樂清兵備袁祖庚來告急遂移袁寧村以便策應其四日叅將張鏜欽來附是時倭圍郡甚急袁請援以鏜欽並進德許之凌晨簡輕銳從間道往日晏伏起全罣遂遇害當變作時手猶射殺數人張欽兵相視甚邇無一捄者總督胡宗憲上于朝詔贈大僕寺少卿立祠郡城麐子世襲百户嗚呼當王子為兵科為兵憲以兵死死職也今死溫何哉觀此二傳則當時死事于倭者多不能悉而倭之展轉地方亦因可見故附記之

自王直倡亂被禍莫甚于浙江次而福建次則廣東三鎮大臣自

當協心同力肘臂相應浙江巡撫趙炳然上浙江邊防事宜八事疏畧曰臣惟成可大之業者固在於用人立可久之規者尤在於以法蓋有人非法無據有法非人不行以人行法事之所以永濟也臣竊見東南自有倭奴犯十年於茲矣禍始於浙之東西後延於江之南北仰荷皇上徵兵命將議餉出賞神畧斷自淵衷玄威震諸海表以致醜逆就殄兩江已寧雖浙江時有發作臣防禦是慎惟福建去歲寇變非常而浙境實相唇齒也蓋此出入彼海之港口皆通避實擊虛賊之姦謀臣測法曰勿恃其不來而恃吾有以待之正今日之急務也臣自抵任以來咨詢既竭寢食靡遑恐無以仰副皇上任使之重除汰冗兵減靡費見議題請外謹將防

海事宜條為八事上請聖明採擇焉此皆眾口之常談諸臣之屢疏與本兵節有議行者但人情玩於故常而功效沮於虛應終成畫餅未見數功此臣之所大懼也不敢不有言也伏望皇上勅下兵部再加查議如果可行懇惟申飭令臣督責司道將領軍衛有司文武等官著實舉行有不用命者聽臣參劾此可以奏目前之安而為有備之策亦一策也若夫求安攘之大計立永久之弘規則揀任守令而責以民兵保甲之法整頓衛所而責以軍兵戰守之宜敬脩祖宗内而沿海鱗次之兵外而出洋戰船之制江之南北浙與閩廣各選一大將以統其權擇數偏裨以專其地隱然常山之蛇勢仍行各省撫按等官因邊以計兵因兵以計食允矣戰

守之鴻圖先治已而後勝人急内安而求外順伏惟上神明下之
兵部再加酌量擇議而行天下幸甚東南幸甚臣愚幸甚一曰定
兵額臣惟將貴專謀兵尚服習欲觀號令之有紀必須綱紀之素
明浙江之兵原係募用土人並非衛所尺籍所用頭目或名把總
或名千總或名哨官隊長所部各兵或六七百名或四五百名或
一二三百名把總不必同於千總千總不必多於哨官權齋心異
似無統臣督同三司各道及總叅等官會議兵額除水兵團船之
大小布港之衝僻祇應出哨按伏打截不在營伍之例外其餘陸
兵做古什伍之制五人為伍二伍為什外立什長一名三什為隊
外立隊長一名三隊為哨外立哨官一員五哨為總外立把總一

員五總為營俱屬主將一員與高標旗纛哨探健步書醫家丁等役俱統領之舉一營而各營無不同也舉一總一哨一隊而各總哨隊無弗同也非但虛數難容錢粮有紀如是而以上臨下以卑承尊名分定而號令行心力齊而氣勢壯居常則合營操練遇警則分布戰守庶幾乎心之使臂臂之使指之意矣二曰振軍伍臣惟民出賦以養軍軍出力以衛民今之軍皆食民者也然寇變之來不惟不能衛民每借民以為城守之助是養軍者民也保軍者又民也禦賊者民也保民者又民也積弊已久殊失設軍之意矣臣督行二司清軍及都司操捕等官通將所屬衛所選委廉幹府佐官員親詣吊查卷冊備將實在軍丁除包運外不分正餘請出

挑選正軍老弱者就以本户壯丁頂替逃亡逸絶户者即撥隣近餘丁抵補編成行伍造冊在官仍選任智謀掌印操捕等官加意撫恤不時操練一面將各逃軍行原籍勾解月糧行所司追給至於買閑占役差遣跟官等弊通行嚴革目前雖未敢遽謂可用而從此練成與招募客兵表裏戰守則主兵日充主威日振將來客兵可以漸減三年之艾及今蓄之尤之可也衛所不有所賴耶三曰練民兵臣惟為民壯弓兵之設本為防捕盜賊盤詰奸細而無單州縣尤籍以備禦者也近雖半追工食以資募兵之餉然存留者不少各該官司或以之跟用役使或以迎送勾攝至於編徭聽憑棍徒包當曾無選練實用徒為衙門市棍淵藪矣茲者盜賊横生

不止外寇合將民壯弓兵務選勇健應役責成該掌印巡捕等官以時操練習熟武藝遇警協助軍兵並力戰守有功之日各該官司並行獎勸各役重加犒賞如有縱盜殃民通行懲戒及不許有跟官役使勾攝（攝）迎送市棍包當等弊果能練成非但擒捕盜賊即便大寇突來而捍禦有俱（具）一役之練一役之利也郡邑不有所賴耶四曰立保甲臣惟浙江地方在邊海則有倭寇在內地則有盜賊在河港則有塩徒在山僻則有礦徒中間外作嚮導姦細內為接濟窩家往往有之若非申嚴保甲之法以謹譏察以相救援恐無以弭盜而塞源耳合行守巡兵海等道通查各府州縣城市鄉村每十家編為一甲選一甲長每十甲編為一保選一保長平居

則令互相識察不許出外非為及容留歹人併有窩隱不舉者一家犯罪九家連坐甲長犯罪保長連坐仍令各甲置辦隨便器械一家有警甲長鳴鑼九家齊應如賊勢重大保長鳴鑼九甲齊應一保鳴鑼各保齊應有不出救應者許被盜之家告官或訪出通行治罪其山海之間大族巨姓自相連合力能拒盜寇各保身家者仍立族長平居有警亦照保甲之法有功者各與官兵同賞不救者亦與失事同罰俱不許令其出官打卯送迎勾追勞費等事如此非但足以識察內姦亦可以防禦外盜一方之行一方之利也村落不有所賴耶五曰明職掌臣惟浙江一省設六把總以分領水兵四參將以分領陸兵又設一總兵以兼統水陸練兵防禦各

有專責曩因海洋有警總叅等官統駕兵船下海恐難分兵應陸即以陸兵付諸海兵各道管理固一時權宜之處也然各道之在地方勢權為重而選練譏察與夫錢粮尤為至要事固不可不假於各道耳臣恐遇警之時衝鋒破敵又將官之事各有定分也今後總叅官員各照原分信地用心防守各道則選兵犒獎調度錢椆粮外其居常將官操練該道閱視遇敵將官攻剿該道監督不俱水陸悉照遵行其臨敵功罪則以將官為重平時修舉則以該道為重使文武共濟不得互諉及照省城防守管操都司等官於水利道設兵一營一例而行庶職掌分明而常變有託戎務賴以振揚矣六曰分統轄臣惟任將所以專事分地所以責成責在隨宜

而酌處之耳今原設鎮守總兵官一員住劄於浙江定海以統浙直水兵協守副總兵一員住劄於直隸金山以統浙直陸兵平時責任雖有水陸之分臨敵征剿則無水陸之限南北並峙控扼海防俱任兼浙直處亦善矣但此總督節制時事也今總督已奉明旨革去則浙直為二鎮矣臣以巡撫浙江是金山副總兵不得用之於陸而巡撫直隸者於定海總兵不得用之於海矣況浙直遼隔水陸艱劇若使照前均統而兼任之恐有不便伏望皇上勅下該部議擬合無將總兵副總兵官各照信地在定海者止屬浙江在金山者止屬直隸各總理水陸兵務如浙直鄰界水陸有警亦照巡撫事例俱有互相策應勿分彼此如有推諉觀望者聽臣等

與該巡按御史參究庶乎事有專責兵有專統既不失共濟之意又不可免牽制之虞矣七曰嚴哨應臣惟浙江海防分布水陸兵已有定矣然哨探者三軍之耳目而策應者一身之手足也但各該將領官員平時而不先哨報遇警而不相策應誠恐外寇突來何以猝應合行令海兵等道監督參總等官務要陸兵守險水兵出洋嚴行哨探互相傳報必使水兵在洋遇賊邀擊不令近岸縱有近岸陸兵堵截不令輒登即若登犯并力夾擊不令流突又或奔遯下海水兵仍行截殺不得搶船脫去如追餓犬不令休暇以收一鼓成擒之功斯易為力此水陸戰守之大機也若或賊登岸而水兵不知賊燒劫而陸兵纔覺以致賊合勢甚用我嚮導得我地形

而又逞彼技勇滅益難矣是哨探之不明傳報之不速防剿之不力策應之不前罪將何辭失事官兵先究處治將領嚴行叅究八曰公賞罰臣惟賞以當功則人以勸罰以當罪則人以懲古今之通道也東南自倭患以來刑賞之間屢經諸臣之所建白本兵之所議覆賞中五等罰重臨陣可謂明且備矣臣尤有說者蓋運籌決勝主將之能也衝鋒破敵偏裨之任也今之將領退縮逗遛厥罰獨重矣而戰勝攻取厥賞可不獨優也耶其在督撫諸臣會計兵粮預謀戰守責固惟均而率三軍蹈白刃履危冒險所不與也以此較彼分自有間而功罪自不能以相同夫惟不同則公論能明而趨避莫售矣今之論賞督撫與主帥同是故有希功而揑報

者矣今之議罰督撫與主帥同是故有掩罪而同者矣又或功成
於部下而主帥不以明罪始於頭領而主帥不能正皆非利害相
關而指臂與心氣之所以不貫也今後如有僨事敗軍將領之責
視文臣固專而論功錄勞文臣之賞視將領貴薄其在部下尤當
賞不遺賤罰必自始庶法典至明而至當人心可勸而可懲宋臣
鶴飛曰文官不要錢武官不怕死天下太平矣此言最核蓋各有
分也疏上下本兵議尚書楊博題謂臣博總督宣大之時已嘗具
題本部覆奉欽依查與本官所奏更為詳密南北事體大畧相同
合無備行本官以後遇有斬獲之功則以親臨戰陣為主首級總
兵之功督撫止於加賞如偏裨有功總兵不在戰陣亦止議賞本

兵與巡按御史通不許論功失事有罪亦以將領為首其部下之
人但有功級俱當從重論敘不宜輕遺微賤以失士心上悉嘉納
詔江北江南浙江及福建廣東等處一體遵行然倭亂已十餘年
皆中國奸黨勾引指使其國王源氏初不之知也督府曩常遣使
即陳可願蔣洲移文國王令其禁戢屬島國王勢弱號令不行各島俱無
受命者焉

按鄭端簡公吾學編云嘉靖元年倭使爭貢仇殺給事中夏言
上言禍起于市舶禮部遂請罷市舶而不知所當罷者市舶太
監非市舶也罷市舶而利孔在下奸豪外交內詗海上無寧日
矣番貨至輒賒奸商久之奸商欺負多者萬金少不下千金轉

展不肯償乃投貴官家久之貴官家欺負不肯償貪戾于奸商
番人乏食出没海上為盜貴官家欲其亟去輒以危言憾官府
云番人擄近島殺掠人奈何不出一兵及官府出兵輒齎粮漏
師好語啗番人盖利他日貨至且復賒我也番人知其情大恨
諸貴官家言我貨本倭王物爾價不我償我何以復倭王盤據
海洋不肯去近年寵賂公行上下相蒙官邪(邪)政亂小民迫於貪
酷困於饑寒相率入海從之凶徒逸囚罷吏黠僧反(及)衣冠失職
書生不得志群不逞者皆(為)奸細為之鄉道弱者圖飽暖(暖)旦夕強
者忿臂欲洩其怒于是王忤瘋徐必欺毛醯之徒皆我華人金
冠龍袍稱王海島攻城掠邑刼庫縱囚遇文武官發憤斫殺即

地叩頭乞餘生不聽浙東大壞二十五年以朱紈為浙江巡撫兼領興福漳泉治兵捕賊紈清諒方勁任怨任勞嚴戢閩浙諸貴官家嘗言去外夷之盜易去中國之盜難去中國之盜易去中國衣冠之盜難上章籍暴貴官通番二三渠魁于是聲勢相倚者大譁切齒詆誣惑乱視聽改紈為巡視未幾言官論劾又遣言官即訊廾心煅煉必欲殺紈紈憤悶卒或云服毒紈所任福建海道副使柯喬都指揮盧鐺鏜殺賊有功皆論死繫按察司獄于是華夷郡盜唾手肆起益無忌憚三十一年殘黃岩掠定海浙東騷動遣都御史王忬巡視兩浙兼領漳泉興福四郡以都指揮俞大猷湯克寬為浙閩參將勦賊雇兵政久弛將士耗鈍水

塞戰艦所在廢壞忬經畧未幾群盜總至柵塞列港外約諸島
内招亡命勢益猖獗三十二年大猷冒險出洋焚蕩巢穴首賊
逸去群偷流散乘風奔突倏忽千里温台寧紹杭嘉蘇松楊淮
十郡並受其害克寛統領步兵往來海壖護城捕賊斬獲亦多
忬不肯隱敗冒功擒治奸豪破解支黨大猷克寛兩叅將皆知
勇可任徒以江南人素柔軟賊未登岸望風奔潰文武大吏未
能以軍法繩下而有司往往以軍法脅持富人巧索橫歛指一
料百師行城守餉犒百物類多乾没十不給一廉謹之士又謂
南人善謗低頭束手不敢動一錢於是公私坐困戰守無策始
釋柯喬起盧鏜而賊舡聯翩蔽海破諸州縣焚刼殺戮汚辱慘

於正統時矣，而通番奸豪又言忬大猷揭巢非計，且搖動忬。忬薦鏜起為閩參將，代克寬。克寬以副總兵將也，金山閩人，故忌鏜，劾鏜凶險不可用。南京言官又復薦鏜。二（三）十三年，賊犯江北海門、知（如）皋、通州，皆被殺掠。是時復用盧鏜為參將，而以俞大猷為浙直總兵。未幾，工部侍郎趙文華以海賊猖獗，請禱海神，遂遣文華行禱，公私勞費不貲。北忬改大同巡撫，以徐州兵備李天寵代忬。南兵部尚書張經提督浙閩江南北軍務，有王（江）涇之捷。文華素忌經、天寵，逮（逮奏經天寵）詔獄，論死西市，而以浙江巡按胡宗憲代天寵，南戶部侍郎楊宜代經。自後賊益熾，縱橫出入二十六郡。文華還朝，未幾又出監督諸軍，雖有沈莊、梁莊之戰，竟莫救荼毒之慘兩浙江淮閩廣所在徵兵集餉提編均徭加派稅粮截留漕粟加除京帑請給鹺課逈賜富民釋脫凶惡濫授官職浪費無經其為軍旅之用纔十分之一所謂漢土官兵川湖貴廣山東西河南北靡不受害臨賊驅之不前賊退遣之不去散為盜賊行者居者咸受其害於是外寇未寧而内憂益甚矣宗憲計擒賊首王直浙西江東稍得安靖浙東温台江北淮揚閩中嶺表尤被其毒已而俞大猷被中傷盧鏜代之賴朝廷聖明大猷得不死江北巡撫李遂有廟灣之捷入南兵部為侍郎唐順之代遂福建巡撫王詢數有功畏譏引疾去代者劉燾宗憲以擒直功陞右都御史加太子太保敘子錦衣千户先是文華

陛工部尚書以論吏部尚書李默即加太子太保又以征倭功加少保子廕錦衣千户不數月文華削籍千户謫戍榆林自壬子倭奴入黄岩迄今十年閩浙江南北廣東人皆從倭奴大抵賊中皆華人倭奴直十之一二久之奸頑者嗜利貧窘者避徭賦往往喜賊至而貪殘之吏又從而驅之封疆之臣輒請添官當事者不敢阻於是添設都御史三人總兵一人副總兵二人参將十三人兵備副使十一人諸將校近百人田賦倍於常科徵徭濫於甲式矣此紀致寇始末弊病頗為詳悉故錄之又按董兩湖碧里集曰賈誼上治安策史氏記其欲施三表五餌以係單于其術固已踈矣我朝西僧朶顏皆縻以爵賞厚往薄來

歲費不可勝計皆表餌之遺意逋者叛人徐海等誘倭夷為患大臣力不能制卒以柔道勝之如擒猩猩之法耗費無限乃知暗合詛言蓋勢所必至非有武侯武穆之才詛言未可輕也愚謂春秋之法功過當不相掩方胡宗憲在浙有羅龍文者具鄉人也謁宗憲于軍門常令龍文隨陳可願等與賊議和奏功給銀納為中書龍文乃與宗憲通賄于輔臣嚴嵩之子世蕃宗憲因得宫保蔭子後世蕃敗抄没追贓世蕃稱寄頓于龍文龍文稱寄頓于宗憲時宗憲已故削去官爵革子蔭職子逮獄追贓幾至破家夫宗憲濫費之罪固[illegible]不可逃而當時冦冦勢方張人無固志使宗憲徒隨常謹守出納之吝何以使陳可願等拚死行

間餌制徐海王直輩哉古云財者君之所輕死者士之所重君不能委其所輕而責士以捨其所重君不亦難乎漢高祖以黃金四十萬聽陳平所行終致勝楚亦如此術耳然則宗憲之度量亦豈易及哉此其功之不可掩者也況世蕃誅求百出稍不如意宗憲又將繼張經李天寵而肆諸市朝矣所謂權臣在內而大將豈能立功於外者其語不誣宗憲之獲保首領蓋能以餌王直者餌世蕃耳亦可悲夫今宗憲已復其官功過亦有辨云

初倭主號天御中主次曰天村雲尊其後皆以尊為號至彥瀲尊凡二十五世並都於筑紫日向宮彥瀲第四子號神武天皇八居

大和州橿原宮即位元年甲寅當周僖王時也自是皆以天皇為號傳至守平天皇此宋雍熙初也凡六十四世今不知其幾世矣

按雍熙元年日本國僧奝然與其徒五六人浮海而至獻銅器十餘事太宗召見奝然賜紫衣聞其國王一姓傳繼臣下皆世世官因歎息謂宰相曰此島夷耳乃世祚遐久其臣亦繼襲不絕蓋古之道也中國自唐季之亂寓縣分裂五代享歷尤促大臣世冑鮮能嗣續朕雖德慙往聖常夙夜寅畏講求治本亦以為子孫之計使大臣之後世襲祿位此朕之心焉明年歸其國後數年遣其弟子奉表來謝略云傷鱗入夢不忘漢主之恩枯骨含歡猶亢魏氏之敵雖云羊僧之拙誰忍鴻霈之誠奝然附

商舟之離岸期魏闕於生涯望落日而西行十萬里之波濤難盡顧信風而東別數千程之山嶽易過妄以下根之畀適詣中華之盛況乎金闕曉後望堯雲於九禁之中巖扃晴前拜聖燈於五臺之上就三藏而稟學巡數寺而優遊遂使蓮花迴文神筆出於北闕之北貝葉印字佛照傳於東海之東伏惟陛下惠溢四溟功高五嶽世超黃軒之古人直金輪之新齡照空辭鳳凰之窟更還螻蟻之樹在彼在斯只仰皇德之盛越山越海敢忘帝念之深縱粉百年之身何報一日之惠染筆拭淚作紙搖魂其表末云永延二年則倭亦有年號矣又倭人多能詩者其

詠西湖曰一株楊柳一株花原是唐朝賣酒家惟有吾邦風

土異春深無處不桑麻　昔年曾見畫湖圖不意人間有此湖今日打從湖上過畫工猶自欠功夫　春日感懷曰中原二月綺如塵異卉奇葩景物新可是吾夫仁更潤小塘幽草亦成春　奉邊將曰棄子抛妻入大唐將軍何事苦隄防關津橋上團團月天地無私一樣光　題春雪曰昨夜東風勝北風釀成春雪滿長空梨花樹上白加白桃杏枝頭紅不紅鶯問幾時能出谷燕愁何日得泥融寒水鎖卻鞦韆架路阻行人去不通　遊育王曰偶來覽勝鄮峯境山路行行雪作堆雪風攪空林飢虎嘯雪埋老樹斷猿哀撞頭東塔又西塔移步前臺更後臺正是如來真境界臘天香散一枝梅、詠萍曰錦鱗密砌不容針只為根兒做不深曽與白雲争水面豈容明月下波心幾番恨打應難滅數陣風吹不復况多少魚龍藏在底漁翁無處下鉤尋一保叔塔曰保叔元來不保夫造成七級石浮屠縱然一帶西湖水洗得清時也是污

被張太守禁舟中嘆懷曰老鶴徘徊日本東咲看宇宙作樊籠只因飛入堯天闊恨在扁舟一葉中

四友亭曰四友亭名萬古香清風曽遍到遐方我來不見亭中主松竹青青梅自黄

吳指揮萬民望言其祖在寧波衛弘治間聞倭登岸乗舟哨海夜半見二紅燈漾空而來以為倭舡也遂彎弓射中其燈不知乃龍睛也頃刻波濤㴭湧出海軍舟俱没焉至今遂此日則海

中惡風大作紅燈止見其一土人因知此龍記時厄之所至也

成化辛丑蘇衛數軍士以禦倭泛海為大風飄至一島山麓曠異一人從林中出長可三四尺大深目黑面獰醜不可喻見數人悉以藤貫掌心繫於樹下已而復入衆極力斷之而竄始放舟前者偕數輩來水滸以手攀舷舟中一勇士急掣刀斷其指始捨舟而去試觀所斷乃指中一節耳長尺有四寸貯嘉定庫

其國畿內所部為五畿曰山城曰大和曰河內曰泉曰攝津共統五十三郡南畿外所部為七道曰東海道曰南海道曰西海道曰北陸道曰東山道曰山陽道曰山陰道共統五百三十郡其海曲之地為三島曰一伎島曰對馬島曰多褹島各統二郡附庸之國百餘

拘邪韓國方可五百里在新羅百濟東南渡一海約千餘里曰

對海國居絶島方可四百餘里山險多深林禽鹿千餘成羣户無良田食海物自活乘船南北市糴又南渡一海約千餘里曰瀚海國方可三百餘里多竹木叢林户三千餘差有田地食不給亦南北市糴又渡一海約千餘里曰末盧國户四千餘濵山海居草木茂盛行不見前人好食魚鰒水無淺深皆沉没取之東南陸行五百里曰伊都國户千有餘又東南百里曰奴國户二萬餘又東行百里曰不彌國户千有餘又南水行二十日曰投馬國户五萬餘又南水行十日陸行一月日邪馬一國即邪摩維國大倭王所都自是而東而南曰斯馬國曰已百支國曰曰伊邪國曰都支國曰彌奴國曰好古都國曰不呼國曰姐奴

國曰對蘇國曰蘇奴國曰呼邑國曰華奴凶蘇奴國曰鬼國曰
為吾國曰鬼奴國曰邪馬國曰躬臣國曰巴利國曰支維國曰
烏奴國曰竹斯國曰秦王國凡百有餘國小者百餘里大不過
五百里皆為大倭王所屬其新羅百濟等國雖非所屬皆以倭
為大國多稱珎物並仰之恒通使往來
上下之分大較傚中國但服用政會令與殊王居室無城郭恃兵守
衛冠至隋時始製以錦綵為之而飾以金玉以天為兄以日為弟
自任以天於天明時聽政跏趺坐日出輒停隋志其臣文武僚吏
皆世其官有大德小德大仁小仁大義小義大禮小禮大智小智
大信小信十二等員無定數又有軍尼一百二十員猶中國牧宰

八十户置一伊尼翼十伊尼翼屬一軍尼魏志官曰伊支馬次曰彌馬升次曰彌馬獲支次曰奴佳鞮逮宋元以來道各有刺史所屬名亦不同蓋職員隨時更張無定名也朝會陳設儀仗樂有國中高麗二部及五弦琴兵有弓矢刀弩攢斧甲漆皮為之矢鏃或以骨為之法殺人强盜及姦皆死竊盜計財酬物無財則没其妻奴每訊究獄不承引者以木壓膝或張强弓以弦鋸其項或置小石於沸湯中令所競者探之云理曲者手輙爛或置蛇甕中令取之云理曲者手輙赦大抵用法峻而人輕生也其俗男子斷髮魁頭黥面文身以文左右大小為尊卑之差婦女被髮屈紒以丹扮身蓋夷俗患水妖象龍子以避之也其居室低小覆不以瓦蓋土

斥且墳不可陶也其服飾男子衣裙襦橫幅結束亦施縫綴足多跪閒用履形如履漆其上而繫之足（首）無冠不用金銀為飾婦女衣（如）單被穿其中貫頭而著之亦衣裙襦裳皆有襈幟竹聚以為梳其婚姻不娶同姓男女相悅即為夫婦婦入夫家必先跨火乃與夫相見富者妻四五其餘或兩或三女多於男也其死喪以白布製服初旬日閒子女哭泣不飲酒食肉朋類眷屬皆就屍歌舞為樂貴人三年殯庶人則卜日而瘞行喪以小輿或置屍船上陸地挽之既葬舉家入水澡滌以祓不祥其祭祀亦用牲醴粢盛但祭畢散之野或遇乞人持與之其居處父子兄弟皆異室至相會父子男女無别其接見以蹲踞為恭以搓掌為悅無進退之節無拜跪

揖讓之儀具飲食盤俎不設箸以檞葉手鋪之或間用籩豆冬下茹生菜其坐卧編草為薦雜皮為表緣以文皮席地而坐而卧不設几案床帳其交易用銅錢其卜筮灼骨以占吉凶尤惑巫覡渡海令一人不櫛不沐不飲酒食肉不近婦人名曰持衰在塗吉利則顧以財物如疾病遭害以為持衰不謹輒共殺之其宴樂以耽嗜麴蘖為高致每正旦必射戲飲酒尤酷好棊愽握槊樗蒲之戲初無文字唯刻木結繩後頗重儒書有好學能屬文者尤信佛法有五經書及佛經白居易集皆得自中國其山曰壽安鎮國永樂御製碑文具前曰阿蘇山石無故火起接天俗以為異因行禱有如意寶珠大如雞卵其色青夜則有光其產金東奧洲銀西島别琥珀水晶青白紅硫黃水銀銅鐵冊土白珠青玉冬青木

多羅木杉木水牛驢羊黑雉細絹花布硯螺鈿扇漆〔以漆製器甚工緻〕刀〔其鋒甚利有價十兩者〕

都憲唐順之日本刀歌曰有客贈我日本刀魚鬚作靶青絲纏

重重碧海浮渡來身上龍文雜藻荇悵然提刀起四顧白日高

高天冏冏毛髮凜冽生雞皮坐失炎蒸日方永聞道倭夷初鑄

成幾歲埋藏擲深井日淘月煉火氣盡一片凝冰鬭清冷持此

月中斫桂樹顧兔應知避光景倭夷塗刀用人血至今斑點誰

能整精靈長與刀相隨清宵恍見夷鬼影邇來鞾鞘頗驕黠昨

夜三關又聞警誰能將此向龍沙奔騰一斬單于頸古來人物

用有時且向囊中試韜穎

其貢馬盔鎧劒腰刀鎗塗金裝彩屏風灑金廚子灑金文臺灑金手箱描金粉金匣描金筆匣抹金提銅銚灑金木銚角盥貼金扇瑪瑙水精數珠硫黄蘇木牛皮其來十年一期四際皆海達遼東遠閩浙近其貢道由浙寧波達於京師

卷四 琉球

殊域周咨録 二

勵耘書屋

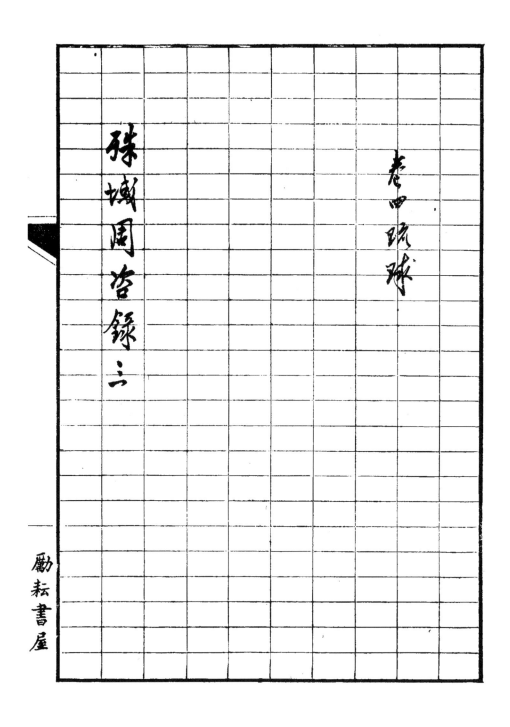

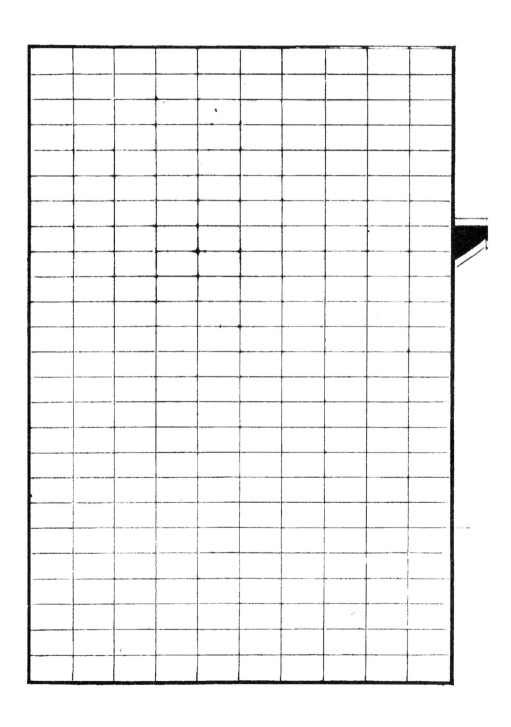

殊域周咨錄卷之四

皇明行人司行人刑科右給事中嘉禾嚴從簡輯

東夷　東南

琉球國

琉球國居東海，古未詳何國。漢魏以來不通中華。隋大業中令羽騎尉朱寬訪求異俗，始至其國，語言不通，掠一人以歸。後遣武賁良將陳稜率兵自義安（即今潮州也）泛海至其都，虜男女五千人還。唐宋時未嘗入貢。元遣使招諭之，不從。本朝洪武五年遣行人楊載詔琉球曰：昔帝王之治天下，凡日月所臨，無有遠邇，一視同仁，故中國奠安，四夷得所，非有意於臣服之也。自元政不綱，天下爭兵者十有七年朕起布衣開基江左將兵四征不庭西平漢主陳友諒東縛吳王張士誠南平閩越勘定巴蜀北清幽燕奠安華夷謀復我中國之舊疆朕為臣民推戴即皇帝位定有天下之號曰大明建元洪武是用遣使外夷播告朕意使者所至蠻夷酋長稱臣入貢惟爾琉球在中國東南遠據海外未及報知茲特遣使往諭爾其知之其國分為三曰中山王曰山南王曰山北王皆以尚為姓遂各遣使入貢上嘉其至誠命尚佩監奉御路謙往敕禮琉球王遣陪臣亞蘭匏等來謝十五年上令內使監丞梁民賜中山王察度鍍金銀印并織金文綺帛紗羅共七十五匹山南王承察度亦如之亞蘭匏等賜文綺錦帛有差時各王爭雄長相攻擊梁民

歸言具故乃遣使勅中山王察度曰王居溟海之中崇山環海為國事大之禮既行亦何患哉近使者言琉球三王互爭廢農傷民朕甚憫焉詩曰畏天之威於時保之王其能罷戰息民務修爾德則國用永安矣諭山南王承察度山北王怕尼芝曰上帝好生寰宇之内生民衆矣天恐互相殘害特生聰明者主之近使者自海中歸言琉球三王互爭廢棄農業傷殘人命朕聞之不勝憫憐今遣使諭二王能體朕之意息兵養民以綿國祚則天必祐之不然悔無及矣後又賜王文綺紗羅冠服王妃王姪王相亦各有賜於是王遣其世子及國相之子皆來受學為諸生上賜寒暑衣服有疾則命醫賜藥

二十六年諸生乃與雲南生非議詔令皆治重

罪

三十一年中山王察度遣亞蘭匏貢馬及硫黄胡椒等物世子武寧貢亦如之初王嘗遣女官生姑魯妹在京讀書至是亦來貢謝恩上賜王閩人之善操舟者三十六户以使貢使行人來往

永樂初王師襲虜主脫古思於沙漠其子天保奴地保奴俘至中國上命徙居琉球其後每國王薨世子必告於朝請封弔祭册立如朝鮮王其子弟來學者例館餼於南雍卒業蓋欲使其歸也然惟中山王通使不絕其山南山北二王蓋為所併云　永樂三年琉球遣使以閹者數人貢於朝上曰彼亦人子無罪而刑之何忍命禮部還之禮部臣曰還之恐阻遠人歸化之心但請賜勑止其再獻進上曰諭之以空言不若示之以實事今不遣還彼欲獻

媢必有継踵而來者天地以生物為德帝王乃可絶人類乎竟遣
還之
聖聖承（相）録曰臣謂夷狄不可留於中國亦不可使為閹寺漢有
發直（立）之禍唐有殺主之悪此皆已然之昭鑒我成祖継體守成
之初乍而不用遣還本國有不忍人之心焉謹華夷之辨焉弭
異日（日）述君誤國蠹政虐民之害焉洞燭興亡永絶諂媢豈非防
微杜漸之意哉況五刑之中宮刑為重四刑不過殘人肢體宮
刑則絶人種類其慘尅不仁尤甚成祖京矜閹寺可謂重惜人
命不絶人嗣誠能體天地生物之德者也
洪熙改元國王㦤遣正使柴山副使阮　暨絡（給）事中行人等官往

諭祭并封其嗣尚巴志為王　宣德二年獨遣柴山頒詔　三年

國王遣使修貢　五年上命柴山復往勞之海中感佛光之祥既

至作大安禪寺於海南岸以荅神貺有碑記

記曰宣德五年正使柴山奉命遠造東夷東夷之地離閩南數

萬餘里舟行累[illegible]日山岸無分茫茫之際蛟龍湧萬丈之波巨鱗

漲馮夷之水風濤上下捲雪翻雲險釁不可勝紀天風一作烟

霧忽蒙潮門洊硑聲振宇宙三軍心駭呼佛號天塡塡之忽有神

光大如星斗高掛危墻之上耿煥昭明如有所慰衆心皆喜相

率而言曰此乃龍天之庇神佛之元夋鉃何以至是哉是咸賴吾

將軍崇佛好善忠孝仁德之所致也迨夫波濤一息河漢昭回

則見南北之峰遠相迎衛迅風順渡不崇朝而抵岸焉既而奉公之暇上擇岡陵下相崖谷顧得龍盤虎據之地以為安奉佛先之所庶幾以荅扶危之惠於是搆水閣香得其地於海岸之南山環水深路轉林密四顧清芬頗類雙林之景遂鑿山為地引水為池捄之陾陾築之登登成百堵之室闢四達之衢中建九蓮座金容於上枎南方丙丁火德於前累石引泉鑿井於後命有道之僧董臨其事內列花卉外廣椿松遠吞山光平挹灘瀨使巢居穴處者皆得以覩其光焉此酬功報德者之所為也且東夷與佛國為隣具聖跡海靈者鍾秀有素矣此寺宇之建相傳為萬世無窮良有以也後人有原其事者必指而言曰此

大安寺也建寺者誰天朝欽命正使柴公也遂書以為記
八年又勅福建布政司造舟復命柴山阮鼎賜衣冠儀物示嘉勞
意廼重建千佛靈閣有碑記
記曰粤自大明開基混一六合東漸於海西被於流沙聲教迄
於四海凡在遠方之國莫不捧琛執帛而來貢焉時東夷遐居
東海之東阻中華數萬餘里水有蛟龍之虞風濤之悍陸有丘
陵之險崖谷之危無縣郡之立無丞尉之官汙樽杯飲蓋其俗
也雖然亦累献所産於朝永樂之間亦常納其貢焉洪熙紀元
之初遣正使柴山及給事中行人等官奉勅褒封王爵頒賜冠
冕仍遣祭前王使其知尊君親上之道篤仁義禮樂之本天朝

之恩無以加矣當今聖人繼登龍馭率由舊章　宣德二年復
遣正使獨掌其事涖臨以詢之則見其王欽己於上王相布政
於下其俗皆循禮法熙熙如也　宣德三年本國遣使歸貢於
朝廷夫　五年正使復承刺來茲重宣聖化渤海往返滄波萬
頃舟檝之虞風濤之患朝夕艱辛惟天是賴恩無以表良心遂
倡三年墾地營基建立佛寺名之曰大安一以報恩之勤一以
化諸夷之善寺宇既成　六年　復命廷　宣德八年歲在癸
丑天朝其嘉忠孝特勅福建方伯大臣重造寶船頒賜衣冠文
物以勞之日夜棲跡海洋之間三軍有安全之歡四際息風濤
之患或夜見神光或朝臨瑞氣此天地龍神護佐之功何其至

歟於是重修弘仁普濟之宮引泉鑿井於宮之南鼎造大安千佛靈閣凡在諸夷莫不向化寶閣既成佛光嚴整八月秋分又有白龍高掛以應其祥良有自也遂立碑記以紀其事使萬世之下聞而知者咸仰天朝德化之盛而同趾美於前人因書之以為記大明宣德八年仲冬初二日天朝欽差正使柴山副使阮鼎立

正統八年遣正使給事中俞忭副使行人劉遜冊封國王尚忠十年琉球國陪臣蔡璇等數人以方物貿遷於鄰國漂至廣東香山港被獲守備軍官當以海寇欲盡戮之巡視海道副使章格不可為之辨奏還其貨而遣之國人頌德　十三年遣給事中陳傳

行人萬祥冊封國王尚思達　景泰三年遣給事中陳謨行人董
守宏冊封國王尚金福七年遣給事中李秉彝行人劉儉冊封國
王尚泰久　天順七年遣給事中潘榮漳州府龍溪縣人行人蔡哲冊封
國王尚德

潘榮中山八景記曰大明統一萬方天子文武聖神以仁義禮
樂君師億兆故凡華夏蠻貊罔不尊親際天極地舉修職貢自
生民以來未有如今日之盛者也天順壬午春琉球國遣使請
立世子為嗣君上命臣榮臣哲往封之癸未夏六月由閩藩發
冊天風自南不數日而抵其國奉宣德意封爵典禮既行自國
王以下皆拜手稽首俯伏頌上大恩不已越仲秋八月國大夫

程均文達執卷謁使館請曰文達敏居之東新阡有寺山水頗清奇命工圖爲八景願請登臨留題詠以記盛美予念去君親客海外萬里方怏怏於中奚暇及他事大夫均請之不置因與皇華蔡君克智同往觀焉既至是日白雲初收天氣清明山色秀麗有松萬樹所謂萬松山也登山覩松蒼然鬱然堅貞可愛因誦孔子歲寒後凋之語凡與遊者皆興起動心山之東行一里許至軒曰潮月軒軒中四面蕭爽當天空夜靜之際開軒獨坐水月交潔心體明靜有志於當時者得不起高山景仰之思乎軒之左鑿地爲井井上植橘數株泉甘足以活人橘葉可以愈病程大夫取井之義是蓋古人之用心也右則有徑徑石奇

形恠狀旁列皆佳木異卉可憇可遊大夫長史諸君各酌酒奉勸慇懃禮意至再至三因飲數杯上馬至送客橋士大夫愛重過橋須下馬於是各相携手顧謂大夫曰昔子產聽鄭國之政以其乘輿濟人於溱洧孟子謂其惠而不知為政令均為國大夫此橋之作豈特為送客耶將以濟病涉之民也過橋行數里許至緣江之路時天色漸暮漁舟唱晚但見羽毛之翬祥鱗介之献瑞極目海天胥次如洗曾不知窮壤間復有所謂蓬萊也由是而過樵歌之谷樵人且歌且樵熙熙乎皡皡乎我國家仁恩遍及海隅太平之象具可忘所自乎出谷但聽瀏亮之音洋洋在耳大夫進而謂曰此郎鄰寺鍾也因而至寺老僧率衆十

餘人迎拜於道予既佳其山水之奇勝且書夷僧之知禮因令人扣之曰大夫以鄰寺鍾列於八景者僧知此義乎因告之曰此鍾晨焉而鼓夷人聽鍾而起俾之警省身心孜孜為善無乖爭凌犯之作暮焉聽鍾而入俾之警省身心閑門而思過咎國大夫命景之義其有益於人如此僧唯唯謝曰謹當佩服斯訓他若山川之勝景物之善俱未及暇尋雖然程大夫中華人也用夏變貊漸染之薰陶之提撕而警覺之將見風俗淳美中山之民物皆易而為衣冠禮義之鄉予忝言官當為陳之於上俾史臣為錄之將以為天下後世道豈但令白三川景物之勝而已哉姑書之以記歲月

成化六年國王薨來請襲爵命給事中丘弘往彼冊封之弘既受命未及行而卒後以管榮代之

李東陽文曰國家用夏變夷掃乾盪坤滌濯萬物逮於百年化治功成五服之內藩臬郡縣之所治出賦税供使令者弗論以暨於海外風殊界別以國稱者萬數涵者先沾遠者後被況纓推髻詩書甲冑梯高航深四面而至充中庭溢下館禮部繁於奏納鴻臚勤於奉引相胥勞於通譯自有中國以來無若是盛者若琉球國在海東南諸國小大遠邇之間煙火相望順颸利船七日而至然其始俗以盈虛為朔望以草木為冬夏粤自古昔未通中國時雖或窮征黷討而賓服無聞我國家號令所列

嚮風奔附遂封為中山王齒於載版圖奉職貢者日遜月照潛
移暗章華被服冠帶陳奏章表著作詞賦有華士之風焉成化庚
寅其王世子當嗣封遣其長史來請命天子封之中山戶王賜
璽書冠服遣正副使二人致
命中山戶科都給事中上杭丘
君弘實充正使之選
賜朱衣一襲以行六科諸給事皆為行
餞徵辞翰林東陽於給事君同年進士言在不讓曰於戲給事
大丈夫入則居諫爭出則承使命誠所願為今聖天子在位賢
大臣在列嘉惠於彼外國中山王謹畏孝順不憜臣節以俟我
威命而給事身負荷之國體之所繫小邦之所瞻後世之所誦
胥此焉在給事其克自重感厲精發山動海立以宣達天子威

德國家之典章式俾陪從暨於閭巷明識逆順保其初心惟億
萬世服事罔敢斁亦罔敢後於戲豈不真大丈夫哉給事君起
曰使者職也敢不勉於是諸給事驩曰使哉乃遵上供帳三爵
而後別

八年遣給事中管榮行人韓文册封尚圓為王　十五年遣給事
中董旻行人司副張祥封國王尚真

李東陽贈旻詩曰琉球東望海門開聖武代提封亦壯哉萬里
風濤纔七日六年天使此重來麒麟有服真殊寵薏苡無車莫
浪猜歸憶皂囊封事在殿前風采尚崔嵬
又送祥詩曰鯨波淼淼接天遥海國塵空瘴癘消貢賦遠通中

服地丹書元自太祖朝南船去明日占風信凡使海國以冬至日開洋北闗歸時望斗杓海舟惟視北斗為的但使行橐無薏苡嶺頭銅柱不須標

十八年遣行人左輔頒詔其國輔自號瀛海浪仙詩才清麗國人悅服

李東陽送輔詩曰尚方新報賜衣成玉節金書萬里行嶺外方言通異俗島中烟火望孤城由來使者闗風化親見朝廷錄姓名不用慇懃宣聖德遠人先賀海波平

嘉靖二年福建提督市舶司太監趙誠奏稱六月廿四日有外夷人八名在於南門欲行進城手執小旗一面内寫稱琉球國人氏因為牧買進貢儀物於本年五月二十五日至於平海地方是夜

被風打破船沉渰死三百餘人畜使六名僅有十五名復生上岸本年八月初三日又據福州府呈本年七月初六日盤獲夷人三十二名譯稱各於舊年二月蒙國王向真差遣使者馬三魯等坐駕寧字號船一隻前往暹羅國收買貢儀預備朝貢至漳州外洋被風打船破通事頭目人三百餘名俱溺水幸存蔡淵等三十餘名拾板浮水二十九日漂至海邊登岸又據按察司經歷呈稱拘土通事林希睟等譯審得原蒙發下夷稍八人蔡淵等三十二名俱係同船夷人但夷情多詐而近來浙江倭寇紛擾地境相聯難照常例區處該臣會同鎮守福建御馬監太監尚春巡按御史徐州議日給夷人口糧并撥官軍日夜提防時因倭使宋素卿等仇

殺於寧紹差給事中劉穆往勘上即命押付欽差官處與浙江見監夷素卿等一同審鞫毋輕縱還國致啓奸計　五年尚真薨十一年五月世子清上表請封上命給事中陳侃行人高澄往祭并封其子清侃等至福建造船至　十三年造完先期請遣長史蔡廷美過海來迎令通事林盛帶夷稍三十人為侃等駕船在五月初八日解纜開洋洋中偶值逆風船不可往放回數百里後遇順風復往因失針路漂過琉球國交界地方名曰熱壁山遂泊於此尚餘隻至熱壁將船挽回五月二十五日方到彼國清闕之差大臣一員帶夫四千餘名駕小船四十尚清即遣儀從及文武隨龍亭迎詔勅諭祭文至天使館奉安擇日行禮六月十六日行祭

（旁注：清闕之差大臣一員帶夫四千餘名駕小船四十）

王禮諭祭文曰惟王嗣守海邦四十餘載敬天事上誠恪不渝宜永壽年為朕藩屏胡為遘疾遽爾告終訃音來聞良用悼惜遣官諭祭特示殊恩靈其有知尚克歆服七月二十日行封王禮詔曰朕恭膺天命為天下君凡推行乎庶政必斟酌夫古禮其於錫爵之典未嘗以海內外而有間焉爾琉球國遠在海濱久被聲教故國王尚真夙紹顯封已踰四紀茲聞薨逝屬國請封世子尚清德惟克類眾心所歸宜承國統朕篤念懷柔之義用嘉敬順之誠特遣正使吏科左給事中陳侃副使行人高澄賚詔往封爾為琉球國中山王仍賜以皮弁冠服等物王宜慎乃初服益篤忠勤有光前烈凡國中耆俊臣僚其同寅翼贊協力匡扶尚殫事上之心恪

盡臣藩之節，保守海邦，永底寧謐，用弘我同仁之化，共享太平之休。故茲詔示，俾咸知悉。又賜新王勑曰：惟爾世守海邦，繼膺王爵，敬順天道，臣事皇明。爾父尚貞自襲封以來，恭勤匪懈，比者薨逝，良用悼傷。爾以冢嗣，國人歸心，理宜承襲。茲遣正使吏科左給事中陳侃、副使行人司行人高澄賫詔封爾為琉球國中山王，并賜爾及妃冠服綵幣等物。爾宜祗承君命，克紹先業，守職承化，保境安土，以稱朕柔遠之意。欽哉！故諭。一如儀注行禮。開讀以畢，設宴款留，禮意懇至。侃等令儀從迎詔勑回館，尚清令通事致詞，欲留為鎮國之寶。侃等猶未允，復令長史捧先朝詔勑來看，侃等始知留詔勑為先朝故事，況已奉有明旨，始許其留。行禮即畢，即欲回因海中風浪不測惟順風而後可行琉球在福建之北去以南風回以北風故至九月二十日方可開船計在彼國停泊一百十五日日有廩餼之供旬有問安之禮月有筵宴之設隨行人役皆給口糧使之安飽行時復具黃金四十兩為贐侃等以在福建時例有金帶銀器等物送用尚不敢妄受況外國之物以大義辭之仍遣通事林盛帶夷梢十人為侃等駕船開船之後二十一日晚颶風陡作將侃等船中大桅吹折舵亦損壞舟人皆震恐無措命工修整得保生還十月初二日入福建省城侃等還朝復命疏曰臣等切思三代以降聖王不作治化陵夷以文德被海內者尚不多見況覃　海外者乎若越裳氏之重譯而來以中國之有聖人

耳琉球國在海外無慮數千里漢唐宋時皆未嘗內附至元時遣伐之而亦不從至我太祖登極首先臣附率子弟來朝此豈區區勢力所能服哉要必有所以感之者耳我太祖悅其至誠待亦甚厚賜以符印寵以章服遣閩人三十六姓為彼之役又許其遣子弟入國學讀書習禮彼亦感激久而匪懈迨今皇上御極以來制禮作樂聲教四敷彼知中國之聖人復生故欲竊餘光以躋耀他國是以不避風濤之險貢献益勤請封益篤今日之舉尤出誠懇聞欽命奔迎於海曲見龍亭匍匐於道周非但不敢如緬甸之倨傲無禮而亦不敢如尉佗之較量勝負也臣等奉輿使事亦竊尊榮無任感荷慶幸之至國王又遣王親寧古長史蔡瀚通事梁

梓表謝并進黃金四十兩酬二使疏曰伏念臣清僻居海邦荷蒙
聖育封臣為中山王不勝感戴除具表謝恩外今有差來使臣二
員冒五月之炎暑衝萬里之波濤艱險驚惶莫勞於此臣等小國
荒野無以為禮薄具黃金四十兩奉將謝意此敬主及使乃分之
宜酬德報功亦理之常二使懼聖明在上堅不敢受使臣情不能
盡無以自安謹遣陪臣順耆貢奉伏乞天語叮嚀賜彼二使庶下
情盡而遠敬伸無任激切感仰之至上嘉其敬慎命侃等辭疏曰
臣奉皇上之命遠使琉球乃素知禮義之國臣等至彼正欲敷揚
聖德恪守臣節為中華增重安敢受彼非禮之餽故筵宴之設必
陳方物具書固卻至再至三書備於使琉球錄中已塵御覽矣臨

行以金四十兩為鹽堅不肯受彼心不自安冒瀆天聽蒙皇上鑒彼敬煩慎之心特下收受之命但奉使奔走乃臣等職分之常自揣無功敢冒兼金之惠伏乞皇上將此金收儲內帑或命彼帶回庶遂臣等之初心而於君命斯可不辱矣疏上不許辭侃等先是撰使琉球錄一帙進于朝疏曰臣等奉命往踐琉球國封王行禮既畢因待風坐三閱月而後行無所事事因得訪其山川風俗人物起居之詳杜撰數言遂成一錄錄之意大畧有二臣等初被命時禮部查封琉球國舊案因曾遭回祿之變燒毀無存其頒賜儀物等項請查於內府各監局而後明福建布政司亦有年久卷案為風雨毀傷其造船并過海事宜皆訪於耆民之家得之至於往

來之海道交際之禮儀皆無從詢問特令人至前使臣家詢其所以亦各凋喪而不之知後海道往來皆賴夷人為之用其禮儀曲折臣等臨事斟酌期於不辱而已恐後之奉使者亦如今日著為此錄使之有徵而無懼此紀略所以作也又嘗念國家大一統之治必有信史以載内外之事如大明一統諸誌者是已誌中所載琉球國之事所云落際者水趨下不回也舟漂落漈百無一回臣等嘗懼乎此經過不遇是險自以為大幸至其國而詢之皆不知有其水則是無落際可知矣又云王所居壁下多聚髑髏以為佳臣等嘗疑乎此意其國王殘悍而不可與言也至王宮時適觀壁下亦皆累石國王則循循雅飭若儒生然在彼數月雖國人亦不

見其相殺又何嘗以髑髏為佳哉是誌之所載者皆訛也不特誌書為然杜氏通典集事淵海贏虫錄星槎勝覽等書凡載琉球事者詢之百無一實若此者何也蓋琉球不習漢字原無誌書華人未嘗親至其地胡自而得其真也以訛傳訛遂以為誌何以信今而傳後故集群書而訂正之此質異之所以作也兼以夷語夷字恐人不知并附于後臣等學問麤疎言詞鄙俚勉成此錄實不足以上塵睿覽但念海外之事知之者寡一得之愚或可以備史館之採擇是以不避讒責陡膽進呈伏惟陛下恕其狂僭下之禮部詳議施行不勝幸甚侃等又心念海神救護請立祠報功疏曰琉球遠在海外無路可通往來皆由於海海中四望惟水茫無畔岸深無

底極大風一來即白浪如山舟飄忽震蕩人無以庸其力斯時也非神明為之默祐幾何而不顛覆也耶臣等往來于海驚險數次皆藉神明之助得保生還是豈臣等菲德致此皆由皇上一念精誠感格天地以致百神呵護非偶然者臣等不敢隱其功謹曆數為陛下陳之嘉靖十三年臣等初去時將底其國忽逆風大作舟遂發漏於是群呼求救於神剪髮以訴誓俄而風遂息舟稍寧得保無虞使是風更移時不息舟之沉必矣此其功一也回時遇颶風將大桅吹折舵葉又壞忽有紅光若燭籠然者自空來舟舟得無事當風雨晦冥之時紅光何自而發謂非神之精靈不可也此其功二也時衆皆知舵當易而不敢任於是請命於神得吉兆衆

遽然起易舵風恬浪止倏忽而定定後風浪復屬神明之助不可誣也此其功三也有蝶飛繞於舟一雀立於桅是夜果疾風迅發臣等懼甚相與發願海神救我當為之立碑誓言訖風若少緩舟行如飛徹曉已見閩之山矣此其功四也有夷舟進表謝恩者與臣等同行遇二十一日之風漂回本國至今年三月方到福建臣等之舟正行八日直底閩江不致漂流失所者皆神之功也臣等感其功不敢不厚其報在福建時已嘗致齋設醮醮修廟立碑矣但奉聞之言既出於口不敢有負於心謹摭顛末上瀆聖聽詞若涉於荒唐心實本於誠懇伏望下禮部詳議令福建布政司與祭一壇庶天恩浩蕩而幽冥有光矣臣等切思名山大川之神在舜

時已有望秩之祭我太宗文皇帝時遣太監鄭和下海嘗立祠於海濵時加致祭況禮云能禦大災則祀之能捍大患則祀之今一救援之功遂保數百人之命其為大災大患莫此是過伏惟聖明詳察上從其言命翰林院撰祭文一通行令福建布政司官致祭一次

侍讀屠應埈贈侃詩曰絕域天王使三年諫省郎星辰傳鳳詔冠冕授蠻王蜃氣鴻濛合潮聲日夜長錦颿帆滄海上南望有輝光一具

南荒饒霧雨窮島接風濤下瀨樓船廻馳封使者勞袁官趨并服海色照麟袍若道唐虞際應膽日月高二具

帝遣辭青瑣乾坤屬壯遊九霄持漢節萬里赴炎州日抱蛟龍躍天

卷四　十六　海學山房

另行

涵島嶼浮遥情張博望銀渚問牽牛 其三
主事唐順之贈證詩曰天王玉冊頒三殿漢使星槎下百蠻鬼
國至今通象貢樓船何處是龍關海迷南北惟憑日雲起蓬壺
忽見山壯志不愁經歲去安流應是計程還陳侃使事紀畧曰
嘉靖戊子琉球世子尚清表請襲封事下禮部移文長史司數
實申部上請差二使往封如故事癸巳五月至福州造船艦如
式以鐵黎木為柁餘閩人不諳海道方切憂之忽報琉球國使
至乃世子遣長史蔡廷美來迓予等長史進見道世子遣問意
又道世子慮閩人不善操舟特遣看針通事一人率夷水手至
代充其役看針者船中司指南針者也予等喜其來得詢其詳

初洪武永樂間使海外諸國者二使預於瀕海之處經年造二巨舟中有艙數區貯器用若干各藏一空柩柩前刻天朝使臣之柩上鏨銀牌重若干兩倘遇風波之惡知不免仰臥柩中以釘錮之舟覆而任其漂泊欲俾漁人見之取其物昇柩置於山島俟後使者過載以歸予二人被命與閩藩三司計一舟所費二千五百兩有奇若二使各一舟則不惟倍官費抑亦非所謂同舟共濟者也至於藏空柩與上鏨銀牌則近來使者無此事縱有之亦無益也今有司不設備甲午三月船艦工畢船之制與江河間所謂坐船者不同坐船上下適均八窗玲瓏明爽開豁眞若浮屋然坐其中者不覺其爲舟也且出入甚便此則艙

口與艦面平高不過二尺深至艦底上下以梯艱於出入面雖啓小牖亦如穴隙盖以海中風濤甚巨艦高則衝低則避也艙外前後俱護以遮波板高四尺許雖不雅於觀美實可以濟險長一十五丈濶二丈六尺深一丈三尺分為二十三艙前後豎五桅大者長七丈二尺圍六尺五寸餘以次而短舶後作黄屋二層上安詔勑中供天妃舶中之器具無不備舵設四具用其一而置其三以防不虞櫓三十六枝遇風微逆或求以人力勝之大鐵猫四約重五千斤大繂八每繂圍尺許長百丈小划船二不用則載以行用則藉以登岸水四十櫃海中惟甘泉難得勺水不以惠人多備以防久泊也通舶以紅布為慢五色旗幟

大小凡三十餘更多儲刀鎗弓箭之屬佛郎機二架駕舟水手一百四十餘人護送軍百餘人千戶一員百戶二員領之通事引禮醫生識字人各色匠役復百餘人給以銀十二兩為衣裝費仍各給工食銀五兩三錢五分有奇舊用四百餘人今省十分之一二十六日予等啓行三司諸軍送至南臺是晚宿於舟中翼日至長樂長史舟亦隨行中途為淺所傷臭歐載具狀伏於堦下求援予等欲籍其為前驅判詞下提舉司令申海道假緣海衛所禦冦之舟與之歸道海道與分守都閫諸君結至海道亦以王事為急遂從之五月朔予等至广石祭海登舟是日北風大作晝昏如夕連日皆風逆至五日始發舟不越數舍而

止海角尚淺八日始出海口風微順波濤亦亦不洶湧船艦與夷舟相為先後出艙視之四顧茫然雲物變幻無窮日月出沒可駭誠一奇觀也九日隱隱見一小山乃小琉球也十日南風甚迅舟行如飛過平嘉山釣魚嶼黃花嶼赤嶼目不暇接兼三日之程而夷舟帆小不能及相失在後十一日至夕始見古米山問知琉球境內夷人皷舞於舟喜達家鄉夜行徹曉忽風轉而東進寸退尺失其故處竟一日始至其山有夷人駕小舟來問夷通事與之語而去是日風少助順即抵其境十三日風又轉北逆不行欲泊山麓慮亂石伏於下謹避之不敢近舟蕩不寧十四日至夜聞舟有聲若欲迸裂者蓋大桅以五小木攢之

東以鐵環孤高衝風搖撼不可當環忽斷其一衆恐遂折驚駭喧呶亟以釘鉗之聲少息造舟時用釘少又黏縫不密至是海水滲入數寸以轆轤引水而出莫能止衆曰不可為矣齊呼天妃而號予與高君徹夜不寢坐以待旦忽予家人匍匐入艙抱予足口禁不能言良久曰速求神救船已壞矣予二人莫知所出嘆曰各抱詔勅以終吾事餘非所計也是時惟舵工數人乃漳人漳人以海為生童而習之至老不休者風濤中色不少動但云風不足懼速求罅縫而塞之可保無虞矣衆亦知其然然舟蕩甚不能立心悸目眩何罅之求於是有倡議者曰風送則蕩順則安曷若回舟以從順庇枷有備尚可圖也一人執舵

云不可海以山為路一失此山將無所歸漂於他國未可知也守此尚可以生夷通事從旁贊之然衆戰慄怖畏啼號不止姑從衆以紓其憂旋轉之後舟果不蕩執燭尋鏬皆塞之固水不能入衆心遂定翼風午自南來舟不可東又從而北始悔不少待也計十六日旦當見古米山至期四望惟水杳無所見執柁者曰今將何歸衆始服其先見傍徨躑躅無可奈何予二人亦憂亟令人升桅以覘云遠見一山微露[illegible]如角小山伏于其旁詢之夷人曰此熱壁山也亦本國所屬但過本國之東三百里若更無從而東即日本矣申刻果至其山泊焉十八日世子遣法司官一員來具牛羊酒米瓜菜之物為從者犒亦有酒果奉予

二人通事致詞曰天使遠臨世子不勝忻踴閣風伯犯從者迷
道世子益不自安欲躬自遠迓國事不能暫離謹遣小臣具菜
果將問安之敬予二人受其詞受之世子復遣夷衆四千人駕
小艦四十艘欲以大纜引予船前通事白于二人曰海中變出
不測豈宜久淹從者世子不遑寢食謹遣衆役挽舟以行敢告
艦列左右各分纜迤邐而牽行於海中亦一奇觀也晝夜行百
餘里十九日風逆甚不可以人力勝遂泊于移山之嶼所遣法
司官率夷衆環舟而宿未嘗敢離左右泊至五日予衆因在舟
久鬱隆成疾求登岸避之而不可得泣訴于予予曰乘桴浮海
子路喜之未知浮海之險若此也二十三日世子復遣王親一

人益以數舟而來風亦微息始復行至二十四日猶未克到世子復遣長史來白世子刻期拱候海中怒風驚濤恐為從者之憂謹遣小臣奉慰予二人謝之二十五日方達其國泊舟之所名曰那霸港計登舟至此一月矣是日登岸岸上翼然有亭榜曰迎恩世子先遣陪臣大小凡百餘員隨龍亭而至候于亭下予二人捧詔勅安于龍亭衆官行五拜三叩頭禮前行導引至天使舘距港約五里不移時而至龍亭安于中堂衆官行禮如初繼見予二人亦行禮而退予二人呼長史問曰世子不迎詔勅何也對曰洪武禮制凡天朝詔勅至國世子候於國門之外數代相承不敢有違聽之然世子雖不至舘舘中皆官正涖事

每三日遣太臣一員具酒二壺果盒二架酒酌于斗進予二人跪曰世子令小臣問候起居予二人受之飲復獻牛羊菜果於舘初皆麾之後見其誠懇聞亦或受每一饋予二人亦遍及于從者舘饋無弗均六月三日報長史舟至境又越五日始抵國都較之予舟浹旬始至詢其故柁折帆傾非夷衆熟于操舟幾何而不葬魚腹也十六日行祭王禮王墓不知所在寢廟一所在國門外即於廟祭焉先迎祭品往廟陳設後用龍亭迎諭祭文予二人隨行將至廟世子素衣黑帶候於門外戚乎其容儀然若憂暇之中也予二人拱而入至廟神主位東西向予二人位西東向龍亭居中南向世子位南北向宣諭祭文畢世子出

露臺北面謝恩進廟與予二人交拜揖至中堂予二人南向坐定世子令長子致詞曰請處蝸角辱玉趾遠臨當闔闢奔迸有制不敢違越徒懷慙悚今又辱賁先人幽明倍感敬其清酤二卣以獻左右聊用合歡爾予二人諾之酒數行皆親獻坐少頃別去隨遣法司官同長史至館致詞曰今日勞從者為先人寵光小國無以為獻具黃金十兩為壽予二人却之世子知道乃亦以此浼我乎今持去不從作書與之世子得書不復再饋七月三十日行冊封禮先五日長史請儀注習之是日黎明世子令陪臣候於館門之外導引詔勅往國國門距館三十里介在山海之間路險巇不平將至國五里外有綽楔一座扁曰中正

自此以往路皆平可容九軌旁壘石墻亦若百雉之制世子候於此龍亭前先行五拜三叩頭禮導至國門門曰歡會門內數步即王之宮也宮門扁曰漏刻門三層層有數級之堦正殿巍然在山之巔扁曰奉神設龍亭于正中國王升降進退舞蹈祝呼肅然如儀禮畢導予二人至別殿復行見禮衆官亦拜見如初王暫退出臨群臣與一國正始群臣四拜為賀臣之尊者覲者捧觴為壽蓋夷俗以此為敬故君臣之間亦行之朝罷別殿設宴金鼓笙簫之樂翕然齊鳴王奉酒酒清而烈來自暹羅者醺人不須一盞予二人但嘗之而已籩豆之實備水陸之珍然不能自製也皆假予艦舶庖人為之蓋夷俗無宴享醵會之事

不知享飪調和之法不過假以文具陋耳獻酬交錯至晡而止予二人復令儀從迎詔勅至館王再拜曰小國無以為寶璽書以為寶先朝詔勅藏之金匱已八葉於茲矣今辱臨幸留此鎮國不爾予小子自底不類為先人羞予二人令啟金匱驗具留否既而長史數人各捧詔勅一道而來遂許留之王喜甚重拜而別予二人至館王親一人同長史來饋儀物屬色麾之長跪不起不得已姑各取扇布二物以答具誠復與一書二十日設宴名曰拂塵蓋凡使琉球與他國不同安南朝鮮陸路可行使事既畢不過信宿遄返琉球在海外候北風而後可歸日久與王不免多會會多則不免情褻勢所必至是宴之設籧亘尚

簡不復陳方物但令夷童歌夷曲為夷舞以侑觴傴僂折亦足以觀舞罷令世子介子執弟子禮奉酒三觴將行復親捧玉盃乃武宗所賜者引滿勸白辭以不善飲一酌而止二十五日向昏颶風暴雨頃刻而至第舍皆席捲去館屋亦撼搖予寢不能寐起坐中堂門牖四壁蕩無存者因念港口之舟恐不及維遣人視之僉曰昏黑不辨牛馬盡少時風雨正惡亦不能強黎明往視則王已差法司率夷人數百守護舟側矣詢之舟人乃半夜時至法司亦夷官之尊者路且遥衝風冒雨而行不辭艱險夷之君臣可具感也夫中秋節夷俗亦知為美請賞之因得遍遊諸寺寺在王宮左右不得輕易往來有曰天界寺有曰圓覺

寺此最鉅者餘小寺不暇記二寺山門殿宇各弘敞壯麗亞于王宮正殿五間中供佛像左右皆藏經數千卷夷俗尚佛故致之多上覆以板繪以五綵下用席數重清潔不可容履殿外鑿小池甃以佳石池上雜植花卉有鳳尾蕉一本樹似椶葉類鳳尾四時不改色諸夏所無者徜徉容與塵慮豁然但僧皆鄙俗不可相語彼亦不敢見吾輩亦曉烹茶之法設古鼎於几上水將沸時盃投茶末一匙以湯沃之少頃奉飲味甚清是日王因神降送迎無暇倍遣王親侍遊至未刻邀坐宴不甚豐情意欵洽召諸從人至階下令通事勸飲旅進旅退各以班序至醉而止向夕回館月明如晝海光映白令輿人緩步縱目所適心曠

神怡忘其身之在海外也二十三日王始至舘相訪令長史致詞曰請清志欲謁左右久矣因日本人寓此狡焉不可測俟其出境而後行非敢慢也予二人亦具核殽留坐移時別去二十九日請予二人餞行布筵水亭中觀龍舟之戲舟之制與舉棹之法皆效華人亦知奪標以為樂但舉棹人皆小吏與大臣子弟各具綵服簪金花雖濡于水而不顧以示誇耀之意焉九月九日復請餞予二人訝其煩深拒之懇請再三後行至則見其食品所列山蔬海錯粔餌粉酏雜陳于前製造精潔味甚適口但止數品不能如昔之豐也詢之左右乃知前此諸設皆假手閩人此則宮中妃嬪所自製者臨行長史捧黃金四十兩王言餽

贐之禮古今所有非清敢自褻天使具毋辭予二人曰王之餽贐於義可受但予輩承君命至受此而歸是以君命貨之也愚敢王愕然曰天使言必稱君動必遵義清知過矣乃不敢強持泥金倭扇二柬贈曰天使遠來此別不復得會夏日揮之或可繫清一念耳予二人受之各荅以所持川扇王喜不自勝因再拜而別十二日登舟官民送者如蟻皆慕漢官威儀有至海濱不忍去者從泊舟之港出海僅一里中有九曲夾峙之石惟風息而後可行坐守六日王日使人侍側且致慰詞仍命看針通事一員夷役數人護送又遣王親長史等官進表謝恩十八日風少息挽舟出海舟斜倚峙衆恐且傷於石大驚幸前月予

二人親督修黏故不為石所傷復停海口二十日始克開洋夷舟同行二十二日至夜颶風陡作大桅五木攢者既折須臾舵葉亦壞幸鐵梨木為得獨存舟之所以為命者桅與舵也當此時舟人哭聲震天予輩亦自知決無生理相顧嘆曰天意果如此計免者得之矣是時舟人無所用力但大呼天妃求救予二人亦為軍民請命叩首不已果有紅光燭舟舟人相報曰天妃至矣吾輩可以生矣舟果少寧息翼日風如故尚不敢易舵衆廢寢食以待斃不復肯入艙同行夷舟遂相失不知所往二十三日黑雲蔽天風復將作有欲易舵者舵者曰無尾不能運舟風弱尚可支持烈則將何以救不欲易者曰當此風濤去其舊而

不得安其新柰何衆不能決請於予二人予二人曰風濤中易舵靜則可以生動則可以死惶惑亦不能決令具珓請于天妃得吉衆遂躍然起舵舵榦甚重約有二千餘斤平時百人舉之不足是日數十人舉之有餘熏之風恬浪寂頃刻而定定後風浪復惡神明之助不可誣也舵易衆始有喜色二十六日忽可一蝶飛繞于舟舟人曰岸將近矣有疑者曰蝶飛繞質甚微在樊圃中飛不過百步安能遠涉滄溟乎此殆非蝶也神也或將有變遂令舟人備之復有一黃雀立于桅上令舟人飼以米雀如常禽飛下啄盡乃去是夕果疾風暴發怒濤拍天巨艦如山飄蕩僅如一葦梢後距水不下數丈水經過之持舵者衣盡濕

艙中受水可知也風急水聲助之如雷不忍見聞衣服冠而坐
欲求速溺相顧嘆曰聖天子威德被海外百神皆為之效職天
妃獨不能相救乎言訖風若少緩舟行如飛達曉則已見閩山
矣舟人皆踴躍呼舞以為再生稽首于天妃之前者若崩厥角
二十八日至定海所十月二日入城痛定思痛凡接士大夫必
敘所曆驚怖諸狀無不為之慶幸區區二人何能得此實荷聖
天子威福以致神明之佑不偶然也今越旬日而同行之舟尚
未至或不免漂溺之患焉嗚呼危哉嗚呼危哉因是而有感矣
夫浮海以舟駕舟以人二者皆濟險之要也官之尊者固非已
事不屑經理舶艦之役官之卑者因此難遇惟思圖利侵尅船

價為事耳故造作之間種種不如法駕舟之人皆欲乘便貿易罔名于籍而不知操舟之術者予前所述古米山之險具明效也後之使者浮海者當先擇委有司二員造舟約令隨便往來修整則彼軀身命所在利害相關始造必不為之苟矣告之藩臬不從以請于朝可也水手貴精不貴多須擇慣下海善操舟者而用之如此立法則可以節國之費衛衆之生矣若則藩王領封之說則肇自前輩之使占城者此時正副畏溺不肯航海曠持日久王子不獲已而至中國館于海濵受封後有司遂乞

藩王世子陪臣來奏請封者當命使臣賫詔勅駐海濵待其來以賜之未獲俞旨嘗稽古諸侯嗣立俱以士服入見天子受封

令之四夷即古荒服諸侯也雖不克覲天子俾具于海濱領封亦無不可蓋不俾中朝之使遠冒乎險以錫命而小國之君坐享其爵而偷安尤為萬世可守之法也故惜辞煩而為後使者忠告

自後琉球商人有漂至瓊州者執送廣州按察僉事經彥寀為請于朝撫恤之歸遠人感德　三十七年國王尚請薨遣使告哀三十八年上命給事中吳時來及行人李際春往行冊封禮適時來有疏論大學士嚴嵩言其畏航海之役故生事妄議上怒廷杖時來謫戍廣西改命給事中郭汝霖為正使與副使際春同往至福建省城造船遭值連年倭患阻遲海口未得開洋　四十一年

五月内海口頓靖乘隙而出五月二十八日在於長樂縣梅花地方開洋閏五月初五日行至赤嶼山阻風三日漂過琉球山一日幸彼處夷人在山哨望知為封船乃發舶牽引回其境内至初九日登岸到於彼國尚元即遣官及舉國臣民迎導詔勅至天使館安奉

郭汝霖思息亭說曰琉球天使館自門而入正堂三間自正堂引至書房三間余處於東李君處於西房之後再三間官舍葦處之兩旁翼以廊房各六間門書輿皂寓焉暑月蘊隆促促數步内琉之人為余弗安也卜後垣空地砌土瓦茅蓋柱而亭之余因扁曰息思夫人情久相離則思余馳驅上命何敢言思然

舍桑梓涉波濤遠君親旅外國而鴻賓鴈弟玉樹芝蘭數月各天寥寥音問余安能不用情哉昔謝大傅江海人豪中年與親知別數日作惡余嘗竊歎具懷陽明子曰七情之發過處為多余又悲夫情之過而惡也斯亭之登願少息焉圖書在前琴瑟在御以吟以咏以絃以歌庶幾造化者游而忘具身之在異鄉矣

汝霖等擇六月初九日行祭王禮六月二十九日行冊封禮封詔曰朕受天明命主宰寰宇九政令之宣布惟成憲之是循具於錫封之典遐邇均焉爾琉球國遠處海陬聲教漸被修職効義閱世已久故國王尚清顯荷爵封粤踰二紀茲者薨逝屬國請封世子

元朕念具象賢衆心歸附是宜承紹國統特遣正使刑科右給事
中郭汝霖副使行人司行人李際春齎詔往封為琉球國中山王
仍賜以皮弁冠服等物王宜謹守禮度益篤忠勤凡國中官僚耆
舊尚當同心翼贊以佐王飭躬勵行用保藩邦庶幾無疆惟休故
兹詔示咸俾悉知復賜勅曰惟爾先世享有爵封恪守海邦職貢
罔缺爾父尚請清事上益恭兹者薨逝訃聞良用嗟悼爾為家嗣國
人歸心宜令掌乃國土特遣正使刑科右給事中郭汝霖副使行
人司行人李際春齎詔封爾琉球國中山王并賜爾及妃冠服綵
幣等物爾宜服膺君命圖紹先業秉禮循義奠境保民以副朕懷
柔之意封禮既畢仍乞留詔勅汝霖等如制許之十月初九日登

舟風阻哪霸港口至十九日始得開洋二十一日在洋中折舵既而得全十一月初二日歸至福建省城具琉球國王尚元遣王親原德長史蔡朝器等另駕一舟隨同上表謝恩亦以初十日到于福建海口汝霖等還朝畢事疏曰臣惟唐虞三代之盛四夷來王漢唐以下雖有屬國叛服不常琉球在海島中乃能未堅一心歸化無諭臣等到彼供應稟餼趨走承順如郡縣然非聖朝文德漸被之極何以致此我皇上十三年既冊其父茲者又封其子聖壽萬齡天威萬里視祖宗有光而軼唐虞三代不二矣臣等雖當海驚風波之險猶得周旋使事之榮臣無任感欣荷忭之至

郭汝霖重刻使琉球録曰嘉靖三十四年六月琉球國中山王

尚清甍三十七年正月世子尚元差政議大夫長史等官到京
請乞襲封王爵禮部以請勘倶係彼國官民乃不後行勘奏請
如故差正副使二員賫詔勅皮弁冠服往時科中應行者吳君
特來行人司則李君際春也命下二月十六日矣部咨翰林院
撰文各衙門造該用儀物延之三月終未行而吳君有戍事汝
霖乃同李君承乏焉四月初二日也部中監前畏避之嫌促日
起程霖等亦以重命不可再緩遂請詔書易名改賜品服初八
日慨然解舟南下七月初抵江西地方霖意海警連年事須巧
速因一面差人至福建布政司令作速委官代木造船九月中
親至閩坐督刻次年春汛必行奈地方多事賊報交馳當事者

已疑不能必往又皇皇剥膚之灾而視外及為稍緩管工官亦泄泄於是船自十一月起工至次月四月僅完其半賊報緊急不俟工完四月初四日出塢尹參將令百户嚴紱光等接至鎮駕守十一日午刻方至鎮未刻賊已接踵相望數里不為所奪倖也亦尹之力也是年倭奴輳集福州城外稱數萬城門閉者三月余等亦日日上城同有司巡守先是戊午冬琉球世子差來迎送長史梁炫等住柔遠驛盡為所掠六月始得脫逃七月終各役奔命者漸復欲召之行而風汛過矣聲息轉聞琉球三十九年正月蔡廷會等來修貢傳其國有領封之情呈文該該司以時事難國體所係遂為轉奏本下部議以舊典難遽變俟

海警稍寧必期渡海終事時勘合到遲將届六月倭寇伺候海中者又比比予召漳州史長舵工等役中途又為賊阻各役依山緣徑而來動經月餘至則又七月矣前船既有傷損久住內港鳥蜍叢生鳥蜍者生於淡水則墜於鹹水生於鹹水則墜於淡水也一至海則垂垂而墜船板精華俱為所蝕油灰不能復住水從鏬漉而入何可止也余時與諸司議但挾數十人從夷舟往夷舟頗小舉動敏捷既不為賊覬覦又可藉以濟事有司固執以堂堂天朝為此舉動何以威臨四夷若事不易濟寧修船俟時無得而論欲從權濟事亦須上聞不然他日誰任其咎余時聆諸君正論亦不能奪且念事體重大人役頗多又非可

一人微服行者於是內愈熟而情益詰李君迺曰既不能行毋徒躁動不若專意修船靜俟地方事大非一手可掩他明當有人諒也令然之火長舵工等因呈乞有司改造前船八月再定艙至十一月畢工出塢越嘉靖四十年春二月予遂召集漳州等處各役亦先期來余欲挾之先出海口而守各役謀以海口風濤難泊公若往內各兵船亦往各兵船往而內港虛矣不然探聽消息有急而行可也三司諸君亦曰既不能出內港豈能出外洋乎令歲傳聞賊或不至內地姑俟之蓋大船出內港水淺必朝平而後行日不數里自南臺而旺崎而閩安鎮而广石須十數日而至定海梅花開洋之處滯重遠進謀杞之者其力

易及封舟之不能速行為此也若洋中汪洋浩蕩予固知他舟不易犯即犯之舟封之威可施夫萬里之外洋猶可無慮而數日之內港乃能阻人闖者豈能知之乎至四月忽值內地廣兵之變及平定長樂史又報福清之賊既又傳福寧之報余于是朝而側目夜而側耳聆聆然日守一日惟恐報鼓之聲也五月初六則有賊二百餘至閩安鎮之下江時各役告請行粮余亦牒有司漸次散給兵道楊君來言曰今事急且不論行即船將如何守欲發之閩安鎮駕守又已近賊欲行張漢人守閩安鎮又曠無人予曰各役已散行粮行期旦夕若復動搖人心解散豈能再集百姓官銀到予寧不支用不行而復追之敲朴日繁矣

楊君曰事果難如是予因曰君來自部中莫謂予等有畏避之嫌令可目覩之具令乃一小報前兩年遑遑時刻緊急不同何如也蓋船既重大不惟行之難而造之亦難不惟造之難而守之亦難三者惟地方無事者可也若如己未年賊旗既到上下紛擾雖委造官皆奔走守城之役廠中材料又誰復查理當其時非亟於收拾纖毫豈可望耶後來改造諸料猶得應用亦必有自矣至于守之難者謂一於用不行者則踐踏震撼視舟全無愛惜之心一于用同行者則水木鬱蒸行時必多暴露之疾余不得已乃參而用之令其輪班更迭將就全事閩安鎮初六之報令許嚴等牽船前十餘里又行張漢興嚴繼先陳孔成

馬魁道等嚴密偵賊向往又請于軍門劉公令張漢若有急即自座守既賊乃從下江口由長樂松下瀉入福清而船始報安焉五月十九日船至長樂取水與李居二十五日起行撫按三司餞於南臺府縣別于新港二十六日辰刻至長樂時自二十三日起連有南風各役以二十九日夏至恐風尚未定三司諸君送者仍欲守候予曰天時難測今已南風又疑其未定而欲俟其定何時乃定且夥長輩皆予所需以決事者今臨事率不敢擔當事在一人信矣遂決而行二十七日至广石二十八日祭海登舟別三司諸君二十九日至梅花開洋幸值西南風大狂瞬目千里長史梁炫舟在後不能及過東湧小琉球三十日

過黄茅閏五月初一日過釣嶼初三日至赤嶼焉赤嶼者界琉球地方山也再一日之風即可望姑米山矣奈何屏翳絕驅纖塵不動潮平浪靜海洋大觀真奇絕也舟不能行住三日初六日午刻得風乃行見土納已山土納已山琉球之案山洋路從姑米山而入正也時果南風駐用舵者欲力駕而東勢既未捷至申刻乃見小姑米山小姑米山在琉球之西稍過即熱壁山幸而小姑米山夷人望見船來即駕小艀來迎有二頭目熟知水路且日既不能從大姑米山入何可傍內納已山而入其中多礁予等聞之駭二頭目一面令夷船入報渠遂躬在余船道駕從小姑米山而入且云得一日一夜之力即未據登岸可保不

下熱壁山矣予等厚賞賜之晝夜趕行初七日未刻望見王城那霸港焉然東風為多相隔僅五十里不能轍近世子遣王親問勞致牲菜酒禾調茶禮肅法司官夷舟五十餘集封舟前每舟一老人鬚眉皓然見封船皆踴躍呼拜欲用先年輓入故事而風勢方旺至次日法司官督眾益嚴誓以不即挽登岸倘有踈虞必先開肚余屢慰曰風豈人力能勝船已至此不勞自急然竟亦不能行至初八日午刻有衝風暴雨予曰可整舟挽而行諸人疑之既而果行初九日辰刻遂達岸焉蓋風旺三日而復暴急予憶其必將止若暴先發則旺勢未衰此理之常何足疑哉既抵岸三日後有傳賊船從其境上過者蓋蓬力小大洋

中自不相及初九日登峙迎詔勅至天使館世子日遣長史大
夫等官叅謁導從巡警俱如中國之儀三日遣王親一員同長
史大夫問安廩餼俱仍舊軍稍行匠人日米一升半乾魚四兩
畧有海菜外給錢五文買蔬菜問候之日俱有猪牛羊等各官
廩給口粮者又差盛始軍稍疑錢太少乃查之舊案無增也惡
人篤於守舊而吝嗇者不無厚望且豐乏之不同時下民豈能盡
量至世子各官之意則恭而有禮矣世子又嘗問其臣曰今者
天使勞涉比之往歲不同吾欲先一快覩以遂仰瞻之心何如
法司等力以舊章止之六月初九日祭王世子敬戚之容宛乎
可掬王既得諭祭之後世子仍令其國僧修佛事以伸追慕至

23

二十九日乃行封王禮厥明世子遣各官候於館門自先王廟列儀衛巡警導引至國門外世子拜謁躬導詔勅至王殿嵩呼拜舞皆先期習熟世子見詔勅儼恪益如禮儀卒度亦如原錄所云群臣將事無不肅是日履王位該國臣民行朝賀禮余等退居西堂王率群臣謁叩設宴饌盛樂繁事竣乞留詔勅余等余令具捧前此聖製來驗因如旨錫之王與群臣讙呼拜謝至七月十九日設拂塵諸宴八月中秋設觀渡宴作書辭之曰蓋聞酒以成禮不繼以淫義也霖等欽奉上命前來佳禮既行華筵亦既洽矣茲又屢過招無乃大繁也乎敬此以辭向祭封之日無承褭蹄之惠雖王中心致敬之誠而辭受以義又使人素

有成規而不敢失者也敢并全璧伏惟以德相愛以道相處共守天朝之大閑安臣子之大義而不區區於儀物之末幸甚十八日王乃躬至使舘相訪亦如舊畧倫筵款之併及群臣從者九月十九日王請餞行亦具黃金四十兩為贐余等嚴却之次日復使法司大夫長史等官持來辞甚懇惻復作一書令叅隨各官往還之曰封舟瀕行領宴餞燕惠槖歸已嘗面辞矣茲屢法司大夫長史等復來夫承筐是將雖賢王好我之誠而不受焉寶賚使人自守之矩且天朝清議光昭非禮授受具有明辟余雖欲於王如朝廷之大法何惟王知所以愛而勉其非所以愛可也傳有之私惠不歸德君子不自留焉王其念之王得

書不復令人來強是年九月十九日立冬舵工等擬必北風盛發然數日竟未有十月初五巨風發後乃以九日登舟圖回往者封船既至琉人亦招集各島夷船以觀天使為名實亦因之滋貿易也是年則琉人務假防護之名時雖有商船一隻亦遂出之而各役所帶纖毫行李俱不能售於是盡舉而歸之琉人琉人故證而賤之而各役之情苦矣登舟之後方圖舉帆而風雨驟至阻於哪霸港口港口險隘僅容一舟稍有偏側船轍不保船之兩旁繫以大纜至十五夜右纜忽斷陳孔成見之忙吹號舉砲夷人二千餘來加鏢牽轉再加新纜船乃得安十八夜天忽朗霽月光如晝四更時諸人與夷官稍乃導出港東北

風旺舟行如飛二十日午後忽有黑雲接日冥霧四塞舟人懼曰此颶徵也頃刻果颶風至守之益慎至夜二鼓霹烈一聲舵已去矣舟遂大顛吳宗達等遂落大蓬舉舟哭聲震天黑夜無措余乃速止曰即如此命也哭何所濟時陳孔成擇漳人僅五十將各艙所載重者一面去拋一面令李子顯等倡言舵雖折尚有邊舵決保無虞容某等漸處余諗曰靜以禦變極是但舵何時可換吾不舉大蓬但張二蓬三蓬任其漂流至後可補鍼也陳大韶曾宏俱向從陳高過洋者來大言曰往年亦如此然往年船不固今此船固往年船發漏無邊舵今不漏有邊舵往年折舵并折桅今桅尚存余聞其言心亦頗定然播蕩反側無

頃刻寧幸而天明促之換舵而風勢愈烈余召孔成來曰事將奈何孔成曰海中行船此事所有但持之觀明日如何至次日風又不息余乃口為文令吏陳佩床前書之以檄天妃適一晨刻風稍定始得換舵舵既定諸人頗有生望但幸舵火纜兜之自尾至船首者又忽中斷則海水鹹腐繩纜不能久舵工等又懼舵不能穩稍擺動全口開船分兩片矣此尤危也乃用銀重賞一夷人係其腰令之下海接之竟不能接吳宗達來稟欲穿二艙三艙邊繩繫舵而不能決余聞即緊然是之乃鑿而度繩舵始得安蓋艙近繫繩比之兜肚遠者其力尤大行之至二十六日許嚴等來報曰漸有清水中國將可望乎二十七日果見

寧波山歷溫歷台閩人未能盡曉浙中山嶼疑迷莫測仍懷憂思至二十九日忽至福寧見定海臺山心始安焉從五虎入十一月初二日入省城追想前迹爲之惻然士夫相會眞同再世往讀陳高使錄說者皆謂其過余亦疑之至是親歷知其字字不虛且中間險苦尚有筆楮不能盡者嗚呼痛哉

森錄又曰是年閏五月初四日至赤嶼無風舟不能行當書有大魚出躍從者謂如一舟然旁有數小魚夾之至暮舟震撼衝擊莫知其故自艙上覷之則風浪靜而舟之顛危次日愈甚余與李君目眩心悸召長年問之皆謂無風而船如此事誠可恠耶嘉者船力勞壯堅固決保無虞慰安余二人既退余使人偵之

則皆稽首天妃之前禱矣中夜顛危益甚李君曰事將何如余曰造船用人乃人事之可盡者此以外豈復能與但余二人所捧者朝命也皇上德被幽明海神必且效若時余二人既不能安枕中夜見忽有明光燭舟舟稍安嚴百户舵工等俱得異夢六日辰刻影長舵工請余二人拜風且謂有所愛之物可施之余思出京時曾有人惠金光明佛經又舵工陳性能作綵舟以禳余曰事無害於義從之可也余二人官服以拜口爲文以告道人等用經與綵舟羽之艙口祈之而風忽南來諸從者尚未回謝天妃之前成仰呼曰風到風到遂滿蓬而行至初九日登岸此神明之貺顯矣又按十月十九日開洋回國東北風旺至二

十日午刻忽有麻雀一隻宛宛來泊艙蓬陳大韶等見之即心動曰此神雀報信又往年陳高二爺回時之兆倏忽間黑雲接日冥霧四塞冷雨颶風號呼大發余令吳宗達等謹備之行至夜一鼓舵忽折去舉舟哭天而叩天妃余亦呼天妃告曰此華夷五百人性命豈可易易至天明風連旺不止舵不能換二十二日辰時余暗（眩）瞑甚矣蓋五日不一粒生死亦余已次杜（肚）外雖（惟）是五百人尚不能忘念乃召書吏陳珮具筆札床前余口為文撥之令書以檄天妃前舟中雞鴨牲口之類尚多余問之庖人曰不知何時靡有遺矣惟一一鵝尚存余令宰之告曰寡等欽奉上皇命冊封琉球仰荷神祐公事既完茲當歸國洋中折舵無任

驚惶惟爾天妃海岳皆國家廟祀正神茲朝使危急華夷五百生靈所係豈可不施拯救若霖有貶心之行即請殛之於床無為五百人之累若尚可改過而自新也神其大顯靈威俾風恬靜更置前舵庶幾可以圖全神其念之毋作神羞既祭後風稍息諸人亦求珓於天妃許之遂易新舵諸人大發願心祈修醮典余亦許歸朝奏請如例遣祭舵工陳興珙又善降箕乃用李君一家僮併不能字者扶之字皆倒書曰有命之人可施拯救欽差心好娘媽保船都平安也嗟呼鬼神冥邈談者未有不疑然此四無邊際岸之中宛弱隻雀何從而來易舵之後又一鳥常據於桅尾何從而來孰謂世間事可盡以常理臆決哉到際岸日

凡諸人祈許余令一一修還所謂毋使行旨神明何敢以險既平而遽忽諸

郭汝霖等復新天妃廟于广石勒碑為文記之

霖广石廟碑文曰广石廟廟海神天妃者也天妃生自五代含真蘊化歿為明神歷元迄我明顯靈巨海禦災捍患極溺扶危每風濤緊急間現光明身著幹旋力體所謂有功於民報崇祀典而广石属長樂濱海地登舟開洋必此始廟之宣德傳自永樂内監下西洋時創焉成化七年給事中董旻行人張祥使琉球新之嘉靖十三年給事中陳侃行人高澄感板異復新之板皇上所書即董張新廟月日也重

帝三十七年琉球世子尚元乞封上命汝霖充使往而副以行

人李際春余承命南一長老多數余致敬天妃之神弭節閩臺
造冊百凡按陳高使錄行帷广石廟遭倭寇焚乃耆老劉仲堅
等聞余至亦來言廟事余檄署篆孫通判大慶考其遺趾并材
料工價值百金往陳高指俸二十四金助余與李君如之往從
行者各斂銀一星量得三十兩餘今則從行者尚未定名往長樂
民力饒可以鳩工今則連年有兵務性往劉知縣尹邑久今孫[illegible]乃
署篆且未久也於是七十余金無從得余因言於代巡樊公斗
山樊遂標罰贖餘成其事且命通判速工請記於余余不兩越月
廟貌鼎新巍然煥然瞻趨有所人心起敬他日飛航順便重荷
神貺者樊之功哉或因是以鬼神事質於余余曰是說者也薦神紳

27

先生難之矣者孔子曰敬而遠夫謂之敬必有以也謂之遠特不專是以徼媚云耳故其祭神如神在鄉人儺朝服立阼階孔子豈無見耶而初學小生稍談鬼神則冒然稱茫昧避諱讀（瀆）讖及遇毫髮事輒俛首叩禱不暇果能知事人等鬼者乎今夫航海之行尊皇命也一舟而五百人在焉彼溟洋浩蕩中無神司之人力曷能張主學者知是説則知余（事）非惑樊非狗而是廟之祀可以勸諸將來樊名獻科字文叔浙縉雲人其巡閲也酌時機務省約而連之關體要者獨無所惜云

祖訓中載有大琉球小琉球之別小琉球不通往來未嘗朝貢則今之奉勅封為中山王者乃大琉球國也其國政令簡便雖非如

華夏之嚴而亦有等級之序王之下則王親尊而不預政事次法司官次察度官司刑名次那霸港官司錢穀次耳目之官司訪問皆上官而為武職者也若夫（大）長史通事等官則專司朝貢之事設有定員而為文職者也王日視朝自朝至於日中昃陪臣見之皆搢手膜拜尊者親者則延至殿中賜坐飲酒卑疏者則移時長跪於階下凡遇聖節正旦長至日王率陪臣具冠服設龍亭行拜祝禮至於賦歛則寓古人井田之遺法但名義未詳倫王及臣民各食分土故酋長咸遵理不科取于民至於有事如封王之類所用布帛粟米力役以供天使者則暫征之不為常例雖無曆官及陰陽筮卜之流然亦諳漢字而知正朔至於作詩未必盡效唐體而

弄文墨恭禪秉者間亦有之蓋久漸文教非復曩日之純陋也其俗男子蟠髮作髻子頂之右凡有職者貫以金簪漢人之畜髮則居中俱以色布纏其首黄者貴紅者次之青綠者又次之白斯下矣王首赤纏帕衣則大袖寬博製如道服每束大帶各如纏首布之色辨貴賤也足則無貴賤皆着草履入室宇則脫之蓋以跣足為敬又席地而坐恐塵污地故王見神臣見王及主見賓皆若是也惟接見天使則加冠具履行揖遜之儀然疾首蹙額弗勝其束縛之勞矣婦人黥手而戕為花草鳥獸之形首反無飾髮如童子之總角在後不知足而為之履男女皆可用也第富室則以蘇席襯履底少加皮緣即為美觀上衣之外更用正幅如帷覆于背見

人則手見引之前蒙其首而蔽其面下裳如裙而倍其幅襇細且長取覆足也其貴家大族婦女出入則帶箬笠坐於馬上女僕三四從之蓋男未嘗去髭鬚戴羽冠女未嘗有布帽毛衣螺佩之飾亦無產乳必食子衣之事如統誌所云也父之于子少雖同寢及長而有室必異居食兼用匙筯得異味先進尊者子為親喪數月不肉食亦其俗之可嘉俗以中元節為重自七月十三日起二十六日俱晝夜男女喧雜往來不禁死者以中元前後日溪水浴其屍去其腐肉收其遺骸布帛纏之裹以葦草襯土不殯不起墳若王及陪臣之家則以體骸匣藏于山穴中仍以木板為小牖牖戶歲時祭掃則啟鑰視之蓋恐木朽而骨暴露也地無貨殖故商賈不

通標掠之事，間不能無。然其國小法嚴，凡有竊物者，重則闕肚，次則問守別方，犯者故少。志謂其性好標掠。雖設榜夾之刑，而多不用。朝貢往來俱乘大舶，海邊漢塩亦泛小艇，未嘗縛竹為筏也。人善泅水，有刳木為舟者，如猪食兜，兩三人處之，橫海中顛風巨浪，不懼。水泛則覆出之，而後棹焉。俗畏神，神皆以婦人為尸祝，經二夫者則不復用之矣。王府有事，則哨聚而來，王率世子及陪臣皆稽首百拜。所以然者，國人凡欲謀為不利，神即夜以告王，王撲滅之。昔倭寇有欲謀害中山王者，神禁其舟，易水為塩，易米為沙，旋亦就擒。惟其守護茲土，威靈赫然，是以國王以下人皆敬事之。尸婦名女君，首從三五人入王宮中遊戲，各戴草圈而攜樹枝，有乘馬者，有

徒行者一唱百和聲音慘哀來去不時惟那霸港等處則不至以此地人多非良及家有漢人故耳此則真有而殺人祭禱之事則無也

郭汝霖曰是年封王自四更時女君果降將五更即散矣凡我通事及庖人聞其聲嗚嗚然

國王之宮建於[于]山巔四圍皆石壁無有波羅檀詞[洞]之名亦無多聚髏髑之說門外有石砌下有小池泉自石龍口中噴出名曰瑞泉王府吸[汲]之供飲食取其甘潔也道路垣夷不設塹揷棘以為險殿宇朴素亦不雕禽刻獸以為奇國之山亦無翠麗大崎斧頭重曼四名形勢卑小不高林木亦不茂地方多沙礫田土薄瘠民間耕

種亦鹵莽未見糞多力動者是以五穀雖生而不繁碩焉牛羊鷄豚之類多瘦削不堪用氣候亦不常熱雨過即涼造酒以則水清米越宿令婦人口嚼于搓取汁為之名曰米奇非甘蔗所釀其南蕃酒則出自暹羅釀如中國之露酒也陪臣子弟與凡民俊秀皆令習讀中國書以儲他日長史通事之用其餘俱從倭僧學書識番字而已古畫銅器非所好惟好鐵器與木綿蓋其地不產此二物民間炊爨多用螺殼女工織絍惟事麻縷如欲以釜甑爨以鉄耕者必易自王府然後敢用之否則犯禁而有罪焉地不產金亦無黃蠟通國貿易惟用日本所鑄銅錢薄小無文每十折一每貫折百殆如宋季之鵝眼錢也曾聞其國用海巴今弗用矣然與其

用是錢孰若用海巴之猶類于貝哉人甚重財帛即夫婦亦各私其財或相忤則各挾所有而別處數日乃復其家男婦唯嗇於衣食日食不過飯一二碗畧充饑而已魚肉之類絕少用故賤而無售者大抵其俗儉而不勤也其山曰黿鼊嶼（國西）曰彭湖島（國西近福興漳泉郡界天氣晴朗望之若霧）其川曰落漈（水至彭湖漸低漁舟多漂不回錄中謂無此水則）其產闘鏤樹（似橘容葉）硫黃胡椒熊羆豺狼鳥則鷗鷺鴿鶉之類亦閒有之其貢馬硫黃蘇木胡椒螺殼海巴及生紅銅錫牛皮擢子扇磨刀石瑪瑙烏木降香木香其地在福建泉州之東自福州視之則在東南必孟夏而去必季秋乘風便也其貢二年一期海船百人不得越一百五十人其道由福建達於京師

按琉球之秉德維藩雖不克如朝鮮之每歲廷實而亦恪恭不二其陪臣之子弟來入大學觀光習禮者迄今不絶可謂守王章重大教者矣萬曆改元適國王尚元卒今世子尚永告哀請封上命禮部照例行勘則詔使之行固將有期而浮海之録亦且更新矣乎

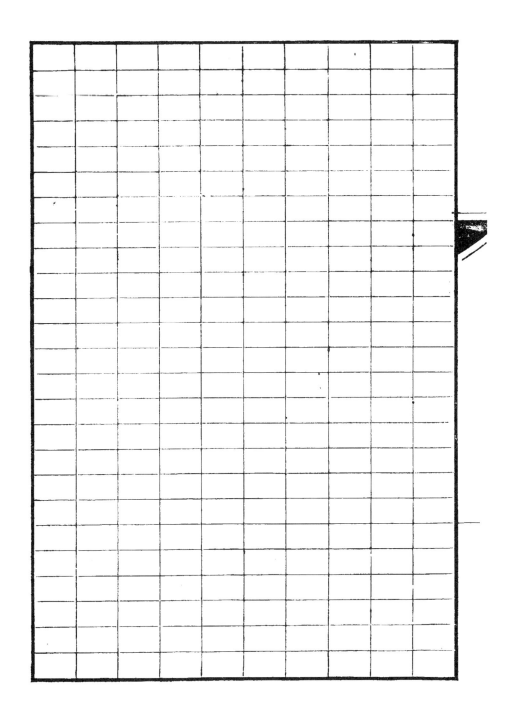

卷五　安南一

卷六　安南二

殊域周咨録四

勵耘書屋

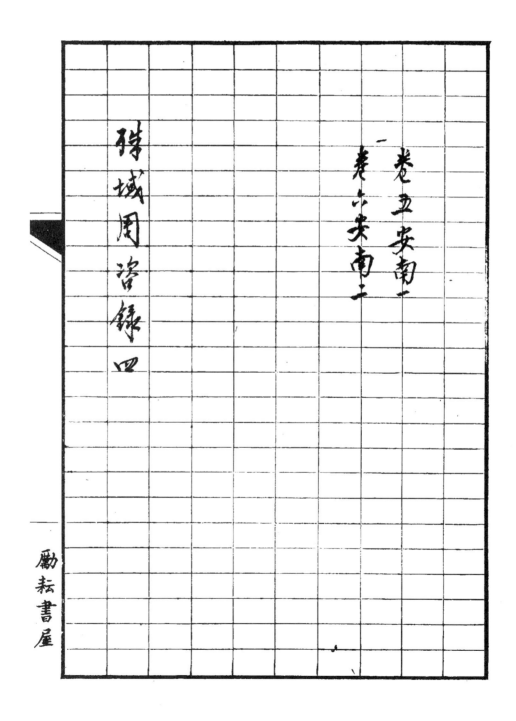

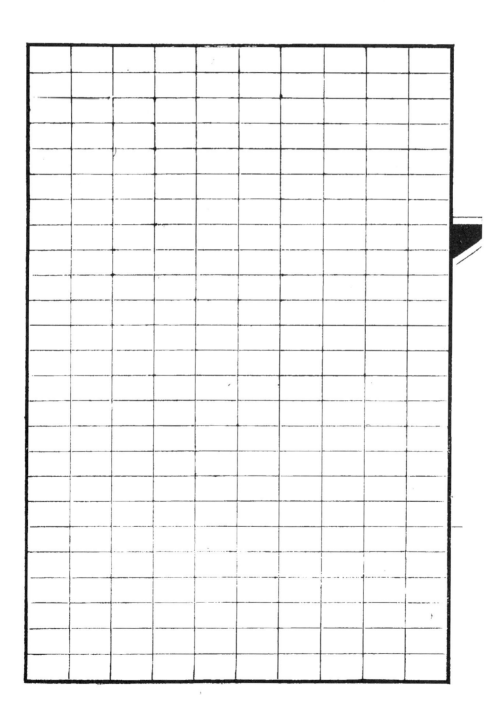

殊域周咨録卷之五

皇明行人司行人刑科右給事中嘉禾嚴從簡輯

南蠻

夫南方曰蠻雕題交趾有不火食者矣黃帝馭極來白鹿以獻姬周成正統貢白雉而重譯其通道中國厥惟舊哉自是而降箕踞如趙佗而陸賈能使其蹶起悖慢如黎桓而李若拙能令其避席漢宋二史翹然南服之斗山也於惟昭代垂衣裳而向離舞干羽以格苗文教所暨赤海澄波內則天子開明堂以受其朝外則行人秉玉節以宣其命天威咫尺口山呼而首角崩者惟恐或後也用揭爽徽以示四牡指南其正南則曰安南曰

占城曰真臘曰滿剌加曰暹羅曰爪哇西南則曰渤泥曰鎖里古里曰蘇門答剌曰錫蘭山曰三佛齊而雲南百夷佛郎機附焉撲厥星輪風土不習瘴雨嵐煙蛇蟲獸毒所當為國珍攝者固自有在也若夫橐中之賜裝直千金史遷誇之以為使者之榮則豈我所敢聞哉志南蠻

安南一

安南古交趾也宋元以來俱國今為都統司秦時為象郡後屬南越王趙佗漢武帝平南越置交趾九真日南三郡又置交趾刺史建武中任延錫光為交趾九真守教民耕種制為冠履漸立學校始知婚娶女子真側反馬援討平之立銅柱為界

粤抄本作又王守仁

一刊本無則其句

相傳在欽州古森洞上有援誓云銅柱折交趾滅交人過其下必擲土石培壅之抵思明府南又日南郡亦植二銅柱各有伏波廟祠援又王守仁邊貢南征宿伏波祠下詩曰樓船金鼓宿烏蠻魚麗群舟夜上灘月繞旌旗千嶂靜風傳鈴柝九溪塞荒夷未必先聲服神武由來不殺難想見虞庭新氣家兩階干羽五雲端則其祠不止日南也貢字庭實歷城人戶部尚書從征安南

建安中交趾郡改為交州吳分其地置廣州而徙交州治龍編時有龍見故以名縣唐初改安南都護府屬嶺南道安南之名始此後改靜海軍分屬嶺南西道唐亡土豪曲承美據其地劉隱自廣州取之尋為愛州將楊延藝所據傳子紹洪其將吳昌岌復奪之傳其弟昌

文宋乾德初昌文死其族吴處玶等爭立管内大亂有丁部領者平之自稱大勝王私署其子璉為節度使聞南漢平上表内附開寶八年詔封丁部領交趾郡王璉為節度使安南土地自此視為蕃夷矣後部領與璉俱死璉弟璿立尚幼大校黎桓篡之黎氏有交趾自此始（丁氏傳世共十一年）宋遣兵討植（桓）桓詐降宋兵不利召還桓上表謝罪入貢以桓為安南都護充靜海軍節度使尋亦封交趾郡王桓死其子為大校李公蘊所篡（黎氏傳世兵（共）二十年）宋授節度使封南平郡王公蘊死其孫日尊僭國號于境傳子乾乾德入寇嶺南陷欽廉二州宋遣郭逵問罪敗其兵於富良江殺其子洪真乾（乹）德懼奉表請（詣）軍門納款乞脩職貢還所奪州縣詔即賜以廣源州

乾德初約還欽廉邕三州官吏千人久之縱遣民二百二十一口男子年十五以上皆刺額曰天子兵二十以上曰投南朝婦人刺左手曰官客以舟載之而泥其牖中設燈燭日行一二十里則止而僞作更鼓以報凡數月乃至蓋欲示海道之遠也然廣源舊隸邕管本非交趾所有吾民遭其荼毒反爲地與之

至孫天祚淳熙元年進封爲安南國王安南之爲國自此始矣再傳而至昊旵死無嗣其女昭盛主國事李氏八世共二百二十年既而以國授其夫陳日煚宋復封爲安南國王蒙古遣兵破其國日煚表宋乞世襲宋以日煚爲太王命其子威晃紹封威晃一名光昺始立跪名以欺中國矣光昺上表奉貢蒙古主忽必烈亦授其封宋亡光

昺次年死子日烜立是時蒙古建國號為元全得天下而遣使召之不行明年再召以疾辭止遣叔遺愛代覲世祖怒封遺愛為王以兵千人送之就國安南弗納遺愛懼夜逃去日烜僭稱大越皇帝襲其父名威晃（又子同名猶林邑陽邁也）傳位於其子日燇自稱太上王李按陳（陳相承皆僭大號元改元紹隆日燇改紹寶）昺日烜死子日燇遣使入貢願為藩臣其後三世入貢止稱子不稱王亦不請封傳至日㷆本朝洪武元年遣尚賓館副使劉迪簡賫詔往諭役於南寧上聞之尋復遣漢陽知府易濟往諭詔曰昔帝王之治天下凡日月所照無有遠邇一視同仁故中國尊安四方得所非有意於臣服之也自元政失綱天下兵爭者十有七年四方遐邇信好不通朕肇基江左掃群雄

定章憂臣民推戴已主中國建國號曰大明改元洪武頒封者克平
元都疆宇大同已承正統方與遠邇相安於無事以享太平之福
惟爾四夷君長酋帥等遐遠未聞故茲詔示想宜知悉二年日煃
遣廿中大夫周時敏正大夫段悌黎安世阮法等四人來貢方物
賀即位且請封爵遣翰林侍讀學士張以寧典簿牛諒往封之賜
駝紐塗金銀印以寧諒未至境而煃已於五月先卒從子日熞當
嗣國人白請誥印賜先王者授之以寧不從曰此吉禮非凶事也
今爾國有喪況來文伊先君之名非世子之名降印非禮也爾國
當遣使往奏庶依大禮於是國人從之日熞乃復遣陪臣杜舜欽
請封上自製文遣翰林編脩王廉充弔祭使吏部主事林唐臣充

頒封使命取前使張以寧牛諒所獲印及賜物并之廣既行詔複以漢伏波將軍馬援昔討交趾鎮服蠻夷其功甚大命廣祭之

按誌載馬援既平交趾謂官屬曰吾弟少遊常哀吾慷慨有大志歎曰士生一世但取衣食纔足為郡縣吏守墳墓使鄉里稱為善人足矣至求贏餘自苦耳吾在浪泊西里間賊未滅時下潦上霧毒氣薰蒸仰視飛鳶跕跕墮水中念少游語何可得也夫援之勞苦王事如此後且不免薏苡明珠之謗大丈夫立功外域豈易易哉我聖祖念及追祭不惟表其勳于一方亦可白其心于千載其崇前勸後之意亦獨至哉侍郎劉梅國有過伏波廟詩曰勳業垂南粵長懷馬伏波風雲疑戰陣魚鳥畏兵

戈廟倚高灘險詩題古壁多重來三十載還聽釣翁歌此詩意
蓋謂裹革之壯不若持竿之隱也然人各有志亦不可一律論
云

二使至其國日煃率陪臣郊迎綵輿入設日煃璽位麾面宣御文
日煃率陪臣再拜俯伏以聽翼日唐臣等捧詔印賜之日煃率陪
臣北面跪受頓首稽首成禮而退初交人惟以長揖為敬至是始
行拜禮王上表謝上覽大喜賜以御詩并序曰朕聞歷代賢君必
有賢臣能事其主者居則規諫有方出則能威德以撫四夷漢之
陸賈奉詔於南越馬援持書於竇融是也朕居江左十有六年思
慕此等之臣終未得至怏怏於心自即位之初特遣翰林官知制

誥事張以寧與簿牛諒使安南初未知其懷抱何如去後今年實
封來奏朕再三覽之喜不自勝朕思安南僻在外夷瘴煙甚重古
人以為要荒聖人不居之地賢者不游之處恐瘴煙乖其體故耳
今我臣以寧抱忠真之氣奮古能使之風執之以大義守之以法
度使安南復命而後印又速能化夷行中國之禮可謂智哉綴詩
以勉之句雖不聯朕本非儒文之不深事述其事耳詩曰
聞說西南瘴似煙林叢草木有蛇蚿承差不避御君命自是前
賢忠義傳（送以寧初使）
嶺南南又海南邊惟有安南奉我天使者往還多議說瘴雲埋
樹若堆煙人民跣足為鄉禮斷髮衣袍似野禪語到異方人異

處老臣何日得來前得以寧貫封
我臣奉命之冊徼驛路迢遙渡幾河野宿聽猿啼夜月朝看狸
走疾巖阿風臺未紀何田日取性觀山景態多晴朗好瞻紅日
勝且陰驅逐片雲過
離馬乘舟涉大洋風號帆掛幾尋檣臣鼇闢韶衝前浪淵底雄
鮫翊駕航舵轉水鳴聲霹靂蚌開珠攤海雲光我節臣勁節邀
方靜好把冊衷奉上蒼念以寧涉江海
鄉初奉命便前奔道路崎嶇實悸魂千尋樹杪猿飛走萬壑風
生瘴氣昏亼日暮鳥啼人不到月沉象吼夜還溫何時化作中
原地風俗流行禮樂敦修看登山日進程崎嶇石徑動人精

使者登山日進程崎嶇石徑動人情鳥啼深樹聲投耳獸文幽

陰未識名太古以來樵不到至今人往獸無驚蜂頭一點無科

木駐馬觀來四海平念以寧入重山

鄉国國事往期年應是朝同世子賢語善久知人道是諂詰非雖

壯遠無邊也知周廟三緘口猶恐臨時不自然被處受封王即

位但將詩慶使四旋慎言

海濱邦國寶多珠勿為區區化作迂此去爾家豐俸祿好將方

寸向前圖功名千載誠難得一失應須目下汗記得黃金來夜

送四知不納卻非誣戒財

華林江狹水湍流為阅民人是幾秋水色紅黃民性獷山生巨

獸象為頭我臣至彼還脩養並赦南方瘴氣愁彼國有人依禮
侍卿當歸告甚崇優（保身）
安南世子性惟賢志氣將來必備全初附能尊中國禮訃音來
報朕心情以寧休作殊邦看萬里神交是宿緣更把聖遺書深
道與直教素服衣三年（諭令世子守服）
以寧留安南俟命逾年同唐臣盧諒俱道（歸）卒詔有司還其柩所過
郡邑祭之
按詩之四牡皇華皆為使臣而作者也四牡曰我心傷悲日（曰）不
皇（遑）啓處者述其行役之苦慰之以情也皇華曰每懷靡及曰周
爰諮諏者勉其恪職之常規之以正也慰之以情則作愛規之

5

以正則作敬古之使臣所以必不辱命者良有感耳我聖祖賜以寧詩如涉江諸篇非四牡懷芬之仁乎如慎言諸篇非皇華規勅之義乎且序復謨謂朕本非儒文之不深而皇言渾涵聲出為律韻乎如父子相恤侃乎如師友相勵使臣有不勃興其愛敬之心而完璧以歸者必非人也且以寧為元名進士以文學擅於時人呼為小張學士清潔自守所居蕭然其奉使也襆被而往臨終有詩云覆身惟有黔婁被垂橐都無陸賈金則其不辱可知此又非我使臣矜式也哉

日煃嗣立恪脩職貢上遣禮部員外郎吳伯宗往報之

伯宗名祐金谿人以字行十歲通舉子業先達見其文嘆曰此

兕玉光劍氣終不可掩洪武庚戌鄉試解元辛亥及廷對中
狀元有使交集
日熞後為其伯父叔明所纂叔明遣使入貢禮部主事曾魯覽副
表曰前王爲陳日熞今乃名叔明何也函白尚書詰之使者以實
對蓋叔明篡位懼罪乃托修貢以覘我耳事聞詔卻貢不受上問
丞相曰曾魯今禮部何官對曰主事即日召拜侍郎
魯字得之江西新淦人博通五經早有時譽今至驪顯後甘降
鍾山近臣撰賦以進上命取諸賦令侍臣讀之至魯賦獨曰此
魯作耶並新進可驟至哉尋乞骨歸卒于于南昌
叔明上表謝罪請封不與詔以前王印視事尋表稱年老以弟日

煓代許之日煓立請其國貢期詔三年一貢王立則世見　十一年叔明告日煓卒弟日煒代時安南久與占城構兵詔叔明與占城平叔明屢遣使貢方物詔戒諭之　二十一年國相黎季犛幽日煒於城外尋弒之立叔明子日焜大柄皆出季犛二十九年叔明死告哀上以叔明懷奸挾詐簒弒取國若遣使弔慰是奬亂佑賊非中國撫外夷之道也命禮部移文使彼知之三十年安南侵擾思明府地百餘里思明守訴於朝遣行人陳誠呂讓往諭日焜還其地日焜言此地安南故土今復守之非有所侵議論往返不決讓以譯者言不達意復自為書與日焜曰迺者思明府土官黃廣成奏言安南侵擾壞地朝廷稽輿冊考圖記遣使告諭俾還

所侵自誠等到王國宣布上意開陳事理而執事所執益固未肯聽從今以前代載籍所記疆場利害為執事陳之按誌安南古交州地東漢時女子徵側作亂光武遣馬援率師平之遂立銅柱紀功亦所以限内外也在唐則為五嶺管之以都統護宋時李乾德忽邊郭逵將兵討之擒偽太子洪真乾德懼而割廣源門思浪蘇茂桄榔之地以降則當此時此地尚為中國所有況銅柱以北丘温等地乎元世祖時爾時祖光昞入欵稱臣及日烜嗣立失臣子之節於世時祖時興問罪之師日烜蒙荊棘伏草莽生民殆盡城郭幾墟日燇嗣立祈哀請罪世祖遣使降詔諭令入朝當時詔書有還地之語而日燇云向者天使奉臨小國迎送於祿州小國懼有侵伐

之罪往往辭之丘溫而已觀此則丘溫以北之地其屬思明已明矣今安南乃越淵晚踰如楚慶遠而盡有之柳乘元末之亂侵倖而得之乎行人下車之日王之君臣皆曰此地舊屬安南未審何所據而然也苟如執事所言則誌書紀日焜之言無乃但為浮說耶柳王懼有侵利之罪固執無稽之言以自飾也我皇上天錫勇智表正萬邦怙終者雖小過不赦改過者雖重罪亦釋傳曰過而能改則復於無過過而不改是謂過也改過致祥往歲龍州趙宗壽之事是也吝過致殃近歲南丹奔議諸蠻酋是也是皆明效太驗所共聞者王能避禍迎祥歸其侵地豈惟祖宗之安亦一國生民之幸也釋此不圖爭而不讓是為怙終自禍矣惟執事圖之日焜抗

辨猶昔

讓，字克遜，山東平度州人，洪武間舉進士，為行人，後遷監察御史，終陝西僉事。

後日焜饋黃金及檀香沉香等物，讓卻之。日焜曰：贐者，禮也，自陸賈時有之，不必多辭。讓曰：尉佗以區區之越與天子抗衡，是召禍者也；陸賈受其金以分諸子，是冒利者也。王顧以尉佗自處，而以陸賈處人，何其陋哉！日焜愧服，誠讓以其事歸奏。時廷臣請出兵討之，上曰：蠻夷相爭，自古有之，彼恃頑愚，終必取禍，姑待之。而已華除。建文元年，季犛弒日焜，立其子顒；未幾，復弒顒，立其幼子案；尋又弒案，大殺陳氏宗室，奪其國。季犛自謂舜裔胡公滿之後更姓名曰胡一元，子蒼曰胡奎。季犛僭號於境，稱太上皇，奎稱大虞皇帝，改元聖元。永樂元年，蒼奉表賀即位，具奏稱已陳氏之甥，為眾所推，權理國事，乞賜封爵。遣行人楊渤往廉之，蒼遣使隨渤入朝，進其國臣民奏章，謂蒼實陳氏甥，遂得封為安南國王。蒼僭號如故，改元紹成。二年，陳氏舊陪臣裴伯耆潛至京師，奏季犛父子弒主簒位，乞復立陳氏子孫。會老撾宣慰司亦送陳日煊孫天平赴闕，上憐而納之，賜以居第，月給廩餼。適安南賀正旦使至，上命禮部出天平示之，使者識其故王孫也，皆錯愕下拜，有感泣者。伯耆在列，責使者以大義，皆惶恐不能對。上遂遣敕責蒼，蒼上表謝罪。上命行人王樞諭蒼，令其迎還天平，奉以為君，當別封爾大郡上公

爵蒼奏如命
金幼孜文集有贈王行人使安南詩曰承恩曉出九重天王事
驅馳念獨賢奉詔尉佗煩陸賈尋源西域得張騫車書自昔通
南紀聲教於今遍八埏聖主綏懷恩似海歇勤德意在敷宣
四命行人聶聽送天平歸國上勅廣西總兵韓觀選兵五千委其
副都督僉事黃中將之以防變時大理寺卿薛嵓諭廣西中舉以
轉行既入安南境至丘溫季犛遣陪臣黃晦卿等以廩餼迎候及
牛酒犒師晦卿及諸從者見天平皆拜舞踴躍中遣騎前覘之往
來皆無所見而迎者益衆相屬於路中以為實然遂徑進度隘留
雞陵二關將至芹站山路險峻林木蒙密軍行不得成列且遇雨

滌忽伏發大呼劫天平遠近相應鼓譟動山谷寇且十餘萬衆中等亟整兵擊之寇已斬絕橋道不得前天平與呂皆死中等不得已引兵還事聞上大怒謂成國公朱能等曰叢爾小醜罪惡滔天猶敢潛伏奸謀肆毒如此朕推誠容納乃為所欺此而不誅兵則奚用能等皆曰逆賊罪大天地不容臣等請仗天威一舉殄滅之上遂決意興師明日上視朝罷御右順門召成國公朱能新城侯張輔謂之曰安南黎賊罪大惡極天地所不容今命汝等將兵討之爾等由廣西入西平侯由雲南入度用師幾何能等對曰臣聞仁不可為衆也仁義之師天下無敵臣等奉揚天威當一鼓掃滅師之多寡惟上所命上壯之乃大發兵征討安安南命成國公朱能佩

征夷將軍印充總兵官鎮守雲南西平侯沐晟為左副將軍新城侯張輔為右副將軍豐城侯李彬為左參將寧陽伯陳旭為右參將命兵部尚書劉儁參贊軍事刑部尚書黃福大理寺卿陳洽督軍餉置神機遊擊橫海鷹揚驍騎等五將軍選都督都指揮等官充之共二十五將軍督兵分道進發命沐晟率四川雲南兵由臨安府蒙自縣入朱能等由廣西思明府憑祥州入令彼此犄角聲勢相聞

時有言黃福建文舊臣不宜復任上曰君臣相與在推誠不可蓄疑唐太宗時王珪魏徵尉遲敬德亦仇敵也上能推誠則人樂盡力勿復有言後黃福果能樹遺愛于交趾則亦有以感之

也

上幸龍江禡祭誓衆曰黎賊父子必獲無赦脅從必釋毋養亂毋玩寇毋毀廬墓毋害稼稷[穡]毋恣取貨財毋掠人妻女毋殺降有一于此雖功不宥毋冒險肆行毋貪利輕進罪人既得即擇立陳氏子孫賢者撫治一方班師告廟揚功名于無窮其往勉之

抑觀誓衆之詞俱平定安集之略與古帝王神武不殺真有光哉

上遣使祭告岳鎮海瀆之神俾黃中立功贖罪時賊得志改元開大師至龍州又遣行人朱勸往諭季犛父子許其以金鑄身納款贖罪不從朱能有疾留龍州張輔等率師發憑祥度坡壘關入安南境前哨

破隘留及鷄陵二關賊皆敗走輔傳檄數賊大罪二十求陳氏子孫復其王爵遂近度岸站至昌江市橋造浮橋濟師北江府新福縣駐營沐晟亦率雲南兵至白鶴遣人來會時賊恃僞東西都及宣江洮江沱江富良江以為固於江北岸緣江樹柵凡邊隘增築土城城柵相連亘九百餘里盡發江北諸府州民二百餘萬守之又於富良江南岸緣江置樁盡取國中船艦列於樁内諸江海口俱下桿木以防攻擊賊之東都守備亦嚴時列象陣於城柵内欲守險以老我師輔等遂自三帶州駐市江口造船圖進取征夷將軍成國公朱能卒於龍州年三十七先是師踰庚嶺上謂侍臣曰朕夜察天象西師有憂朱能其不免乎能足辨斯事第慮氣候非

其所習耳訃聞上震悼輟視朝五日柩還上親為文祭之極其悲愴追封東平郡王謚武烈能狀貌魁偉身長八尺驍捷有膂力每遇勁敵大呼馳鬪以一當百敵皆辟易出謀制勝靡有遺策為將善撫士卒歿之日將校皆為流涕云朱能既卒即命張輔佩征夷將軍印充總兵官督兵進討安南勅曰大將軍開平王常遇春偏將軍岐陽王李文忠等率師北征而開平王卒於柳河川岐陽王率諸將掃蕩殘胡終建大業爾等宜取法前人殄除逆賊仍調兩廣江浙荊閩兵八萬從征十二月張輔等克安南多邦城賊西都亦潰先是驍騎將軍都督僉事朱榮敗賊衆於嘉林江沐晟軍亦至洮江北岸與多邦城對壘輔率大軍營於城北之沙灘與晟

合勢賊新築土城高峻城下設重濠濠內密置竹刺濠外坎池以陷人馬城上守具嚴備賊勢如蟻時官軍攻具未完輔乃下令軍中曰賊所恃者此城大丈夫報國成功名在此舉先登者不次陞賞於是將士皆踴躍用命議遣兵夜襲其城以燃火吹銅角為號是夜四鼓輔遣都督黃中等銜枚異攻具過重濠至西城下以雲梯附城都指揮蔡揚等皆登以刀亂砍賊衆驚呼城上火炬齊明銅角鐃鼓城下將士俱奮勇攀登賊倉皇失措矢石不得發皆走散我軍遂入城賊將又於城內列陣接戰驅象當前輔督遊擊將軍宋廣等以畫獅蒙馬神機將軍羅文等以神銃翼而前象皆股栗又為銃箭所傷皆退走奔突賊衆官軍長驅而進殺賊帥

梁民獻祭伯樂等追至傘圓山賊死者不可勝計於是錯富良江
南下破其東都賊棄城遁乃駐軍城東南招輯撫納日以萬計皆
給榜使復業右叅將李彬陳旭擊西都城賊棄倉庫焚宮室逃入
海於是三江路宣江洮江等州縣次第來降擢憑祥知縣李昇於
慶清仍故又職以伺察賊情

五年輔合兵自北江濟軍襲籌江
棡破之又攻萬刼江普賴山斬賊首三萬七千三百餘級獲賊將
殺之餘黨潰散盡得其船仍使降人陳封招撫諒江東潮等處人
民安業於是郡邑聞風相繼降附得諜報季犛及其子澄等聚舟
於黄江遂水陸並進至木丸江賊舟膠淺遂大敗殺賊將阮仁子
等斬首萬餘級生擒賊將有百餘人皆斬之輔等追賊至富良江賊

悉衆拒戰每舟聯亘十餘里橫截江中而用划船載木文柵以拒官軍輔乘柵未備躬督將士力戰賊不能支都督柳升等繼以舟師橫擊之賊大敗殺其將卒數萬人江水爲赤乘風長驅至黃江直抵悶海口獲賊舟無筭黎季犛父子僅以數小舟遁去僞吏部尚書范覽大理卿阮飛卿等皆詣軍門降輔求陳氏子孫未得會有南策州人莫邃等同北江等府縣耆老千百二十人詣軍門言陳氏子孫被黎賊殺盡無可繼承安南本中國故地願復郡縣設官分理以沐聖化即日遣人馳奏謂臣伏討黎賊父子旦夕就誅郡邑既平之后宜有所統陳氏已絶無可訪求必合開設都布按三司以總率郡縣撫輯兵民奏上群臣亦以爲請上曰俟黎賊父

父子悉擒而后處置五月征安南官軍獲賊首黎季犛及其子蒼澄等安南平先是張輔等督兵追賊至海門涇淺久晴水涸賊舟追去官軍至大雨水漲數尺舟師濟衆大喜曰天贊王師滅賊也及輔率步騎至茶龍舟師亦至前崝都督柳升敗賊獲船三百艘餘賊遁輔等乘勝追之至日南州奇羅海口升前崝復與賊遇賊困敗盡與皆散走生擒季犛及其子澄於海口山中安南土人武如卿等復於永盤海口高望山獲偽大虞國王黎蒼偽太子黎芮并賊將偽柱國東山鄉侯胡杜等餘衆悉降交南平得府十五州四十一縣二百零八戶三百一十二萬安南平捷奏群臣稱賀上曰此誠天地宗社之靈將士用命所致朕何有焉群臣復請開設

三司郡縣詔天下以安南平立交趾都布按三司及軍民衙門設官分理境內高年碩德有司即加禮待窮民無依者立養濟院以存恤之有懷才抱德可用之士有司以禮敦遣至京量才於土敘用仍降勅復諭輔等休息士馬俟天氣清肅即班師復勅輔等曰得所奏陳氏實已絕嗣郡縣不可無統請設三司撫治軍民今皆如所請立交趾都指揮使司以都督僉事呂毅掌司事黃中為副再選能幹都指揮二人副之布政司按察司以尚書黃福兼掌之以前工部侍郎張顯宗福建布政司左參政王平為左右布政使前河南布政司左參政劉本右參政劉昱為左右參政前江西按察司周觀政安南歸附人裴伯耆為左右參議前河南按察使阮

友彰按察副使楊直為按察副使前太原知府劉有年為按察僉事別選辦事官發去可於府州縣等衙門內任用仍具名來聞不足者別令吏部銓註今遣印信付爾給授之改大理寺卿陳洽為吏部左侍郎遣郎中張宗周等齎以吏部勘合二千道付之令其與新城侯張輔西平侯沐晟兵部尚書劉儁量才給與勘合授職開設十五府交州府領州五縣三十三北江府領州三縣七諒江府領州三縣十五三江府領州三縣七建平府領州縣九新安府領州三縣二十一建昌府領州一縣九化府領縣四清化府領州三縣十九鎮蠻府領縣四諒山府領州七縣十六新平府領州二縣九義安府領州二縣十二順化府領州縣十太原府領縣十一

以演州宣化州嘉興州歸化州廣威州直隸布政司後又設升華府領州四縣十一其餘衛所大率與府州縣兼設輔等遣都督柳升齎露布獻俘至京上御奉天門受之文武群臣皆侍兵部侍郎方賓讀露布畢季犛及子蒼偽將胡杜等悉付獄誅之而赦其子孫椎蒼弟澄進神鎗法詔官之

張輔平南露布曰伏以天討有罪聿興吊伐之師武功告成爰舉獻俘之禮渠魁盡獲海嶠肅清蓋除惡必鋤其本根而絕患寧存乎萌蘖安南逆賊黎季犛更姓名胡一元及子黎蒼更姓名胡奎者僻居炎徼負固海隅豺狼之殘孽蛇虺之遺毒戕賊國主潛移陳氏之宗祧荼毒生民數犯朝廷之邊境攻圍詔使

暴鄰邦僭稱大虞竊紀年號酷刑威衆人懷孥戮之憂橫斂剝
民家被掊尅之害啣冤動地無辜籲天聖恩嘗許其自新狂豎
怙終而不改擠逼天朝之使賊殺故主之孫兇甚三苗舜法豈
容於原宥罪浮徼側漢兵必事於剪除臣等恭奉制書總率師
旅鷹鸇鵰鶚先雲氣而度斗南貔虎熊羆挾風威而踰嶺表既
破重關之險飛渡長江遂拔多邦之城殲夷群醜乃乘破竹之
勢分遂竄蒿之夷東都立平西都函下餘孽如蟻蝨之聚迅掃
於盤灘困牧賊黨猶燐火之然撲滅於嚕江仙侶市壓安堵郡
邑嚮風士民上書陳其罪惡者動以千計土人效順願同追勦
者何曾萬人乃督舟師進逼膠水逐鯨鯢於海口困虎兕於押

中暫爾偷生須臾延命因駐我師而設偽欲致彼賊以就誅狂悖猶欲鴟張醜類仍懷豕突傳報賊衆引兵駕象以來侵憤激諸軍鳴劍抵掌而往捕臣彬臣旭戒行既遂都督柳升警報倏來賊徃入於黃江船艘來於悶海遣偽將謝仁鑑等又於今年三月三十日犯鹹子關臣輔遂用弩以躍馬督陣以麾兵調驃騎將軍吳旺等領精兵而至前急擊登岸之勁賊都督僉事柳升等率舟師而力戰奮勵遊水之逆徒殲其群兇梟其首將瀘水盡赤長江屍塞而血腥殺氣騰空終日雲昏而霧慘臣晟率都指揮柳宗等領馬步官軍水陸夾攻矢鏑雨注而莫我敢遏銃砲雷轟而所向無前大肆剪屠餘燼潰散乘勝追襲由嚕江至

於黃江賊黨奔逃獲海艦及其戰艦遂振旅於膠水復陳師
於交州誓殄賊以寧邊當奮身而勵衆四月二十九日舟師至
典吏門晴久水涸賊衆損（捐）舟而先遁我軍欲進而莫前俄然雲
作沛然雨國下水漲數尺信川祇之效靈船過千艘豈人力之
能致不待渡河而冰合奚勞拜井而泉流肯開必先慶罪人之
斯得惟動丕應仰聖德之格天孤疑猶豫彼方謀三窟以庇身
雷厲風飛我不可一日而縱賊五月十一日生擒賊首黎季犛
等過師枕席之上簞食來迎救民水火之中室家相慶寬宥迫
脅招撫流離奉宣恩命獲遂更生掃魑魅於炎荒息妖氛於瘴
海臣輔稽諸載籍安南本古交州漢唐僅能羈縻宋元猶被侵

侮僭竊跳梁狃於故習雖加兵而致討終叛服而不常覆載不
容人神共憤今父子兄弟皆綁縛於轅門宗族偽官咸生擒於
麾下自謂蠻煙瘴雨之僻處歷代兵威所不能加孰知聖德神
功之齊天六合全封而莫敢敵勘定之速邁三年之克鬼方俘
獲而還隨六月之伐玁狁雪前代之遺恨解斯民之倒懸將士
歡呼知天心之助順蠻夷舞忭信人道之惡盈是皆聖慮淵深
明見萬里之外天威煊赫坐收三捷之功數百種鵰題鴃舌之
民咸躋壽域幾千里魚鹽繁衍之地盡入輿圖復隆古之封疆
布中華之禮制臣等曾無汗血之勞獲申敵愾之志皆遵成算
得效微勤平定南夷允清大憝獻俘而告廟社仰荅神靈盛

以賜蠻夷用昭天憲聿新萬年之治化永樂四海之清寧無任
歡迓慶忭之至
輔等班師至京上交趾地圖東西一千七百里南北二千八百里
建交趾布政司按察司及都指揮使司於交州府置府十七州五
領各州縣衛十千戶所二軍民大小衛門共四百七十有二於是
輿圖復漢唐職方之舊矣以交趾所舉明經士人祺潤祖等十一
人為諒江等府同知賜敕慰勉上復親製詩賜之　六年論平交
趾功進封新城侯張輔為英國公西平侯沐晟為黔國公並食祿
三千石子孫世襲豐城侯李彬雲陽伯陳旭各增祿五百石清遠
伯王友進封清遠侯都督僉事柳升封安遠伯戰死都督僉事高

士文追封建平伯並子孫世襲親擒黎季犛軍人為首者王柴胡超陞指揮使為從者李福等四人皆陞指揮僉事先是上問戶部尚書夏原吉曰陞與賞孰便原吉對曰賞費於一時有限陞費於後日無窮多陞不若重賞上從之於是惟陞元功餘皆班賚有差

陳氏建曰夏忠靖謂賞費有限陞費無窮此謀國名言也惟陞元功餘皆班賚此祖宗朝賞功良法也正統以後則有大不然矣王驥麓川之役封爵陞職至萬餘人天順中有一衛官至二千餘人者矣成化中天下軍職至八萬餘人正德中遂踰十萬矣使累朝賞功皆遵祖宗良法夫豈冗濫至此書曰監於先王成憲其永無愆有國者尚念之哉

交趾蠻寇簡定等作亂命黔國公沐晟總兵討之定陳氏故官先是已歸附將遣赴京師復逃回去與化州偽官鄧悉阮等聚衆謀作亂悉等推定為主僭號紀元寇交州近城黎賊餘黨多應之其勢日盛官軍屢出無功奏請益兵遂命晟發雲南貴州四川兵數萬往征仍命兵部尚書劉儁往贊軍事沐晟師師與交趾賊簡定於生厥江敗績兵部尚書劉儁都督僉事呂毅交趾布政司叅政劉昱等皆死之於是賊益熾攻陷都郡縣進迫交州府事關復命英國公張輔為總兵官清遠侯王友為副帥師二十萬往征之
七年八月張輔兵至交敗賊衆於鹹子關太平海口等處斬首數千溺死無算生擒賊黨偽監門衛將軍潘岷等二百餘人獲船四

百餘艘賊酋阮世每鄧景異脱身逃十一月張輔進兵追交趾賊首簡定平義良獲之並獲其偽將相陳希葛阮宴等檻送京師惟陳季擴鄧景異逃于乂安未獲

八年正月張輔敗賊餘黨阮師檜于東潮州斬首四千五百餘級溺死尤衆生擒二千餘人勅召輔還輔奏留黔國公沐晟雲陽伯陳旭等討餘寇而自帥師還京

九年正月命英國公張輔總兵復往交趾會合黔國公沐晟勦捕叛寇先是陳季擴等上表請降而中懷反覆上許以為交趾布政使其黨鄧景異等皆授以官季擴疑懼不受命放兵劫掠勢漸滋蔓官軍不能制上以張輔為交人所憚靖亂非輔不能故仍命總師往焉七月張輔至交趾督兵敗賊阮師檜胡具鄧景異等於

九真州月常江尋復敗黎蓋兵於福安斬之　十一年十二月張輔等大敗賊兵於愛子江獲陳季擴時輔偕沐晟等進兵順州賊阮師檜等屯愛子江設象伏以候官軍輔偵知之以戒先驅群象衝突一矢落其象奴再矢拔其象鼻象奔還陣自相蹂踐官軍乘之賊大敗斬賊將阮山生擒偽將軍潘經等數十人賊衆死者無筭季擴走追擒之于老撾餘黨悉降交趾復平　十二年張輔械送所獲賊首偽大越國王陳季擴及偽國公阮師檜等赴京師誅之

十三年前交趾參議解縉死於錦衣衛獄徙其家于遼東縉吉水人天性英悟奇絕七歲能賦詩日記數千言年十八舉江西鄉試第一連登洪武十一年進士上親選拔為庶吉士讀中秘書日侍

左右特被寵眷一日寓大庖西室諭之曰爾縉試舉今日施政所宜直述以聞縉退即草封事凡萬言以進極論忠陳無所諱忌上勑其識時兵部侍郎沈溍忌縉才誣其狎侮脅隸上不聽擢監察御史適都御史袁泰怙勢恣横諸道御史欲糾之無敢執筆為章者縉揮筆立就歷抵其奸狀上憲縉少涵養將為衆所傾召其父至諭之曰才之生甚難而大器者晚成其以而子歸益進其學又諭縉曰朕於爾義則君臣恩猶父子其歸盡心於古人後十年來朝大用爾未晚也會太祖賓天縉趍赴臨大臣謂赴臨非詔旨遂謫為河州衛吏上即位擢為翰林待詔命侍左右縉英傑敢言上喜之遂見信用晚而侍書黄淮改中書舍人入見上與語大奇之凡視

以下漏一頁已補

朝特命淮與縉立于御榻左以備顧問每夕召對至夜分或便殿就寢賜坐榻前議論政事同列不得預聞尋復陞縉為學士後上與武臣丘福等議建儲文臣惟金忠預皆靖難時股肱也武臣咸謂立高煦謂其有扈從功且上所最愛耳金忠以為不可上猶豫未定遂召解縉預議縉言立嫡以長復曰好聖孫指宣廟也乃冊立世子高熾（御名）為太子高煦為漢王及文學書禮冠絕一時其為人曠易無城府喜薦引士然少慎擇且所行多任情忽略故及於罪死年四十七家徙遼東洪熙初始令赦還 十四年召交趾總兵官英國公張輔還京師輔經營交趾前後九十年 十五年命豐城侯李彬佩征夷將軍印鎮交州遣中官馬騏監軍共守騏貪

上欲征交趾縉謂自古羈縻之國通正朔時賓貢而已若得其地不可以為郡縣不聽時上甚不喜太子而寵漢府縉謂不宜過寵致起覬覦上遂怒謂離間骨肉高煦怨縉言於上曰易儲事藩邸舊臣無泄者惟解縉泄之耳上怒遂出縉廣西參議尋改交趾後縉入京奏事適上北征縉見皇太子而歸上還京漢王言縉瞰上遠出私覲儲君此無人臣禮上怒時檢討王偁亦以罪謫交趾縉偕偁趨廣東娛嬉山水且上言請用數萬人鑿贛江以便往來上大怒曰為臣受事則引而避去乃欲勞民如此併偁俱下獄縉及王偁之在獄也獄吏考治索取同謀縉不勝楚因書大理寺丞楊宗宗人府經歷高得暘禮部郎中李至剛中允李貫贊善王汝玉

編修宋絃檢討蔣驥潘鐵蕭引高等遂皆下獄既而備得賜汝玉絃引高相繼死獄中國史本傳稱縉文學書禮冠絕一時其為人曠易無城府喜薦引士然少慎擇且所行多任情忽畧故及於罪死年四十七家徙遼東洪熙初始令赦還　十四年召交趾總兵官英國公張輔還京師輔京營交趾前後凡十年　十五年命豐城侯李彬佩征夷~~征~~將軍印鎮交州而遣中官馬騏監軍共守騏貪

黷誅求郡縣激變盜賊所在蠭起　十六年交阯清化府俄樂縣
土官巡檢黎利叛總兵官豐城侯李彬遣都督朱廣討之利敗走
利初從陳季擴反充偽金吾衛將軍後東身歸降以為巡檢然中
懷反側至是僭稱平定王以弟黎石為偽相國段莽為偽都督聚
衆劫掠廣兵討敗之擒斬數百人利遁去彬遣兵討之不克右叅
政土人莫遂戰死
陳氏建曰張英國召還而黎利蘖作交阯自茲杌揑矣愚謂當時
交阯既平仍命英國公鎮守之方為得策如洪武中沐英既平
雲南即仍命沐英守之英歿仍命沐之子若孫世守之然後諸
夷率服而雲南為吾中國有也何也西南夷之所畏服者惟沐

氏非他將所能鎮壓也今交人所畏服孰有踰於英國者乎交南三叛非英總師布平英國三召還而叛亂俱不旋踵復再作夫交人所畏惟英國視他將固蔑如也使英國久鎮於茲焉餘威震乎殊俗歷二三紀復廣幾世變風移而交南長為吾中國藩服與雲南齒矣奈何失此一機遂使二十二州郡士民復淪異域不得與雲南同霑聖化也可勝惜哉

十八年交趾右參政侯保與賊黎利戰死之左參政馮貴亦以討賊戰死保真定贊皇人由國子生知襄城縣有善政初設交趾郡縣擇人撫治擢交州府知府遷參政時黎利剽掠郡縣保率民兵築堡於要害禦之賊來攻保與戰不勝而死貴湖廣武陵人進士

為給事中陞交趾參政能撫輯流民者衆有土兵二萬餘人皆驍勇習戰每出陣有功後中官馬騏等疾之盡奪其土兵及黎利反衆強貴勤捕獨以羸卒數百遇賊兵寡賊衆貴力戰而死保為政愈怨貴有方畧其死也人皆惜之巡按御史黃宗載言交趾新入版圖勞來尤在得人今府州縣多兩廣雲南歲貢生及下第舉人未入國學乞仕遠方遂授以職既乏大學教養之素又非諸司歷試之才以故牧民者不知撫字理刑者不諳法律若候九年黜陟廢弛益多宜令到任二年以上者從巡按御史及布按二司嚴覈其廉汙能否上狀黜陟從之上勅李彬叛寇黎利等迄今未獲未審兵何時得息民何時得安宜盡心畫方略早滅此賊

十九年

17

五月彬請屯田九月彬言利奔老撾我進兵討捕老撾輒遣頭目覽者即阻我兵勿入境云即發兵象大索利送軍門从之竟不獲利上曰老撾匿賊持兩端令彬遣頭目出闕詰之

按別誌載黃安南寧府人由舉人永樂間授常州府同知陞交趾宣化府知府赴部考績為交趾長吏第一尋陞湖廣叅政黎氏復叛安督餉至長沙而卒觀此則當時死事交趾者不特侯保等之陣亡而已也噫

是年

詔以給事中柯暹御史何忠鄭惟炬羅通俱為交趾知州時暹等言事訐直歷詆大臣之任事者無憂國恤民之心指斥工部尚書李慶慶不能平言於上請罪之上不許既而慶等乃薦暹等

才堪牧民於是皆陞為知州而處之遠方州　二十二年上親征北虜還不豫次榆木川崩享年六十仁宗即位詔禁止雲南交趾採辦金銀初訃至京師皇太子即遣皇太孫赴開平迎梓宮太孫瀕行啓皇太子曰出外有封章白事非印識無以防僞皇太子顧侍臣楊士奇等曰渠言良但是行急新製則不及士奇對曰大行皇帝初勅授東宮圖書可權付太孫歸即納上皇太子從之即取授太孫曰此大行皇帝初授我者有啓事以此封識來此不久亦當歸汝汝就留之既行皇太子謂士奇曰汝此說是雖出從權亦事幾之會昔大行臨御儲位久未定浮議喧騰吾今就以付之浮議何由興皇太子至雕鶚堡遇梓宮哭迎軍中始發喪是月初十日壬子梓

宫至京師出前戶部尚書夏原吉刑部尚書吳中於獄二人諫止北伐繫內官監四年皇太子親臨繫所與哭令出視事且問以時政原吉言東南民力困于漕運請都南京以省供億繼請撫流民罷西洋取寶船止雲南交趾採辦金銀數事從之又先是漢王高煦受冊封命居國雲南以不欲遠去辭後改命青州亦堅意不行常侍成祖在北京懇辭還南京高煦所為多不法成祖以其長史程琮紀善周巽等不能匡正皆黜交趾爲吏高煦猶不悛府中有私募者軍士三千餘人不隸籍兵部縱衛士於京城內外劫掠支解無罪人投之江殺兵馬指揮徐野驢及僭用乘輿器物成祖頗聞之還南京以問蹇義義不敢對問解縉不知又問楊士奇對曰漢

王始封國雲南不肯行復改青州又堅不行今知朝廷將徙都北京惟欲留守南京此其心路人知之惟陛下早善處置使有定所用全父子之恩以貽永世之利成祖默然後數日成祖復得高煦私造兵器陰養死士招納亡命及漆皮為船數習水戰等事成祖大怒召至面詰之褫其衣冠縶之西華門內皇太子懇為救解乃免成祖謂侍臣曰若此所為將來必不靜今制兩護衛處之山東樂安州蓋去北京甚邇如其作禍可朝發而夕擒之及皇太子監國成祖不時有疾兩軍距隔數千里小人陰附漢府者讒搆百端侍從監國之臣朝夕惴惴人不自保會有陳千戶者擅取民財事覺皇太子令謫交趾立功數日復念其軍功宥之有譖於成祖曰

初上所謫罪人皇太子曲宥之矣遂逮陳千戶殺之以賛善樂潛司訓周冕預聞而不諫止併隸逮下獄皆死

洪熙元年命兵部右侍郎戴綸出鎮交趾時進擢東宮舊僚以右庶子陳山為戶部右侍郎洗馬張瑛為禮部右侍郎戴綸為兵部右侍郎中允徐永達為鴻臚寺卿賛善蘭從善王讓為翰林侍讀惟中允林長懋出為鬱林知州既而遣戴綸出鎮交趾初成祖欲太孫講習武事於學問之暇命蒐時出獵長懋及綸每諫不聽綸因具奏言之初不知本成祖意故最為太孫所不樂而陳山張瑛以每事順旨被寵未幾長懋綸皆生怨望下錦衣衛獄上得綸奏親詰之綸抗聲辯論激切上怒箠之竟死焉長懋坐禁繫者十年正統初始赦出之

綸諸父河南知府賢大僕卿希文合族百餘口皆被逮籍没而希文幼子被宣賜名懷恩成化中爲司禮大監召掌交阯布按二司事工部尚書黄福還以兵部尚書陳洽鎮交阯兼掌布按二司事福治交阯視民如子拘其所好祛其所惡勞輯訓飭躬勤不倦每戒郡邑吏咸修撫字之政新造之邦政令條畫無巨細咸盡心焉於是交人皆愛戴之如父中朝士夫夫以遷謫至者咸加溫恤疾病躬造視之拔其賢者與之共事及以教道其民中官馬騏怙恩肆虐福數裁抑之騏誣奏福有異志文皇深照其妄曰此君子不容於小人寢其奏福居交阯十八年

上念其久勞于外召還交人扶老攜幼送之皆號泣不忍别

陳氏建曰是時交趾所恃者二人張輔善用兵威震殊俗交土
所恃以靖黃福善撫字惠流遐裔交人所恃以安今既不以張
輔鎮守復召黃福還朝愈失之矣交土自兹益騷亂矣道非一
時輔相之過興宜乎霍文敏以交南之復失歸咎於三楊諸
人也
中官馬騏傳上旨諭翰林院撰勅命騏復往交趾閘辦金銀珠香
時騏被詔召還未久本院官覆奏上正色曰朕安有此言卿不聞
渠前在交趾荼毒軍民乎交趾自此人歸如解倒懸又可遣耶此
人近在內間多方請求朕悉不答卿等宜識朕意遂止
陳氏建曰馬騏傳旨使非本院覆奏則為失不細矣是時仁廟

剛明總攬乾剛而馬騏猶蔽恣睢之念況其他乎由此觀之中官之惡抑之猶恐其肆況從而寵之縱之耶宜乎正統而後振直廣瑾輩之為惡無有紀極也愚謂中官傳旨並宜執例覆奏庶杜奸萌

宣德元年交趾總兵官成山侯王通帥師討黎利不利兵部尚書陳洽死之先是仁宗遣中官山壽齎勅赦黎利之罪命為清化府知府利不從聚眾寇掠勢益張通帥諸衛官軍往討洽以為宜駐師石室縣之河以覘賊勢通欲渡河而陳洽反覆諭以利害且陳方略通弗聽翌日五鼓麾兵以渡洽不能止次寧橋與賊遇自己至未戰互有勝負洽奮馬突入賊陣欲擒其首惡身披創甚通

懼師郤洽遂遇害事聞贈少保謚節愍官其子樞為給事中交趾平州知州何忠為黎利所執死之忠邢州人永樂中進士授御史以言事出為知州至是黎賊侵圍鎮城濤鎮以忠有膽畧使懷奏潛請王師忠夜步走出城二百餘里被賊伏兵所執諸賊酋喜曰何知州聞汝名久矣共舉酒酌忠曰能從我同享富貴之樂忠大怒唾地罵曰賊狗奴吾天朝臣豈食汝犬彘之食奪杯擲中虜面流血盈頤遂遇害事聞上深悼惜之勅旌其門賜謚曰忠節

忠臨難從容賦詩曰萬里孤城久困時腹中懷奏請王師虹塵失路風霜苦白日懸心天地知死向南荒應有日生還此闕定無期英魂不遂西風散願助天戈殄叛夷

命安遠侯柳升帥師赴交阯征黎利以兵部尚書李慶參贊軍務陳洽既敗死黎利勢益猖獗遂圍交州武山侯王通奏請益兵詔命升等將七萬人以往且勅慶舉六卿之屬有才略者以自助慶奏郎中史安主事陳鏞等十餘人偕行黎利進逼交州城王通與之連戰斬賊將黎秀黎善賊衆奔潰諸將請乘勢過江擊之賊必成擒通不從猶豫三日不出兵賊覘知通怯復集餘衆四出進逼交州圍城通斂兵閉門不出利致書於通請和求進貢方物謝罪通遣人偕賊使入京柳升帥至隘留關利復具書詣軍門請罷兵息民且言求得陳氏之後曰暠者實安南王暊三世嫡孫（按安南陳氏無名暊）者竄身老撾二十年矣乞循太宗皇帝繼絶之初意賜立陳氏後

主其國則一方幸甚升等受書不啓封遣人奏聞時賊栅隘關南拒守升連破之直抵鎖夷關如入無人之境升有矜色升雖勇不好謀時左副總兵保定伯梁銘叅贊軍事兵部尚書李慶皆病篤府官吏安陳鏞言于李慶曰總戎之志驕矣公宜力言之且夷情譎詐不可以屢敗忽之安知其不示弱以誘我况勅書數次戒說謂賊專以設伏取勝不宜輕率行待也之公宜速入言之時慶扶病強起與升力言升唯唯而已中實無戒慎意明日前進以百騎獨先之副將崔聚及慶等皆在後升前度橋既度橋遽壞陷泥淖中後隊徂阻不得進賊伏兵四起升中鏢死右叅將都督崔聚斂兵入營是日梁銘卒明日李慶亦卒又明日聚聚率兵進至昌江賊大驅

家而前軍亂聚被擒賊大呼降者不殺官軍或死或奔無降者安鏞皆曰吾輩見危授命耳是而日亦皆遇害賊百計強聚降終不屈遂殺之聚宿將也工部尚書黃福歸自交趾先是馬騏既激變交趾陳洽繼福掌布按二司印累奏乞還福舊任以交人思福之深也上從之命福與柳升偕行我師既失利福為賊所得皆下馬羅拜曰我父母也公向不北歸我曹不至此言已皆泣福斥之諭以順逆之理賊終不忍加害其酋長跪以饌粮乘以肩輿贈以白金送之出境至龍州福悉以所贈歸之官黎利寇陷諒江府知府劉子輔死之子輔江西廬陵人初為廣東按察使坐累左遷知諒江府為人惇朴不事表暴撫綏其民如子民咸愛戴之時寇勢熾甚他

郡縣多已陷子輔與守將倡兵民效死守數月寇增叛攻城食且盡而人心益固既而又踰月寇攻益力遂破城城中兵民皆盡力闕以死無一人降者子輔知事不支曰吾奉命守郡郡亡與亡義不可汙賊手遂自經死一子一妾皆先子輔死上聞贈子輔參政賜祭服其家

陳氏建曰是時交趾二十餘州郡文武官吏死於黎利之難者何啻數百千計如何志劉子輔諸人名氏節槩僅僅見之餘多湮沒無聞焉惜哉

柳升等既敗死通大懼乃集將士議以城不可守戰不可勝不若全師北歸衆皆從之通乃大集文武將士出下哨河立壇與黎利為

盟結約通大宴利贈以金織文綺表裡利亦奉重寶為賂通不請命輒以便宜率布政使弋謙以下班師還朝先是沐晟受命佩征南將軍印由雲南與升同討賊師至水尾縣賊水陸拒守晟督兵造舟屯於高岩分道而進時朝廷已得利前柳升書利所進表亦至京師宣宗皇帝召大臣議之英國公張輔曰將士勞苦數年然後得之此表出黎利之譎當益發兵誅此賊耳蹇義夏原吉亦曰舉地興利無名徒示弱於天下問楊士奇楊榮榮曰永樂至今勞者未悉困者未蘇不若從其請可轉禍為福也發兵之說必不可從士奇曰太宗初心求立陳後求之而不得乃郡縣其地今衍祖宗之初心以保祖宗之赤子此正盛德事何謂無名且漢棄珠崖

前史爲榮何謂示弱願陛下今日明決上曰皇考追憾此事吾聞之屢矣明日出爲表諭群臣曰論回者不違止戈之意必謂從之不武但得民安人言何恤哉遂命禮部侍郎羅汝敬爲正使右通政黃驥鴻臚卿徐永達爲副使賫詔往諭陳氏嫡孫爲侯官屬耆老覈實來聞即遣使冊封命沐晟罷兵還鎮總兵官以下各散斯置大小衙門各罷先是交趾新民不願從賊至有合城拒守而死無一人降者有挈家浮海來居中國者有竄名戎伍隨至中國者王通至京師文武群臣劾奏通及弋謙馬騏等違命擅與賊和棄地班師之罪命法司等官會鞫悉下錦衣獄籍其家免死除名

按交趾之復陷爲夷也如唐河北再失乃由於宰相失謀所致

而豈黎利之善用兵乎使當時留張英公鎮守其地不使馬騏監軍雖反側無患不召黃如錫還朝遣張英公討黎利賊旦夕可平者二楊皆幃幄重臣曾無一言以告使事機再失乃徒勸朝廷棄地與賊不及蹇夏之見遠矣迨大[sic]正統麓川之役豈若討黎利而平交趾之為善乃不聞阻其出兵何也又馬騏所犯當依激變之律其罪浮於王通在洪熙中還朝時不正法伏誅以謝交人漏網可恨後詐傳上旨往採交趾金銀則其誑上行私雖振直劉璉何加焉使非遇仁廟之剛明未必不再逐其奸也噫

陳氏建曰交趾棄守之議二楊以息兵養民為說意固美矣然

黃是他寫錯句於此已補正

是時交趾設置文武諸司大小四百七十餘所官吏將士何嘗數萬交趾一歲數萬人皆為南荒之鬼不亦悲乎吾邑羅公亨信以給事中詿誤謫使交趾九載洪熙初用洗馬張瑛薦始得召還為御史既還而變作後亨信歷官都御史有功於邊為時名臣使非張瑛之薦難乎免矣

恤獄忤旨亦謫交趾椽數年召還改吏部赴召僅五日而變作華人皆不得歸人以學為忠誠獲報見徽州志二公之不淪胥異類者幾耳

文皇之郡縣交趾蓋欲變蠻貊為中華今忍棄中華之人使為蠻貊之臣僕數萬人不足惜而損夫朝威重則甚可惜也以愚

卷五

又三二

海學山房

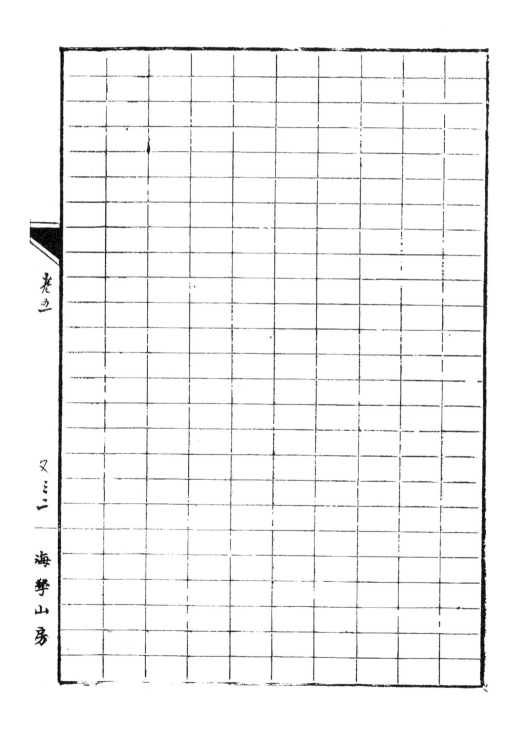

此段稿与前同似為重複請趙先生核對注意
邵記注

是時交趾設置文武諸司大小四百七十餘所官吏將士何啻數萬交趾一歲數萬人皆為南荒之鬼不亦悲乎吾邑羅公亨信以給事中詔諭使交趾載洪熙詔用洗馬張瑛薦始得召還為御史既還而變作後亨信歷官都御史有功於邊為時名臣使非張瑛之薦難乎免矣

按別誌載永樂中有幼孫戲毆祖母者論當死刑部主事李厚鞠之曰童穉無知豈有惡意坐之重辟枉矣疏請寬其罪不听繼之以泣太宗親訊之以物試童東西頗如意旨上怒曰意童能識左右何謂無知遂謫厚安南椽厚在安南者凡三年上忽感悟召為吏部主事行五日而安南叛亂華人之流寓者皆死焉

揆之當時似宜勅責王通駐師境上勿郤而更遣英國再臨之使之相機觀變可復取則取之可則責黎利使盡歸中華之人後從其請而封之斯不為仁明而義者乎蓋斯時利所欲得者止於境土所畏者英國用兵從其請而使歸華人宜無不承者二楊不知出此過戀推轍遂一切靡然如敵欺而不校損國威而不恤不旋踵利遂篡嵩自立二楊亦未如之何蹇夏無名未弱之論確中一時矣

以黃福為戶部尚書歸自交趾也尋改南京戶部

陳氏建曰天順日録宣德初思用舊人召蹇義等數人寵待之皆依違承順之不暇惟黃福持瘴也耶

羅汝敬等至交州黎利已先戮蕎詐言蕎遇疾卒設女樂宴飲汝敬怒盡碎其器叱曰國嗣亡而用吉禮何也　四年二月汝敬等還利遣人貢方物三月遣通政徐琦永達行人張聰敕諭利三月琦等還利遣人貢金銀器方物并上國人奏言陳氏孫蕎已卒子孫並絕利撫綏有方得民心乞令管攝永為藩臣奉職貢六年五月利上表謝罪獻代身金六月遣行在禮部侍郎章敞通政徐琦詔利權署安南國事七年二月敞等還利遣人貢謝　八年入貢

劉執齋贈安南貢使詩曰萬國提封總帝家安南誰道隔天涯金涵舊錫周王履玉節頻浮漢客槎山盡鯨波和雨露星回鰲

論者謂厚之免好生之報也然宣德初詔榮昌伯智有云利賊包藏禍心已非一日始若易取誤信人言惟事招撫迄今八年終不聽命忠臣罹害良民被毒其誰之過智等其急進兵務協和成功來春不捷論罪則宣宗之決意滅賊可知矣後惑于二楊之說棄地與寇竟不思仕于其地者亦當有處之也使當時計慮深長或命張輔再以重兵臨其疆上相機而動可取則進剿不可取則許赦仍詔其將交趾命官無大無小盡送還朝方宥其罪則賊既喜得封必肯從令而我華冠裳豈遂淪沒于炎瘴也耶

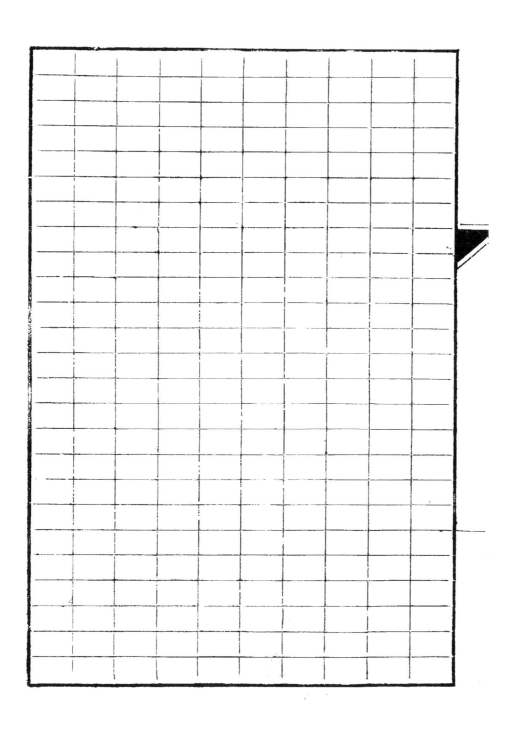

極記年華諸君奉使承優渥驛路馳驅莫憚賒

利在國僭號稱制仍偽建東西二都嘗設陷雲南所轄寧遠州亦并屬焉分其國為十三道乃置百官設學校每道設承政司憲察司總兵使司徵中國十三都布按二司也曰山南曰京北曰山西曰海洋曰安邦曰原明光曰諒化曰清華曰義安曰順化曰廣南欲示其土地之遼濶每司實不及中國一大郡學校之士皆名為生徒循元制以經義詩賦取士詩用七言律

利尋死九年廣西總兵山雲言利死長子狂妄次子初弱數臣黎問黎察擒相讐殺夷民驚懼諒山土官阮世寧七源土官阮公廷率衆避難來歸願居廣西龍州及太平府上下凍州上勅雲曰利本起微賤因衆立爲從人望朕

志在息民遂詔罷兵余議立暠利遂奏暠死暠之死利所爲也朝廷即欲問罪不忍毒民令權署國事多行不義爲天所極爾戒飭邊兵嚴謹守備勿忽世寧公廷可善撫之

按自是之後中國人多潛入交南王有受僞御史者教之窺伺雲南遂誘我邊迯覘我虛實鎮南關外頗多華人而臨安諸郡所在有老賊矣蓋阮世寧等可來則我華人亦可去此逃人之不可留以自開其釁如此也

交趾遣人以國喪告乃命行人郭濟朱弼往祭利（利僭號改元順天竊位六年死僞呼大祖）利子龍僞名麟請封仍命權安南國王事

景泰庚午命行人邊永頒詔安南其君臣至館迎詔欲拜階上永正色責之曰安

南名禮義之邦今何如此微(傲)慢衆瞿然起拜階下永河間任丘人、天順乙丑進士、

正統七年詔封黎麒(麟)貞為安南國王賜塗金銀印命禮部侍郎章敞行人侯璡往行禮至其境關門紙(低)且隘先驅者謂當偃度璡叱之曰此中國家狗竇也于土人出入則宜今天命下臨豈可由此度過者驚惧為徹關及(乃)度文人承命禮不敢肆璡歸謄儀毫髮無爽交人盡賢之璡山西澤州人永樂癸卯鄉試第一登進士、黎麒(麟)死自是皆有二名、的名以事神祇偽名以事中國蓋其酋習於欺誑自宋陳威冕偽名克爲已然、不獨今也、龍僭號九年改元者二、紹平大寶偽呼大宗、子基隆偽名濬紹封

天順元年奏乞賜衮冕如朝鮮國王例不、許

三年庶兄宜民弑之自立國人誅之基隆僭號十七年改元者二、大利延寧偽謚仁宗、宜民偽名琮封諱山王僭號僅九閔月誅改元天興降稱昏德侯、基隆弟思誠偽名灝紹封弘治元

卷五

三五

海學山房

年翰林侍講劉戩江西安福人、進士及第、持郎位詔往諭思誠時方加兵占城緬甸思誠頻築驚戩承命即從兩僕道南寧疾抵其境交人皆驚凡迭候館謁視稽倍恭至之日頒詔明日宴畢遂行餽遺豐腆一無所顧遣陪臣道國主意追送於途期必致之戩復以書并寫初入國詩示之始去後交人表謝有迓臣清白之語及爲建部全亭於思明道中後復遣行人董振頒詔其國

李東陽送振詩曰紫泥新詔出彤宮帝遣南來使者驄四面樓船通海氣九霄旌節下天風仙蓂萬葉占堯曆化日重暉仰舜瞳聞道奉揚恩澤遍遠人無地不呼嵩

十年思誠死思誠、龍第四子也、僭號三十八年改元者二、光順、洪德、僞呼聖宗、子鏳僞名暉紹封

25

其臣黎彥俊充貢使欲由龍州入南寧憑祥知州李廣寧以國初設鎮南關在其境爭之聞於朝詔如舊十七年鏳死僭號七年改元景統偽呼憲宗長子漳立改元泰真僭號未及紀年而死偽呼肅宗弟吏名誼紹封寵任母黨阮种兄弟恣行威虐屠戮宗親鴆殺祖母國人詛怨种奪主權擅命漸不可制成化十二年詔改南京戶部左侍郎王恕為左副都御史巡撫雲南先是雲南鎮守中官錢能怙勢貪縱遣其麾下指揮郭英取捷徑往安南求賂凡朝廷遣使往安南皆道廣西未有由雲南者於是安南君臣駭愕久之欲因間啓途遣一酋以兵尾其后將近邊英給其酋請先白守關者因晚歸邊吏戒嚴安南兵始去事既傳聞籍籍謂英句引外夷窺邊朝議命恕往巡撫其

地怒至即令按察司捕英治之英懼赴井死沒其寶石于官械其
童至京師誅之恕上言昔交趾鎮守非人致一方陷沒騰衝啓釁
致蠻賊叛逆今日之事殆又甚焉且勸上不寶異物凡花木禽獸
寶玩宜一切拒絕在雲南凡閱月疏二十上直聲動天下　十六
年議征安南既而罷之時安南累歲侵擾占城占城遣使入奏請
討之江汪直因獻取安南之策職方郎中陸容上言安南臣服中國
已久今事大之禮不虧叛逆之形未見一旦以兵加之恐遺禍不
細真直意猶未已傳時中官汪專寵用事直上旨索永樂中調軍數時劉大夏
亦在職方故匿其籍徐以利害告尚書余子俊力言沮之事乃寢
陳氏建曰程篁墩紀陸職方事稱其沮征安南之事尤偉夫汪直

是時東搆怨於女直北挑釁於韃靼二方已兵連禍結殃民辱
國矣交南之役使直復得逞其志天下安危未可知幸而本兵
諸公協力沮止之豈非祖宗之靈社稷之福斯世斯民之大幸
與

弘治八年安南侵占城占城國王遣使入奏請命官往問其罪上
敕旋之大學士徐溥等上言春秋王者不治夷狄安南雖奉正朔
脩職貢然恃險負固積歲已多今若遣官往至其國海島茫茫徒棹
寸古小必掩過飾非大或執迷抗命若置而不問損威已多若問
罪興師貽患尤大宜勿聽乃止既而中官傳旨命上乃止武宗即
位詔遣修撰倫文敘頒正朔於交趾

授文叙弘治己未狀元也是歲主試學士李東陽程敏政發策以劉靜修退齋記為問人罕知者江陰徐經與南畿解元唐寅舉答無遺矜誇喜躍輿議沸騰買科給事中華昶劾之敏政自言風構試目疑為家人竊賣凡知策問者俱黜落揭曉後同考官給事中林廷玉復疏敏政可疑六事詔獄廷鞫經稱嘗以贄綺饋敏政出入門下風構試目衆從家人得之故與寅陳說獄成敏政奪職經寅俱為民昶與廷玉皆外謫而文叙首擢焉

李東陽贈倫文叙詩曰藩邦地重極炎洲詔使名高出狀頭一代風雲龍虎會百年鄒藪鳳麟遊殊方盡處聞天語舊屋歸時記海籌採得民風兼國俗玉堂青史待刪修

种通詛目殺僭號四年改元端慶僭稱屬慈王种僞尊為威穆帝立阮伯勝仲也弟國臣黎廣等討誅之立思誠孫瑩僞名晭六年遣編修湛若水往封思誠第五子鐀僞名瑒生子瑩詛被弒無子國人立瑩、改元洪順、僞尊其父鐀為德宗。十年瑩遣阮仲逵入貢東陽贈若水詩曰聖朝荒服盡冠纓嶺外安南舊有名文字不隨言語別道途長共海波平一家兩被周封命六載三回漢使旌天上玉堂非遠別故鄉重慰倚門情瑩既立恣行不道十一年杜堂燒香官陳暠與子暠昇作亂弒瑩僭號八年降稱靈隱王、後僞呼襄翼帝、自立僭號仍稱天虞改元天應詭為陳氏之後都力士莫登庸敎降暠尋復與黎氏大臣阮弘裕起兵攻之暠敗走殺其子暠及其黨陳遂等誅之暠與昇奔諒山據長慶太原清都三府登庸與大臣共立瑩子椅偽名譓謀請封因國亂不果行椅以登庸有興復功偽封武川伯總水步諸營登庸既掌兵柄乃潛蓄異志十三年黎氏臣鄭綏以椅擁虛位登庸不臣乃立黎氏族子酉榜攻其都城椅出奔登庸率兵攻綏綏敗走登庸捕囚榜殺之椅歸國登庸自為大傅仁國公十六年登庸率兵攻陳暠暠敗走死登庸乃納椅母為妻

殊域周咨録卷之六

皇明行人司行人刑科右給事中嘉禾嚴從簡輯

安南七

嘉靖元年莫登庸自稱安興王謀弑椅椅母潜告椅乃與其臣杜溫潤間行至清華居之登庸立其庶弟慮椅遣使間道來貢并求封爲登庸所阻上以登極改元遣翰林院編修孫承恩禮科右給事中俞敦齎捧詔書緣段諭賚安南國王黎晭承恩等聞該國臣下作亂黎王遇害抵廣西龍州與該國境界相離止八十里體訪黎晭存歿并世子名諱及行附進邊界該國諒山文淵長慶等府衛令其迎送長慶府中稱本國見被逆臣陳暠子陳昇拠諒山等

等府地方道路梗阻特轉報國王迎請如儀龍州申稱拠守隘頭目下丁源呈内開訪得安南國黎晭已歿卅七年今世子改號光紹但不知名諱及訪得該國鎮胡衛土官閉孝忠稱說光紹被逆臣莫登庸作亂趕逐海濱存歿未卜又有逆臣陳暠霸占諒山府等處號稱天應後故有子陳昇仍舊占拠迄今仇殺未息道路不通二年承恩等不敢前進俞敦病卒承恩乃上疏曰竊惟原領詔勅係改止該諭齎黎晭今黎晭既歿其所稱光紹者承襲初未請封遭亂又無求援未審是否黎晭嫡派支裔繼使道路無阻臣等可得而入決亦不敢輕與況拠各該報前來則是該國逆臣陳氏父子相繼梗於其外莫氏又偪於其中兵火相仍國無定主臣等又

安敢輕入自速辱命之愆且臣等原移文該國諭諒山文淵長慶等府衛其諒山文淵竟無一字回報止拠長慶府前項回稱待轉報國王迎請如儀臣等久候邊境亦無迎請信息揆勢揆情即諭使光紹苟存得知天恩俯及亟欲迎請顧其威令久不行于諒山等處失其出入咽喉之路其迎請之使必不能通彼之迎請既不能通臣等亦安得而入哉況前項申報光紹被逐海濱存殁未卜臣等在彼再候亦無益矣禍福利害在臣等固不足惜顧事關國體豈敢不慎臣等思無可進之理還至廣西梧州府擬會本題請閒給事中俞敦因感冒瘴氣染病服藥調治不愈竟于嘉靖二年正月初四日身故臣伏思之臣原與俞敦欽承上命充正副使差

往安南國公幹今該國地方多事既可進而俞數近故臣又難以
獨行理合併行具題乞勅禮兵二部從長議處使臣有所憑藉遵
依以為進止上詔達所奏事情還着鎮巡官查勘明白務承恩暫
着回京　十年十二月巡按廣西監察御史汪淵等題稱會同總鎮
兩廣太監鄭潤總督兩廣軍務右都御史張嶺鎮守兩廣總兵官
撫寧侯朱麒議照安南國兩廣接境雖云裔夷久被聖化請封納
貢守為常職詔諭賚着為令典茲其國中擾亂殆將十年遂致
國土分裂迄無定主臣等歷查經年案卷博采訪探人言參度事
情似得梗槩緣亂於陳暠等之叛逆黎晭遇害繼亂於莫登庸之
姦雄黎譓播遷今撫該國長慶高平二府所牒并龍州所申各情

互異但以理推之陳暠父子叛逆情罪灼然無待訴勘其黎晭遍
害無子國人共立其故長兄黎灝之子黎譓以為世子名位甚正
權撮(攝)國事經六七年臣主定分亦已甚之(久)夫何一旦被人詹還于
外國人皆不知之其莫登庸既稱忠義方能討賊何故視主蒙塵
竟不迎復乃輙(輒)改謀易議別立其第黎懬權撮(攝)國事回其閒塞遏
何怪群疑況傳聞之言或云黎懬年齡尚幼豈能權撮(攝)國事或出(云)
黎懬雖稱黎譓同母之弟但黎灝沒世已之(久)焉得尚有幼子或者
莫登庸既娶其母而後生子傳聞晭母嫁登庸為妻冒姓黎懬亦未可知此
雖蠻夷情未易遙度真偽即使黎懬真黎灝之子黎譓之弟則
弟豈可以奪兄黎譓乃一國共主而莫登庸輙敢易之則臣豈可

2

以廢主今該國長慶府牒稱黎愿要差陪臣奏事請封高平府牒
稱黎聰要差陪臣奏事請封近拠廣西太平府申安南國帖文差
陪臣阮文泰范敦禮鄭彪等齎捧表箋文奏啓本并方物要行赴
京煩為照例開關放入及應付脚力廩給等因臣等會訪得該國
擾亂未有定主乃輙朦朧差陪臣進貢求封中間又不明白開說
所封何人姓名顯是立非相應國人不服或是姦雄謀篡假立詭
名必有境內姦細通誘外夷欲假我天朝恩寵以服衆心以遂逆
謀亦未可知朝廷為萬邦之極不可不正綱常之大義而自古帝
王之御夷狄亦或以不治治之緣事關邊計乞勅禮兵二部從長
查議請乞聖裁上詔鎮巡等官再行訪勘得實奏來定奪　六年

登庸用其黨范嘉謨偽作應禪文篡國僭號於境改元明德偽立子方瀛為皇太子尋弑應

按安南故臣鄭惟憭中文曰逆臣莫登庸者業中武舉為力士校尉鄭惟憭叔父鄭惟慎累薦為都指揮以本國初亂之時先登庸從陳暠後始來降權命為宣陽縣參將他善水戰討賊有功遂次選陞為武川伯許該管海洋一處稍有權柄時本國頭目鄭綏阮弘裕爭權相攻各回清華本貫登庸乃挾本國世子令一國頭目取金銀乃陰許其黨文官范嘉謨誑誘文臣等謂權在勳舊頭目我等不得用事不如保他為節制官則我等任意橫行遂率衆保登庸為節制十三道登庸得霸掌國權陰

蓄不臣之志乃謀作不軌世子知之間行得脫於外世子庶弟
黎應及黎應母後出被登庸躡追獲本國頭目人民皆從世子
起兵逐登庸登庸走回海洋地方從登庸者上有上洪下洪荆
門南策太平等府耳世子再回國都將前保登庸文臣皆殺之
督諸頭目人民四面夾攻當時舊管兵頭目阮弘裕已死鄭綏
猶在清華國兵雖多而無所統攝登庸仍脇文黎應造濠壘固
守海洋一方一月之間攻之不破登庸即出其不意以水船從
大江潛夜直趨掩襲國都世子走脫其旗蓋等物俱為登庸所
得登庸乃大張其旗蓋詐嚇各處諸軍謂已獲世子本國目兵
一時退走設險據要各相自守及後方知登庸已得勢世子退

撫寧山縣鄭綏由清華進至見時勢稍弱即迎世子回據於清華地方都國城寢皆為賊有登庸又恐慶逃出從世子乃鴆毒殺黎憲假立別人猶冒黎憲姓名於嘉靖五年七月內有前從逆臣莫登庸之黨裔文岷出迎世子率山南所管之兵來降世子仍分令鄭惟峻鎮守清華留世孫興命鄭惟峻保養之世子督兵進天關府道駐樂土縣分諸頭目夾攻登庸黨於彰德裔文岜亦進水道夾攻登庸於本丸洲三岐江山南承政司處裔文焜兵敗登庸追至莅仁府金搒縣世子未知之矣登庸取金銀講求樂土縣土官郭遼鶴引行捷徑圍襲世子營不意之間各皆潰散前天朝封賜勅書及文書字跡一切盡棄登庸乃擒得

世妃生世孫之母鄭淑寶沉江殺死世子惟帶一欽賜印信隨
身走脫從臣止存廿五六人潛行山道到清華地方在前諸軍
並不知焉及見燒房放銃各相散回寧山舊處逆臣莫登庸益
得勢矣此說稍異而于事頗詳今並存之
九年登庸傳土地於方瀛僭稱太上皇憲國內不服起兵攻之退
居都齋齋都齋都齋在海陽其地登十五年上以哀冲太子生命頒
誥四夷禮部尚書夏言疏曰安南貢使久絕我皇上登極改元欽
遣編修孫承恩給事中俞敦齋捧詔勅往諭竟以該國作亂道路
梗阻未達而返今照皇嗣誕生若復頒詔本國則必如前梗阻命
使不得徑抵其國徒損國體合無今次止行詔諭朝鮮國王其

安南國暫免遣使再照該國賊臣作逆國無定主分裂竊拠茶（蔡）奪生靈義當與之討賊平亂斯為中國君主四夷之道但查得兩廣鎮巡等官節奉欽依訪勘迄無回報顯是輕忽邊情違慢明旨以致縱長夷姦積損國體所拠經該官員相應通行查究合無乞勅兵部馬上差人星馳兩廣地方着落鎮巡等官即梗（便）查照先年節奉欽依事理訪勘該國事情的實合同三司及該道守巡官員從長謀議務要區畫停當上緊具實奏聞不許隱匿遲違誤國大事庶幾致亂之罪可懲朝貢之典不廢裔夷以安邊境以寧而中國之體尊矣上諭詔使且待彼國事情你部裏還會同兵部計議來說勿視為非要

時賊黨武嚴威武文淵武子陵等避罪出逃犯

我邊疆八寨長官司土官副長官瓏徹教化三部長官司土舍張澤通把李者來白後等與之交通引使侵掠瓏徹後又因事被賊拘執雲南總兵沐紹勳奏稱瓏徹乃我中國職官豈可置之不究設欲舉兵進討而武嚴威係是外國亡命避居而來之地勢難攻伐恐徒費兵糧卒難成功及欲將張澤擬法拿問但各酋見與武嚴威等交通誠恐持之太急別懷異謀釀成大患深為未便除一面嚴行鄰近一帶地方各整搠軍馬協力防守一面選委能幹土流官員前去撫諭務要瓏徹挾出取回任禮部尚書夏言疏曰臣等會同兵部尚書張瓚等計議我太祖高皇帝開國之初陳氏首先納款故著之祖訓不許後人伐其國者嘉陳氏之能輸誠效順首

先臣服之忠也詎意陳為賊犛所戕遽絶其祀天道好還而賊利復滅季犛之宗幸而得國傳之子孫今乃廢職不修棄民不保自正德十年黎晭差陪臣阮仲逵進貢之後迄今二十一年朝貢之使不至廢棄正朔罔秉臣節今據兩廣守臣所奏則黎譓黎廣皆非黎晭應立之嫡莫登庸陳暠陳昇阮時雍杜溫潤鄭綏等俱屬篡逆之臣春秋大義亂臣賊子人得而誅矧聖天子在上繼天立極君主華夷而該國負固作逆久不來庭所拠彼國事情罪狀顯著無逃天討乞勅錦衣衛選擇指揮千百户内素有膽氣謀略言語便利通達事機者二員先領勅書一道前往廣西地方着令鎮廵等官仍選彼處軍衛有司官員人等能深曉夷情熟知道路强

幹有謀者三五員名伴送勅使徑入安南境内勘問彼國背叛朝廷以不入貢緣由并見今纂主拿國罪人姓名根究的實作急奏報仍乞朝廷下令選將整兵待報而發再照安南疆域東起廣東之欽州迤西歷廣西之左江至雲南之臨安元江為界合無一面勅鎮守兩廣征蠻將軍總兵官安遠侯柳珣會同巡撫兩廣都御史錢如京一面乞勅鎮守雲南征南將軍總兵官黔國公沐紹勛會同巡撫雲南都御史胡訓貴州都御史汪珊即便整搠漢土官軍調度錢粮嚴備待命再照彼國逆臣搆亂已非一人武威舍彼就此必非簒國之賊鄭武不忍視主受戮不肯甘心從逆亦未可知合無乞勅錦衣衛另選如前能幹官二員齎領勅書一道

前往雲南體勘武嚴威事情責令鎮巡等官差本處的當人員前往八寨長官司等處地方及直抵武嚴威營内密諭朝廷以安南久不朝貢又知國中逆臣篡主方興問罪之師若武嚴威果因同列篡逆避罪而逃即便明諭禍福順逆如能革面向化歸附我軍往征彼國則向來擾亂邊疆羈縻土官諸所罪犯一切赦宥如璣徹被拘在彼即令與武嚴威解釋宿怨協心從征其璣徹交通之罪亦一體開赦但彼國見今作亂事情許武嚴威等備細開陳及其歸附實情作急奏報以憑降勅調遣委用如其不服則當置之度外俟王師至日一併誅剿但興師伐遠命將討罪事體重大合無恭請宸斷勅下兵部會集在廷文武多官從長計議慎擇大將

遠邇偏裨簡設總督粮餉文臣更置地方有司官員調集諸路兵馬所在儲峙芻糧一一區畫停當上請定奪施行上詔安南國先以此詔書不諭而返有傷體面又以不入貢非叛而何兩處差官都依擬着實勘明奏報便寫勅與他去與師備對必行兵部便會同議奏

按嘉靖初田州岑猛叛兩廣總督姚鎮討鴆殺之謂岑氏可遂滅殘請設流官因治田州而盧蘇王受諸孽輒通交南流言搖惑滇嶺間姚鎮被論落職桂萼初嚮用薦起新建伯王守仁總制兩廣守仁至嶺南始知流官不可設請復官猛子邦相為田州判官盧蘇亦與土巡檢羈縻之萼議禮致位卿輔欲立奇功

乃陰以意寓書授守仁使密探安南要領守仁不答夸遂恚憾

會守仁卒覽中傷華世爵及鄭與典云

上既勅錦衣衛官往察安南又遣禮部尚書黃綰學士張治使安

南時車駕巡承天綰治又復止都齋為賊要害登庸居此為方瀛外援而以九

公府為都齋之衛又僭頒大誥五十九條於境內方瀛僭號改元大正是歲

黎椅死於清華椅某之子思誠之曾孫也初鎣偽封為況江王育為乙子椅立偽呼本生父為帝宋僭號六年陵元光治彼遇以憂死或曰登庸襲虜以歸鳩殺之傳呼恭皇帝黎氏傳十世立一百十年故臣立其子櫢樫偽改元元和

樫偽名寧遣鄭惟憭亮使泛海來京奏登庸僭逆之罪禮部疑

其詐詰以此疏何人所作誰為寫進又詰其何不赴經過衙門掛

號鄭惟憭申報曰本國世子及諸頭目耆老共議謂本國危亂如

6

此遠聞中華有聖明之主忠良之輔必不棄我我國大困欲囲赴
天朝奏訴而陸行之路經不得通欲作水船通海又不諳水路又
覆思惟周知所處幸見廣東商船渾海到於玉山縣雲濟社海世
孫乃命諸頭目文武官等議論作差人寄與商船載去諸頭目都
不敢行惟鄭惟𢢀一則根登庸逐君篡國一則根登庸殺惟𢢀親
毋之讐誓不共載天且又念食君之祿死君之難事不辭難臣之
職也即奉命而行所與共事朱頭者其父朱塩行至南寧不得前
進再回病死頭欲繼我父事乃願行爾本國係在海邊知海行之
事死生難定世孫乃作二本封在二筒並二批差惟𢢀朱頭各帶
一人一筒分行二船防或一人死人生亦得信通天朝世孫與諸

頭目耆人焚香祇天國祚存亡係在惟憭等一衆惟憭自家而出
一國之人皆論其十死一生蓋海外浮沉一死事也知到廣東不
赴官府衙門掛號即路上盤詰捉獲則外夷過海越關是一死事
也若赴見官府衙門則或不許前往再送回本國逆徒擒取而殺
之又一死事也或官府衙門恨其越度關津前殺後奏朝廷安知
其是某人緣其事空死道路亦一死事也且夫論謂天朝教化風
俗本原教化者所以教天下之人事君盡忠事親盡孝切憂道路
艱難死生是命如到天朝必無死理乃作間道潛行之計自過梅
嶺去處猶恐其泄知牽延歲月盤纏俱盡饑寒困苦未知死生如
何今幸已到京得見天日始有生理竊念惟憭承本國世孫差來

之事不是小事路途亦不是遠便路途苟非為國為君安敢到此乎伏望推往事足以驗當時且如申包胥已不知楚國子孫何在猶能自身走秦告急請兵以復楚祚張良則韓國已滅猶能自身出家財購求力士要擊秦皇以為韓報讐豫讓則智伯已死猶能自身致死變名吞炭途廁伏橋欲殺襄子以報智氏况今鄭惟憭猶有本國世祿養來豈不捐軀奉命而行此乃一國大事非鄭惟憭自家私事願審情憐憫之其如作本寫本之事則各有司存非鄭惟憭之職本國舊規翰林起稿東閣撰定進入國王看過送下中書監書寫再進入惟有國王與尚寶司內官守印人用印司禮監房吏官封定呌差人來國王面前分付惟知齎捧而行豈敢問

其何人作本何人寫本與其中體如何哉國家之大小不同君臣之禮法則一如大陽下臨萬物安得仰視乎廷議猶以黎寧所奏未審是的命而廣制閫體勘逮徵臨安衛指揮趙光祖移文彼國查報安南總兵使慶陽侯武文淵等申報曰今嘉靖十六年二月二十八日武文淵等見奉天朝委官趙大官遞下公文二道查勘安南國事由仍明示武文淵等以禍福之理傾誠向化之方文淵不勝喜歡欣幸之至蓋惟天朝皇帝爺爺陛下尊居五位正臨萬邦體乎天地之心正此綱常之道將以勸善懲惡故使趙大官有是行也而文淵等雖鄙俚敢不悉心以陳答之乎然文淵等慮夫本國緣被莫登庸僭奪位號寢成亂階遂失事大之禮彼莫登庸

者海濱之子抛網之徒其祖父並以捕魚而生莫登庸等故前國王黎明錄而用之國王黎明不幸即世本國頭目共推文黎氏子孫黎椅為主年號曰光紹以統國事欲復修藩貢如例豈意莫登庸等潜謀不軌別立私黨放逐光紹奔播在外既而鴆殺之國統遂亂彼又陽立光紹弟黎椿為主以安衆心然權柄則歸於莫登庸之手政令則出於莫登庸之口僥得五年而又殺之并及王之母皆累之於館外乃篡其位號曰明德居得三年兄弟相爭彼又殺其弟莫擻而僞傳與子莫登瀛號位大正凡八年於茲矣自退海陽古齋處莫登瀛則居龍編城焉抑知逆臣莫登庸父子篡國奪位害主虐民情節如此是以本國忠義之士則有頭目阮閔如

鄭惟駿等共推戴光紹之子英理以攝國政據於清化路鄭峒鄭嶢據於太源阮全等據於義安阮仁運等據於廣西此數者皆義存故主志勵報讐各擁兵嚴割據土宇以圖濟國難思殄讐人之悉免乘天理之常隻至南國故二十一年誠失藩臣之禮職此之故也若夫黎譓黎廣者乃逆臣莫登庸畏其罪戾詐冒假名以求售其奸計然黎氏子孫無此二者姓名明矣至於始末山海道里一一看在於天朝版圖之中前文淵等不具言則大官亦已知之然武文淵等切見諒山石龍等道少有平坦其餘各道並是崎嶇者焉今武文淵處夫祖父迭荷國恩兄弟席承家蔭念國讐安可共戴誓逆賊難與俱生忿庸瀛父子之奸淫於蕃惡而難土人民

之苦殆勝秦苛故臣虜之手不低報主之心忍息為此武文淵兄
弟等奉本國王命出領宣光路地方深有望久朝德義恭惟皇帝
爺爺陛下德廣亨屯量弘拯濟奮周后代罪弔民之舉嚴人臣弒
君篡位之誅正名分之垂違救生靈之荼毒使內寧外撫遐邇共
御於德威而大畏小懷蠻貊用霑乎聲教為此具狀謹陳伏蒙照
鑒六月初十二日臨安守倫王時中捉獲安南探事總兵王明哲進
士阮景等二十名王明哲亦稱願引大兵馬為嚮導自幾阜州至
蓮花灘達歸化府又自歸花至臨洮府達東都城循陳水陸進程
及其寨守之處我閩帥未之信也先是十二年間登庸攻清華擭奔廣
南逃占城界音問不通故臣立其弟某以拒登庸偽改元光照既而十五

年應知樫所在復偕討賊將軍僞福興侯鄭恍等迎樫歸靖華

是年廷議安南不貢奏請問其罪

上命咸寧侯仇鸞總督軍務兵部尚書毛伯溫參贊軍務往征之改提督兩廣軍務兵部侍郎潘旦佐理南京部事而以巡撫山東蔡經代之先是旦疏於朝謂莫氏固奸雄之魁然黎賊亦叛逆之派律以中國之法皆非所宜假天朝名號爲之主者今二氏分爭兵甲小息彼既未定我誰適從蓋其意欲靜以觀變也毛伯溫恐其梗已故奏易馬爭勑兩廣雲南調集兵粮蔡經奏水陸進兵其路有六姑以三十萬人爲率以一年爲期合用粮餉已該一百六十二萬石而造舟買馬犒撈器械諸費大約用銀七十三萬餘兩未易

而字係另本一葉之末字以下文氣不屬疑有脫簡」□年十二月智傳刊本補鈔訖

辨世時大軍既出而勦撫二議未決戶部侍郎唐胄疏言事體至
重決不可征其略曰今日安南之事若欲致彼之修貢其事甚易非
惟兵不必出雖勘官亦不須遣若欲代而乘隙於不貢則闕係頗
大非獨此役未可輕舉雖有甚於此役者亦未可舉也臣請以七
不可代為陛下陳之星辰莫大於三垣列宿然皆麗於中土而後
匈奴內亂五單于爭立宣帝坐受其朝此其明驗夫吾民赤子也
夷狄犬羊也若殃赤子以問犬羊縱能治之豈知所重者乎此不
可代三世若以為中國舊地今乘其亂取之則建武中馬援南征
深歷浪泊而還憲交趾終復淪夷立銅柱為漢之極界乃在今廣
西思明府境及我朝張輔於永樂五年平之明年簡定即復叛竟

外則皆次舍之餘山川莫大於五嶽四瀆然皆會於中土而外則皆支委之末是華夷乃天地間大分限故安南雖不庭祖訓乃陛下所當遵守其不可伐一也至太宗皇帝所以奮討黎季犛者以其弑主殺使之惡大然兵已壓境猶遣行人朱勸許其金身贖罪退師及其不悛然後討既克即為陳氏求後無所得不得已始郡縣之交側不寧終永樂之世仁宗皇帝每以為恨宣廟言於朝曰皇考追憾此事往往形諸慨歎朕聞之屢矣遂將已成之郡縣一併棄之其遵聖祖之訓真如執玉捧盈陛下所當率循者此不可伐二也若以為治統華夏逆亂之臣不可以不問則王者不治夷狄況自古夷狄分爭乃中國之福今殆其時漢當匈奴之盛歷高

連下頁

祖世宗奮力威之而不得逞至元康神爵以後匈奴内亂五單于爭立宣帝坐受其朝此其明驗夫吾民赤子也夷狄犬羊也若殃赤子以問犬羊縱能治之豈知所重者乎此不可伐三也若以為中國舊地今乘其亂取之則建武中馬援南征深歷浪泊而還處交趾終復淪夷立銅柱為漢之極界乃在今廣西思明府境及我朝張輔於永樂五年平之明年簡定即復叛竟……

為黎利所陷沒是皆取之不得者豈但無益而已乎其不可伐四也若以其國不貢可惡則洪武末安南侵我思明之地數百里遣行人往諭抗辯不服廷臣請討我聖祖竟以蠻夷置之度外豈但如今安南不貢而已况貢乃彼之利一則奉正朔保境而威其鄰一則兼貿易博來而厚其往即今爭亂之時昨尚奉表箋方物求貢為煙換以請封姓名未的而遏之是蓋欲貢而不得非負固而不貢以此罪之則將何以服之乎此不可伐五也且興師本於才力兩廣軍門儲積常數十萬兩近費於田州岑濬之征今見在僅餘四萬兩部議又欲廣之於江西福建湖廣內地然內地自大工之興凡南京各省庫帑歷年所積各項銀兩盡為工部之所取臣

昨提督南贛等處軍務鹽廠連年所積軍餉銀四十餘萬兩今亦解用無遺此不可伐六也然此特理勢有跡之可見者耳又有意外之虞者唐國之南詔起於玄宗之倡征前後喪師數十萬馴至殘通倘其侵邊戍多兵連唐患遂起宋神宗欲伐邊取燕而遣使者四出理財中土騷然遼來內擾先來求地遂失河東七百里卒至白溝燕山之役宋遂多事且北虜支屬衛盤我河套之地哈剌慎吉囊諸種擬為已有近又加以大同叛卒之向導今再分力於南臣恐意外之虞大不可測此不可伐七也伏願凡近遣往安南之官趁其未行收回成命蓋此輩武人萬一到彼以私而枉是非之實致彼不服反損天威縱使勘報得情我之聲勢已張而弛問

罪之師則失信不武而為不便人須該部移文或差官一人傳命兩廣藩撫按選差近邊素熟夷情一人直抵安南諭以今日姑客容來貢之意則彼將忻作忭無地爭躍而前必矣又王言如絲其出如綸各藩閒整兵待發之令一下人心驚動且奸雄乘之以射利借簡集而行差放之私因徵歛而肆侵漁之毒騷擾之害何可勝言則所謂先聲者未及動彼夷於徼外而先動吾民於邦域之中矣其該部差人賫整脩兵粮各勒亦望停止則不以小邦一隙而遽為全盛之累聖德先大人心同結治安永保焉

十八年莫方瀛上表乞降上勅毛伯温曰先該安南國黎寧奏稱國王黎明故絕被賊臣莫登庸作亂竊據國城阻絕道路因而久廢職貢已經差官

查勘是實方欲興師問罪節該兩廣雲南撫鎮等官奏稱莫方瀛父子聞天聲征討恐懼省悔上表乞降願以土地人民悉聽天朝處分其哀請似亦可矜下廷臣會議僉謂夷情叵測詞雖卑懇意或詭秘故法不可不正義不可不彰今特命爾同總督軍務總兵官咸寧侯仇鸞前去兩廣雲南適中去處會同彼處提督節制各該鎮并副參以下三司等官將兩廣雲南應調漢土官兵及征討機宜悉照該部題准事理聽爾便宜處置其賊臣父子如果悔罪請死束身待命將其乞降聽處真實情由星馳具奏若執迷不悛必誅不有用兵之際爾等宜相機酌處務要計出萬全期於備亂底平罪人必得以彰天討以安遠夷斯副委任之重毛伯溫乃行

廣西太平府知府江一桂指揮王良輔去憑祥住劄審驗安南降心如果歸一即與接受萬一夷情不測亦聽便宜處置江一桂乃繳問曰切照我皇上嗣祖宗歷服之大一統華夷紹帝王道統之傳肇修人紀春生秋殺乾斷離明始因爾國朝使不通欲求其故繼因爾國人民告變斯得其情方今命將出師聲罪致討爾登庸父子乃先懷總畏威悔罪向化擬其哀詞似亦可矜探其實情猶未可測雖云獻圖聽處未見委國輸情雖云上表乞降未見束身待罪頃者上表乞降是否中心實情有無別項詐偽如果真實何以表見必須逐一聲說其真實緣由其願稱以土地人民悉聽處分如果悉聽作何處分亦須逐一聲說處分緣由我聖天子穆穆在

上至聖至誠大小臣工明明在下惟忠惟順上下一德海宇同春
真可賀之鬼神莫但行於蠻貊戒毋作倚徙取日拙之勞急宜自
新早聽天朝之命其或陽為恭順陰實悖狂偷生畏死飾詐緩師
支吾不實執迷不悛必大興問罪之師弘宣弔民之意甫身就戮
甘為獻馘之俘我伐用張丕闡文皇之烈其黎氏見有幾人見在
何處不得詭詞隱諱亦當擬實明言我皇上如天之仁惟恐一物
不得其所而黎氏如綫之緒可使一旦遂失其傳此事之畢竟當
處而誠之終不可掩者為此特差力牧二員賚今檄文一角前至國
界交鎮遣府州衛作速轉行莫氏文子知悉逐一據實陳答毋得
隱飾情詞執迷自誤暫令作速取具印信回文一樣十本限日繳

報以憑轉報軍門定奪施行莫登庸報書曰登庸前臣事先國王黎氏適遭國屯倉卒之際未及上稟茍從夷俗暫管國事又付其子專制之罪所不能辭累具表首罪未聞命下登庸父子夙夜惕懼靡敢寧処至嘉靖十九年正月二十五日登庸子方瀛不幸病故國人狃於舊俗請以方瀛長子福海代領其衆登庸竊前日所處既不能以義裁度負罪深重今日再徇國人所請恐益重其過登庸與長孫福海惟執共以俟朝命本年七月初四日準蒙貴府來文仰本國長慶諒山府衛官轉行本國内言登庸頃者上表乞降是否中心實情有無别項詐偽等因登庸莊誦再三不勝省懼竊慮登庸有過悔罪真情實意已具在前降表一無所隱先差阮

文泰阮拔萃等赴兩廣賫回繳差范正毅許三省阮倩等由雲南轉達累經年久猶委待罪軍門並住坐境上聽命於朝所望亮其懇誠宥其過咎庶得以自新若土地人民皆天朝所有前已悉開實數圖獻上聽處分惟日夜仰冀天恩若百穀之仰膏雨豈別有他說哉其黎氏絕無子孫已具在前奏本苟未之信請訪本國耆老人民以驗其實如果見在某人則登庸甘受欺罔之罪並以一人手而掩一國之耳目哉並以至誠豚魚忠信貫金石如明公而敢以威欺哉若本國前後往復文書常用大頭目印信今承令取具該府衛印信登庸以從命爲敬已照依來文內還行書到頒爲轉達天朝兩廣布按都等衙門庶登庸眞實情由得以暴白幸

甚一桂又行諭安南夷酋人士曰照得爾安南自昔本屬中國其
在本朝陳氏慕義納款爲我太祖高皇帝嘉奬錫封及黎氏弒逆
我文皇震怒命將討平郡縣其地是出爾交人救於水火也我皇
上中興撫運統一華夷遐方絕域無不賓服獨爾黎氏久不來庭
爰命軍門奉辭勘問乃知爾國有莫登庸方瀛父子乘危肆篡
主奪位倡起亂階連結兵禍致使爾等生靈荼毒井邑丘墟罪狀
既昭情法難宥天子爲華夷之主必敦興滅繼絕之仁聖人爲綱
常之宗必彰討叛除兇逆義今黎氏之遺裔未泯而莫氏之惡貫
以盈天理人心昭昭不可掩也亂臣賊子人人得而誅之爾安南
雖僻在夷荒然稟被天朝聲教中間豈無抱忠仗義之士撥亂反

正之才必能共舉義兵以誅元惡茲當大懸賞格以速成功爾等各宜欽奉上天禍淫覆桀之心仰體皇上正名問罪之意思黎民為汝之舊主思莫氏為爾之世讐各宜奮勇攄忠建謀設策一倡群和不約而同近悅遠來不期而會大興討逆之義擒殲渠魁弘宣輯衆之仁聲安其田里有能擒斬莫登庸莫方瀛父子者賞銀二萬兩仍奏聞朝廷大加陞秩有願以一府歸附者即以其府與之有願以一州一縣歸附者即以其州縣與之仍各賞銀五千兩又聞莫登庸以都齋為自防之計以九公府為都齋之衛夫九公府豈無良心哉不過畏其勢脅之從耳今九公府有能擒斬莫登庸莫方瀛父子者一體賞銀二萬兩奏聞朝廷大加陞秩有願

以府州縣歸附者亦即以其地與之并照前給賞夫如是則安南無辜之民得免殺戮之苦安南有志之士大彰忠義之名天道以順人心以安豈非安南之大幸哉不然則天兵四集之時難免玉石俱焚之患是時雖有志義之士無以自見亦將駢首就戮噬臍之悔殆無及矣爲此出給本府印信鈐蓋牒文一樣一萬四千本偹行長慶諒山等府衛求安文淵等州轉諭爾等爾父老士民共速圖之

十九年登庸立其孫福海以翮方瀛（方瀛少爲縣學生知書頗有計略十八年秋自將捕叛人已廣殺之歸而病死福海立改元光華）之仇讐以事召還改命鎮守兩廣總兵安遠侯柳珣代之適安南長慶諒山府衛申報夷目莫登庸投降降請詞雖若卑懇但意尚詭秘必須提兵壓境宣布朝廷威德

庶使夷心懾伏，束身待命。廣西按察副使翁萬達亦以單門添註至上討毛伯溫曰：參(今)昔(日)處莫賊者有三：文命而還，告成功，此上策也；陳兵鞠旅，臨之以威，兵不血刃，此中策也；三令五申，必欲芟夷絕滅其醜類，威則威矣，恐非聖天子好生惡殺之所先，此下策也。今宜總眾長，兼群策，得(俾)機權在我，動出萬全，縱不得其上，可得其中；不得已就其下，亦當監(鑒)宋師覆轍，無俾後悔。伯溫從之，乃行敢兩廣及行雲南各三司等官會議，正兵為(分)三哨：從廣西太平府憑祥州一路為中哨，委參政翁萬達監之，副總兵張經統之，指揮王良輔等督領漢達土目軍兵共四萬名；從龍州罷回峒一路為左哨，以副使鄭宗古監之，參將李榮統之，指揮周維新等督領漢達土目軍兵共一萬四千名從思明府忠(思)寧州一路為右哨以副使許路監之都指揮自(白)㳟(浓)統之指揮賴杰等督領漢達土目軍兵一萬四千名又奇兵分為二哨從歸順州一路為一哨以參政張岳監之岳原浙江參政蔡經以其曾知廉州奏添註廣東委以安南事宜都指揮張軏統之指揮張義等督領漢達土目軍兵一萬四千名從廣東欽州一路為一哨以副使陳嘉謀監之參將高詔統之指揮李邦相等督領漢達土目軍(兵)一萬四千名從烏雷山等處為海哨以副使涂撻(樾)監之都指揮武鸞統之指揮余德安等督領漢達土目軍兵打手共一萬四千名而中軍營務委監統總督營領共五千一百二十七名齎執令旗令牌前去分督各哨又巡撫雲南都御史汪　總兵官黔國

14

球
巡按御史彭時濟查議以蓮花灘分為左右二哨各委監統督率等官每哨共領漢土軍兵丁二萬一十名象五十隻秦武文淵等之兵約共六萬三十名分行去後毛伯溫等即於次日啓行親請南寧府調度兵粮相機行事夫人亦大為儆備採毒藥以試其及收巴豆菌集置上流截竹筒埋地箕餡馬足陽言先由海道襲廣東時賂边賊覘伺我事以一關吏通賄往來不復能禁萬達密募敢死士入偽都旬日盡得其狀乃下禁令曰敢有出關隘與賊通者磔之而籍其家能擒其賊一人者賞百金登庸聞之愈恐莫知所為亟請出境降服聽候處分情甚哀伯溫於本年十月二十八日允令彼國小目陳棐等詣念渥等營陳款示令十一月初三

十五起

日准其來降江一桂等乃預於鎮南關近地開張幕府高築將臺至期莫登庸素衣繫組躬率小目耆士人等各以尺帛束頸候于南關臺上恭設龍亭覆以黃幄兩廣三司副參監統衛門列侍傳令開關登庸暨其姪莫文明等由關道左出脫履跣足面北而跪傳道生員謝天鐵為解其組及接受降本登庸俯伏五拜三叩頭畢伊姪等亦各以次降服如儀當宣諭姑容戴罪還國待為轉奏賜以不死兩廣雲南恐有法外姦細并玩法士官乘機嚇詐及生事造言者宜一切勿聽我天朝正大之體軍門嚴明之令汝宜知之登庸叩頭謝訖傳令閉關收兵回營其姪莫文明并小目從人許三省等共二十八人莫文明代齎登庸降本一通本奏曰臣荒

微細祇限於知識然每遇瞻北極光被南邦天清地寧海晏河瀾
臣仰知中國有聖人久矣況天威震動之下而有陽春駘蕩之仁
懼感交駢豈可云喻臣惟先國主黎氏末運迍邅相繼淪喪及至
黎憲攝國未幾亦遘危疾臨終倉卒之時茍從夷俗暫以國事付
之於臣臣又付其子方瀛未及奏請輒涉擅事雖君門萬里難於
上聞而罪實論天道容自昧嘉靖十七年臣父子謹遣阮文泰等
齎表乞降并祈處分俱出誠心別無虛詐但積誠未至不能上動
聖心夙夜憂危靡遑寧處嘉靖十九年正月二十五日方瀛不幸
遘疾而亡國人狃於舊習欲以方瀛長子福海代領其衆臣慮前
者誤相授受義已不安今若再徇所請負罪益重無以自解以此

臣與福海惟孰共以俟朝命頃者大將軍征重兵壓境臣猶圈豕
何足以當幸見軍門撤問備奉天言慈渥無涯拊膺流涕竊念縲
臣有罪黜首無辜陛下不忍以縲臣之故而駢戮群黎縲臣何幸
以群黎之故而緊存殘喘已於國內北望嵩呼率同小目阮如桂
杜世卿鄧文值耆人黎烇阮總蘇文達士人阮經濟楊惟一裴致
永等於嘉靖十九年十一月初三日恭候南關組繫出境詣幕庭
而稽首輸中款而投降臣登庸本欲躬自赴京瞻天請死緣以衰
老且病不堪匍匐長孫福海又在喪次謹令親姪英文明代臣趨
闕俯伏待罪亦以見臣文子前遣阮文泰等所賫降表要係畏威
懷德不敢有飾詐之心伏望聖慈矜宥俾獲自新其土地人民皆

天朝所有惟乞陛下俯順輿情從宜區處使臣得以內屬永世稱
藩事體咸領大明一統曆書刊布國中共奉正朔臣莫大之幸
也雖先國臣丁氏陳氏黎氏迭相沿襲稱號紀元臣悔悟之餘國
自知其不可已經嚴戒國人一切革除聽候新民命豈敢仍蹈往
謬自速天誅廣東欽州守臣奏稱如昔貼浪二都澌凜金勒古林
丁葛等四峒原係欽故地果如所稱則是先年黎氏冒而有之今
臣願將前地歸隸欽州並於惟懔所稱黎寧者國人相傳皆以為
阮淦之子黎氏妻果無人故臣已於國都為設香火以存黎氏之
祀今雲南乃又以黎寧為黎氏之後見在老撾已達聖聰臣何敢
辯惟願以廣陵等七州紅衣等塞及某處某處附近之地劃與管

轄經屬雲南惟後仰蒙聖恩特遣使臣一二員直抵本國遍訪舊民如有黎氏子孫臣當率衆迎歸全以土地奉還豈直割與前項地方而已若果如國人所云亦乞憫念生靈俾在統攝其本國先年缺貢應合賴補及以後年分該貢方物臣不敢拠以為言者以方在羅中求免一死尚恐不得再臣又欲查照先朝故事備辦代身金銀人即欲奉獻止亦慮唐突惟以投降聽處實情理合具本權用天朝原賜本國印信鈐蓋緣前印信臣止宜謹守不敢擅用但惟非此則無以為左驗伏望聖明垂察安南小目阮如桂着人黎烇士人阮經濟等奏曰臣等國人雖處荒隅實賴覆冐方得并生但去天獨遠國中往往多難正德嘉靖年來逆臣陳暠陳昇鄭

錂杜溫潤等迭構亂謀逼脅國主黎明逼害黎譓播遷宗氏淪亡
獨存黎寧撫國未久亦已病終地方擾狼攘生民塗炭至此極矣其
時夫目莫登庸討平諸逆要有功勞然土地人民皆天朝所畀應
以擾援之登庸登庸受之又私其子未及請命罪復何言臣等國人
亦因喪亂流離之後慮恐不逞之徒復蹈暠等往轍禍且不已乃
倉卒為求生之計自擇其主私相推戴定出無知罪亦與登庸同
也後因道路阻絕關禁謹嚴雖屢其具情詞懇求無由上達罪狀益
深致蒙天威震怒命闔專征前年軍門移檄本國登庸父子恐懼
不寧謹以上表乞降未蒙俞允茲者擾復動大將統握重兵威如雷
霆聲震蠻嶠自分必然虀粉無復子遺矣豈意由蒙恩宥容令輸輸

情監統委官厥境宣諭合國之衆皆相對涕泣扶老携幼祇候軍門願同登庸來身降服所幸不幾是父母之恩天地之賜也其為感戴歡忻豈有窮極臣等又惟民不能自治事必先正名名不正則事無所攝事無所攝則群然而爭渙然而離者莫之禁也欲免亂亡其可得哉今陛下既賜登庸與國人以更生矣若終於亂亡則陛下之心必有所不忍者以此臣等又有拳拳之私欲瀆聖德以務終始生全之地登庸自管事以來不為暴虐厚施於民民咸德之今且畏威悔罪於其長孫福海共候朝命不敢因襲舊契擅自攝國及已戒飭目民不復仍前妄稱號矣竊惟登庸祖孫自稱夷目俱係罪人安敢覬望殊典但常返覆思念莫氏雖負重罪實為

夷情所歸然非仰籍聖恩界之名色何以約束國人使不為亂伏
望陛下矜憐遠方生靈俯順夷俗賜以新命查照歷代故事或為
總管或為都護俾得管攝國事世世稱藩臣等亦得保有殘生永
為藩民則陛下再造之恩當與天地相為無窮矣毛伯溫疏回所
據莫登庸等乞要內屬稱藩歲領大統曆日補足節年貢物等項
相應遵照原奉欽依悉為議處臣等查得安南自漢晉以後雖稱
內附然夷獠之俗瘴毒之氣終不宜於中國大率數歲一亂亂必
連結黨類攻陷殺戮入必數歲而後定昔張輔以十餘萬人勞費
僅得數年郡縣叛者相繼卒歸於夷此其明驗也恭酌前世利害
莫若外而不內以夷治夷庶為穩便如以莫登庸有罪投降來宜

輕授爵土伊孫莫福海見今待命儻蒙矜宥或可別與都護總管等項名色如漢唐故事每年行廣西布政司頒給大統曆目令赴鎮南關祗領先年所缺貢儀查照補足以後年分照常舉行其欽州澌澟古森丫葛金勒四峒行令原爲安南侯添註叅政副使等官查照原額編入欽州版籍仍量優恤三年以後一體粮差其先後差來夷使事畢放回此正所謂以夷治之者也但恐議者尚以黎氏爲疑臣等竊伏思惟黎利倡亂阻兵陷沒郡縣殺敗官軍大將如柳昇大臣如臣洽皆死於利之手其餘官吏戍卒不能自拔者悉遭荼毒臣等至今言之尚爲痛心我宣宗特以生靈之故不欲窮兵而姑與之耳今莫登庸之罪既與黎利之猾夏者不同而

一聞天聲遂匍匐請死亦與黎利之屢抗王師者又為有間黎利既蒙寬貸則登庸似應未減至若黎寧雖自稱為黎利子孫然臣等節據諸司查勘踪跡委的難明鄭惟憭一向潛住該國上下朗石林州峒寨附近廣西土官地方黎寧面貌初不相識故或稱黎寧或稱黎憲或稱光紹或稱元和或又以為阮淦之子或又以為鄭氏詐稱而近據雲南布政司開報會審夷人鄭垣口詞稱淶馬江峒雖有黎寧而來歷宗派不可得詳所列事情年貌又與鄭惟憭原報互異俱難憑據臣等以為今所處分係我天朝安邊境馭遠夷之大策其操縱予奪不宜以逋賊之子孫而為前卻但黎氏自修貢以來已蒙列聖寬宥若其遺裔尚存似宜體恤合行雲南

撫鎮等官查勘果有可據別無異同聽令仍於添馬江居住見在所有地方俱屬管束或量與職事徑屬雲南若非黎氏子孫置而勿論其鄭惟憭即於廣東所屬隨宜安插量給田宅不致失所如此處分庶為曲盡乞勅該部會議上請取自聖裁使大疑以決大事以定華民內外自是可晏然無事矣上詔宥登庸罪安南國着革作安南都統使司莫登庸授與做都統使賜從二品銜門銀印仍與世襲其十三路地方就照原舊地名各置宣撫同知副使僉事各一員聽都統使管轄差遣朝貢其餘合境大小官屬聽彼從宜建置統屬人民前黎氏僭擬中國制度都着改正廻避獻還四峒地方原係我邊毗毗准收入版圖還行與兩廣巡撫衙門好生優

18

恤投降人等罪既通赦了莫文明准賞素紵絲衣一襲綵段二表
裏阮文泰等綵段一表裏許三省等紵絲一疋事完即日遣回貢
儀御前東宮照舊彼地戶口錢粮不必冊奏禮部差主事吳懋金
中書舍人李傳前往兩廣地方給散欽賞銀兩表裏所有安南都
統使莫登庸勅書一道安南都統使司印信一顆給付本官齎奉
前去交割轉發登庸收領登庸歸自南關染得疾　二十年八月
二十二日死地方浪傳莫登庸為阮敬所害其孫福海聽襲詔登
庸未受職而死亦可於悼着黎經會同總督等官查勘死無他故
及福海是否係伊真正嫡孫十目阮如桂等保結別無詐偽　二
十一年三月福海親率阮敬阮寧止等到關祗領勅印并曆日十

本勅諭曰朕惟帝王以天下為家欲使萬物各得其所一視同仁無問遐邇爾安南遠處南服世修職貢近年朝貢不至搆釁所自實惟爾祖登庸之罪已命官往勘征討爾祖乃能悔罪改過恭上降表備陳稱相授受之非願獻人民土地聽朝廷處分該尚書毛伯溫等奏報兵部集議題請謂爾祖登庸畏威投降輸情待罪朕仰體上帝好生之德俯順下民欲逸之情已一切赦之革去國號王封授以都統使之職賜從二品衙門銀印俾奉正朔朝貢許其子孫承襲世守其地實為爾賴永利也茲該鎮巡等官奏稱爾祖登庸病故爾係嫡孫且爾能備陳爾祖納款之誠備述爾祖屬纊之言亦可謂善承祖志者矣特命襲爾祖都統使之職仍降勅諭爾

其益竭忠誠恪修職貢，撫理夷眾安靜地方，以稱朝廷懷柔之意，
用副爾祖恭順之誠，永為多福，顧不美歟。一應事宜，悉要遵照原
降爾祖勅諭內事理而行，欽哉。莫福海差交北宣撫同知阮典敬
僉事阮公儀等賫捧表箋赴京謝恩。表曰：中國有聖，寰徼清晏之
期；外夷來王，欣溥鴻洛之慶。陽回午徼，星拱辰極。臣福海竊惟乾
坤體物為心，生意流行，不以榮枯而異；帝王愛人為德，至仁惻怛，
不以存歿而殊。是皆理出於公，所以施及者博。臣福海竊念臣祖
臣莫登庸，叠蹤世廕，偶值時艱，撫藩民流離乘亂之餘，保全有幸；
狙蠻俗傳襲因循之內，事輒是虞。曖年久阻於比，從一旦儀閒於
震怒，南關待罪，恐無地之可容；北闕馳忱，賴有天之能白，雷霆為

霈雨露施絶蹈沐湛恩冀遂由衷之願謨勤遺囑不忘事上之誠
臣福海資叅重患序叨嫡繼祖父敬忠之訓惟謹內承朝廷字恤
之仁實期下逮體恙過蒙於慈眷畀矜仍修於殊先正朔許以奉
運義手春秋之大勅印聽其欽領禮優名器之班隆渥普覃高穹
英狀臣祖瀕危竢命沒亦知榮臣躬在疚拜嘉感而出涕以至合
曉見聞之所及皆言大君長育之無私欽惟皇帝陛下剛健粹精
聰明睿知允恭克讓光被四表煥乎堯文柔遠能通安勸庶邦承
我同烈和輯在昭於舊典撫寧大播於皇風謂臣邑萬里阻深聲
教欽同於漸暨矜臣祖一心共順恩懷忍閒於始終肆願己出之
綸賡禾曲成之造臣福海謹當代先受賜對聚揚休德擇所施政

令所加懷夾骨陶於至化國土地之出貢賦之入率當帝處致於

正供

一進方物金香爐花瓶四副重二百九十兩金龜一個重十九
兩銀鶴銀臺各一件重五十一兩銀香爐花瓶二副重一百五
十兩銀盤十二口重六百九十一兩沉香六十斤速香一百四
十八斤降眞香三十根犀角二十座象牙三十枝并其餘香絹
等物初漸漂等四峒民久而不忘中國時節必舉本朝年號告其
祖先服中國衣冠如式出峒始易之屢結內地邊氓告於督府
求復中國督府嫌其生事輒杖殺告者至是始得歸

二十五年福海率其子宏灝幼請襲國內不服交兵

二十六年

莫文明與宗人中正福山率其家屬百餘人奔欽州避難訴於軍門提督軍務侍郎張岳奏恤之命韶州肇慶二府清遠等處安插官給歲米有差　二十七年逆畫范子儀范子流等謀挾中正爭襲扇誘海濵諸蠻侵數寇欽州官兵擒獲誅之　二十八年莫敬典討誅子儀餘黨護送宏瀷至鎮南關聽勘保明奏令襲職　三十年以宏瀷襲安南都統使朝貢不絕瀷立後五六年又復兵爭有貢使至京朝廷以其僞官待查明白方許獻進行文去後查無的音其貢使不敢回至今隆慶二年大學士李春芳憫貢使久處邸中且能敬守主命為之奏發其貢還國使人在中國二十餘年青鬢而來今

回
田髯鬚盡白人以為比蘇武以歸云

按得之禮部郎中鄭棐所言則其地為都統者非莫氏正官未

司
知也且莫登庸其先不知何許人或云廣州東莞縣蜑民其父

流至安南海陽路宜陽縣古齋社社長名之曰萍蓋戲詰無跡

之意也萍生登庸及撒父子以漁為業登庸有勇力黎瀅以為

都力士信任之正德十一年從陳暠作亂弒國瀅已復叛暠襲

殺其子暠潛謀不軌黎椅不能制尋逼納椅母嬌命自封以王

簒國而終為義子阮敬所鴆天道豈無知者哉莫文明告變則

敬弒逆明矣敬固所當討者昔毛伯溫上疏謂黎寧無是人欲

絕去越嶠參錄黎椅偽名寧之說後思得武氏碑文仍僞稱元

和十四年詔知寧尚在彼廣南境上則亦可歛阮氏者也大兵豈慮不足哉廣西可得十三萬又取湖廣土兵六萬各衛兵四萬江西廣閩共募八萬即可得三十萬雲南兵五萬武文淵亦可得五萬共四十萬眾當橫行越裳之地阮敬不足平也莫氏之役俾免於誅失刑甚矣若當時招撫之事江一桂亦為有功其來威輯略可考也

前給事中嚴從簡安南來威輯略序曰予罪竄星源暇閱新安啓業傳載白石江公守太平時交夷莫登庸姦動世宗命毛伯溫征之伯溫計先遣使往諭公請行登庸乃稱臣公築受降城達昭德臺於鎮南關以奠巨防上嘉公績進階亞中大夫及

卒諸夷勍枕柳(楊)祠于關内祀焉予深羨公之雄才大[illegible]遺跡焉
援永世終譽而猶未能悉其所以經劃之方也後獲安南來威
輯略三卷展玩一過則公文告之詞威懷之策處置之宜曠然
發曚如在困壘之際見公折衝(衝)樽俎(俎)機飭毛車飛芭訳(譯)籠而不
覺爲之盱衡擊節也但誌謂撫夷之行出公自請今觀軍門廣
有二劉鍾伯温知公練達精敏克壯其猷特奪委重固有非公
不足以服匪茹之戎者公未嘗抱籌求售也及詳羽報則夷人
慕公聲靈赫濯故顧脫帽避帳亦有非公不肯心傾者首回紇
盼視四方之旅而攝志于子儀之一見郗(郗)人不信千來之盟而
取戎於季路之一言仁戕(義)可爲予(干)櫓忠敬可行蠻貊自古皆爾

於公何疑夫中國得公以伸其常尊之勢外夷得公以輸其效
順之忱公之功在社稷與銅柱同標澤在夷荒與赤海同溢則
其尸祝丹香千載弗替宜其宜哉雖然予因公之事而有感於
國家之處交人者未免有遺恨焉方太祖克踐大寶遣張以寧
牛諒詔諭陳煃錫印封王此特天造草昧不欲擐甲于遠姑為
羈縻之術不必言已永樂間黎季犛弒主篡國成祖命張輔進
討罪人既得郡縣其地置省建官則其區已入我版圖非復交
有此正變為夏之一機使當時即令張輔世守茲壤如沐氏之
鎮雲南則交人永霑聖化與滇中同為文教之域迺撤輔還朝
三叛復萌非一次乎宣德中因中官馬騏之貪暴激變黎利倡

亂時張輔猶在位假命伏錢寄一鼓分梨者迺不聽輔益兵文
議卒致暴將王通擅與賊和棄地僅華朝綸以漢捐珠崖為辭
不思交之山川賓賦久屬卧榻與珠崖大異況及側者惟一利
耳國人固從又無二何忍復陷之于嘍囉正猶唐河北再瀆非
二失乎迨登庸僭逆擅逃占城其臣鄭悅等迎歸清華是固登
庸一患敵也黎氏故臣武文淵等者居廣南地近灘地逢名蓮花灘強
兵拠上游帝大敗福海五萬衆是又登庸一勁敵也天子若詔
雲南出師以文淵為先鋒順流東下直抵龍編仍勅鄭悅通其
背再調老撾等剌其脇誓許剗平之後量功授地立擢為都統
使主故城如文淵鳥後即拜為清化路宣撫使其餘分與老撾

等凱旋者務大小適均犬牙互制而朝廷一無私焉都統與宣
慰知府各不相統得以自選其屬三年一貢但令專達則人喜
規土必爭奮鬪勇夫色弟不入王法不赦亂臣賊子隨在得誅
況堂堂天朝豈患螳螂之努臂師直者壯多助者昌登庸其足
破釜哉奈何狥情不斷釋窮兔之縛縱在釜之魚黎樫已翻而
絶之嗣登庸無君而作之君表獻受其虛文吳食費其實儲非
三失乎自後宏漢互久明奔二范扶宗爭襲廟誘海蠻奪攫欽
州又不免役中國以事外夷又豈若前日一勞永逸之為善耶
予謂李舉興利事在先朝無容追咎登庸之招白石公親承其
任亦嘗謂鮮覬可殲丕要之廟堂主畫非公得專讀公畢務一

22

揭皆麾城斬邑之倫慎斯以往必能長驅席勝則公之見已有先得我心者九京可作尚與公忼慷一証之

舊志稱其地五嶺以南地方遐阻夷獠雜居不知禮義其性輕悍以富為雄豪爭奪兼并殺虜貧弱俘掠不忌推髻剪髮文身跣足口赤齒黑好食檳榔一年再稻一歲八蠶桑麻蔬野不辭種參多魚鹽之利暑熱好浴於江便舟善水平居不避立常叉手席坐鑄足謁貴跪膝三拜待客以檳榔蒼酸醎海味交愛民倜儻好謀雜演民謹秀好學漢光武中興命馬援征交趾女主立銅柱而南漢置為交州時有刺史名仕燮乃初開學教取十夏經傳翻訳音義教本國人始知習學之業然中夏則說喉聲本國話舌聲字與中

華同而音不同唐時置為安南都護有愛州驩州之名內屬中國文學日盛至宋朝混一寓天下又欲取本國為郡縣論其蠻夷部情俗態阻水依山易攻難守乃封李氏為安南郡王始移都於國威應天常信等府慈廉清威清潭等縣相夾之間近瀘江名為龍邊城文學官儀少有創制陳氏娶李氏之女主相傳國位元朝加封為安南國王其三綱五常及正心脩身齊家治國之本禮樂文章一皆稍脩乃制科舉之法定立文武官僚本國自初開學校以來都用中夏漢字並不習夷字及其黎氏諸王自奉天朝正朔本國逐年差使臣往來常有文學之人則往習學藝編買經傳諸書并抄取禮儀官制內外文武等職與其刑律制度將回本國一一

做行因此風俗文章字樣書寫衣裳制度并科舉學校官制朝儀禮樂教化翕然可觀如科舉之制則有鄉試會試其鄉試則每至子午卯酉年秋闈入場中三場為生徒中四場為貢生如會試至壬戌丑未年春闈入場中中四場為賜同進士出身中五場為賜進士及第又有第一名第二名第三名為三魁其第一場則用九經之文次二場則用詔制表之文次三場則用詩賦之文次四場則用對策之文次五場則入殿廷在國王面前又用對策之文此乃科舉之制如學校之制則在國都置國子監則有祭酒司業五經博士教授之官以教育士輩又有崇文館秀林局則有翰林院兼掌官以教官員子孫崇文秀林儒生輩在各府則制學校文廟

有儒學訓導之官以教生徒輩此乃學校之制如文官各職六部則有尚書左右侍郎之官六科則有都給事中給事中之官六寺則有寺卿寺少卿寺丞之官通政司則有通政使通政副之官御史臺則有都御史副都御史僉都御史文提刑十三道監察之官東閣大學（則有東閣）士東閣學士之官翰林院則有掌院承旨侍講侍讀編脩校書檢討之官中書監則有中書舍人正字華文之官六部所屬各司則有郎中員外郎之官在外承政司則有承政使參政參議之官憲察司則有憲察使憲察副使之官首領官則有經歷錄事知導典導推官主事之官牧民官則有知府同知府知縣縣丞知州同知州之官直隸府縣則有府尹少尹治中縣尉通判之官武

官各職五府亦不敢如天朝之號呼為東西南北中五府則有署府都督左都督右都督同知僉事之官直金光殿并錦衣金吾二衛則有掌衛都指揮使同知僉事之官神武效立殿前三司則有提督參督都檢點左右檢點之官藩鎮各衛則有總兵使總兵同知僉事之官在內各衛司則有指揮使同知僉事之官在外各衛則有總兵知同總知僉總知之官在內各所則有千戶百戶統制之官在外則有管領武尉之官沿邊各所則經畧使經略同知僉事之官又有各五等公侯伯子男之爵此乃文武官僚之制若內臣各監司及雜流官各職亦有繁多不必備載如儒書則有少微文資治通鑑史東萊史五經四書胡氏左傳性理氏族韻府玉篇翰墨類

聚韓柳集詩學大成唐書漢書古文四塲四道源流鼓吹增韻廣
韻洪武正韻三國誌武經黃石公素書武侯將苑百傳文選文萃
文獻二史綱目正觀正要畢用清錢中舟萬選太公家教明心寶
鑑剪燈新餘話等書若其天文地理曆法相書筭〔算〕命魁擇卜筮算
法篆隸家醫業〔藥〕諸書并禪林道錄金綱玉把〔樞〕諸佛經雜傳並有之
如其字樣書寫則前惟有韻府羣玉篇洪武正韻等書字體後始有
增韻廣韻之書字體然本國遭亂未得申明訂正新體多用亦有
混同舊體也且有刑律法度禮樂朝儀比諸夷國甲乙可分雖少
窺上國之圖書並能似中華之教化其國兵制內外各衛司每衛
司則有中前左右後銃弩六所每所十五隊每隊五五常至六年

選壯黄丁一遺壯役者充爲軍伍羌弱者退還民籍一壯充爲各衛所驍勇軍以防國家有事爲戰隊之兵次壯亦充旗軍伍以防運糧之兵若在軍貫兵人許回鄉里耕田鑿井各務家業每至大集朝番即衛所點目驍勇軍留守本衛所次壯軍納錢放回有事之時則調來備用一衛爲一營一所爲一奇此舊兵制也至本國遭亂時軍兵散在各處鄉邑催調甚遲難得集變乃暫作父子鄉兵之制每一處承政司置一該管之官一府一副都將一縣州置一副將偏裨之數備在其中每大縣州選一千精兵中縣州八百小縣州或六百或五百填爲戰士一名二人運粮其餘人數出納粮草或有進攻某處則盡調而行無事一切放回如賊犯境自相

保守其本縣州地方如衛要者添兵鎮守若守都城之兵則亦有新舊制各衛常川軍及力勇武士皆食官粮事留宿衛後因南北分列則兩邊皆連此制本國之兵惟在勇捷務好戰戰利則乘勝長驅不利則撿(退)險要非有屯兵守城之兵計也其山川曰佛跡山在交州府上有仙人跡下有一池景物清麗為一方勝檠曰句漏山在石室縣曰東究山在北江府唐刺史高駢建塔其上曰仙遊山在北江府一名爛柯山相傳有樵夫觀二仙奕棋於此不覺斧柯已爛曰金牛山在武寧縣唐刺史高駢欲鑿其山見金牛斧出逐止全牛往往夜見光耀十里曰安子山在新安府漢安期生得道処宋海獄名山圖以此為第四福地曰雲屯山在新安府大海中兩山對峙水中通蕃國商泊多聚於此一曰大圓山在新安府永樂十六年獲白象二來獻曰戰馬山在清化府龍然獨立横枕長江為邑人九日登高處曰安鑊山在清化府出美石璞豫章太守范寗嘗遣使於此採石為磬曰天琴山在又安府陳氏主遊此夜聞天籟贊

故名本朝永樂初天兵犒黎賊子蒼于此曰文山在嘉興州上有仙文每春開花雨後潭水群魚合之便過龍門江化為龍

曰海環文州等府來南

唐沈佺期渡海詩嘗聞交趾郡南與貫匈連四氣分寒少三光

置日偏越人遙捧翟漢將下看鳶北斗崇山掛南風漲海牽別

離頻破月容鬢驟催年虛道崩城淚明心不繫天

曰富良江曰龍門江在嘉興州飛湍聲聞百里舟過此必弄上岸方可復行傍有穴穴出鸚鵡魚色青綠口曲

而紅似鸚鵡嘴相傳此魚能化龍云曰龍溪在鎮二府昔陳氏夜過此江不能忽見一橋跨江既渡回視不見及有國以名

龍溪其產金真珠靖安雲地海中出海寶云中秋有明是歲多珠珊瑚有黑赤二種在海直而軟見日曲而堅漢

初趙佗獻赤珊瑚名火樹玳瑁狀類龜而殼稍長其足有六後兩足無爪丹砂昔葛洪欲煉丹求為句漏令沉香

有香木所斷歲久朽爛心節獨存堅水中則沉曰沉香安息香樹如苦練大而直葉類羊桃而長中心有脂作香蘇

合油樹生膏可為藥楜椒蔓生似山春花秋實薯羚羊角高石山出一角而中實極堅能碎金剛石犀象

兕猛獸元時安南常貢兕白鹿晉元康初白鹿見交趾武寧縣宋元嘉末[illegible]交趾獻白鹿猩猩狒狒

猩猩人面似猿人設酒路側連結車屐猩猩見之即知張者祖

先姓名呼曰奴欲張我亟捨去群後謂試共嘗酒醉即著屐為

人所擒又宋建武中南蠻進狒狒雌雄二頭帝曰吾聞狒狒力

負千斤何能致之對曰狒狒見人則笑笑則下唇掩其額故可

以釘之髮可為朱纓血可染衣似獮猴人面而紅作人言鳥聲

善知人生死飲其血使人見鬼帝命工圖之

蒙貴狀如猱而小紫黑色畜之捕鼠甚於貓白雉周成王時越裳氏來獻漢光武時日南九真貢獻翡翠羽可為首

飾蚺蛇形大而長其膽性極今能療眼疾及諸瘡蟻子醓醢交州溪洞酋長多收蟻卵醃為醬非官客親族不得

食周禮醢人饋食豆、有蚳蟻子既此、之菴羅果俗云香蓋乃果中極品或謂種出西域、實似北梨、四五月間熟、多食無害、

波羅蜜大如冬瓜、皮有軟刺、五六月熟、味最香甜可煮食、能飽人、夲代府嘉林州出者尤佳、檳烏木蘇木一名

多邪、

別聞有戴帽魚鋭首無鱗有骨若捭翦然味似河豚又有桂

蠹形如新生小鼠產於桂樹偷食蜂蜜人以入口即化為蜜其

香甚奇尉佗曾獻漢文帝二物志俱不載

其古蹟雒王宮在交州府、天使館

有雒田隨潮水上下墾其田者為雒民統其民者為雒王副貳

者為雒將皆銅印青綬號文朗國以淳朴為俗以結繩為治傳

十八世為蜀王子泮所滅官址尚存又九傳與礦使安南題詩

天使館云使旌入館青雲動仙蓋臨江白日迴諭蜀豈勞司馬

檄朝周終見越裳來

浪泊在交州府東關縣一名西湖銅柱銅鼓前輿銅鼓

有頭飛獠子赤裩獠子鼻飲獠子皆窠居巢處好飲酒擊銅鼓

鼓初成置庭中招同類來者盈門豪富女子以金銀釵擊鼓叩

竟留與主人或云銅鼓乃諸葛亮征蠻錘也

其客名官馬援漢光武時賈琮

琮為交趾刺史招撫荒散蠲復徭役歌曰賈父來晚使我先反

今見清平吏不敢飯治交三年為十三州最

陶侃晉杜正倫唐高駢唐其人物阮翁仲

翁仲身長二丈三尺氣質端勇少為縣吏為督郵所笞歎曰人
當如是耶遂入學究書史始皇併天下使翁仲將兵守臨洮聲
振匈奴秦以為瑞翁仲死鑄銅為像置咸陽宮司馬門外匈
奴至今見之者猶以為生

姜公輔宋本朝令甲三年一貢慶慰謝恩等無常期常貢外必進
中宮方物其境東至東海三百十里二西至雲南老撾宣慰司五百文十七里
至占城界一千百里九北至廣西思明府憑祥縣界四里百至南京七千
七里百至北京一萬一千餘里行人往來必由憑祥州鎮南關自黎瓚被弒
轄車不至其地者二十年莫登庸降後國除非復遣勑封使如曩
日矣

搜孤樹褒談云永樂中安南黎季犛降其三子皆隨入朝其孟
曰澄賜姓陳官為戶部尚書澄善製槍為朝廷創神槍後貶某
官命其子世襲錦衣指揮澄顧從文乃許令世以一人為國子
生今凡祭兵器并祭澄也其仲曰某賜姓鄭亦官尚書後貶江
陰縣佐丞薄未審有三子亦令一人襲錦衣指揮并賜江陰田甚厚
永錮其孫今猶守世業其季曰某官為指揮失之乞歸祭墓既
往即自立為王季犛死葬京師其子後遷葬於鍾山之傍焉謂
季犛逆臣史稱被戮非自死也某自立為王則安南何地容之
亦未聞有此王也此說多虛姑存俟考
又宋史載淳化二年宋鎬等使還條黎桓事迹言桓張筵飲宴

又出臨海波為娛賓之遊桓跣足持竿入水標魚國每中一魚左右皆叫譟歡躍書令數十人扛大蛇長數丈饋於使館且曰若能食此當治為饌以獻又羈送二虎以備縱觀皆部之地少寒冬月猶衣衲衣揮扇云